Haïti de la crise à l'occupation

Relecture : Yopane Thiao.
Mise en page : Lunide Perrin.
Crédit photo 4e de couverture : Philippe Grangeaud/PS (janvier 2008).

5-7, rue de l'Ecole polytechnique ; 75005 Paris

http://www.librairieharmattan.com
diffusion.harmattan@wanadoo.fr
harmattan1@wanadoo.fr

ISBN : 978-2-296-56416-9
EAN : 9782296564169

Wiener Kerns FLEURIMOND

Haïti de la crise à l'occupation

Histoire d'un chaos (2005-2006)

TOME 3

ÉLECTION DE RENÉ GARCIA PRÉVAL

Préface du Dr Jean Metellus

L'Harmattan

Du même auteur chez le même éditeur

- *Haïti de la crise à l'occupation. Histoire d'un chaos (2004-2005), Tome 2*, Paris, Éditions L'Harmattan, 2011.

- *Haïti de la crise à l'occupation. Histoire d'un chaos (2000-2004), Tome 1*, Paris, Editions L'Harmattan, 2009.

- *Haïti 1804-2004, Le bicentenaire d'une révolution oubliée*, Paris, Editions L'Harmattan, 2005.

- *La Communauté haïtienne de France, dix ans d'Histoire (1991-2001)*, Paris, Editions L'Harmattan, 2003.

Du même auteur chez d'autres éditeurs

- *De la communauté internationale : rôle et influence dans la transition démocratique haïtienne*, Editions Anibwé, Paris, 2008.

- *Haïti, A Slave Revolution, 200 Years After 1804*, ouvrage collectif, New-York, International Action Center, 2004.

- *Lettres ouvertes à Dessalines*, ouvrage collectif, Paris, Dauphin Noir Edition, 2004.

À mon père Jacques Antoine Fleurimond

Préface

Avant de présenter l'ouvrage en trois tomes* prévu à l'origine en deux, de Wiener Kerns Fleurimond *Haïti de la crise à l'occupation, Histoire d'un chaos (2000-2006)*, il importe de rappeler aux lecteurs certaines vérités. Haïti, État-nation né en 1804 dans l'hémisphère américain juste après les États-Unis d'Amérique, procéda à trois révolutions simultanées : abolition de l'esclavage (1793-1804), proclamation de l'indépendance nationale et accès des cultivateurs à la propriété. En inaugurant l'ère des indépendances américaines, en devenant le berceau du panaméricanisme, Haïti, première, pionnière et unique dans les annales d'un Occident pris de court par un ancien peuple d'esclaves, aida toute l'Amérique latine à se libérer, apparaissant comme un « phare » selon l'Abbé Grégoire, et « une lumière » selon Victor Hugo, pratiquant avant la lettre une sorte de révolution culturelle avec le Dr Jean Price Mars qui mit à l'honneur le terme « nègre » dans son ouvrage *Ainsi parla l'oncle.* En suscitant ainsi pionniers et chantres fiers de leur négritude, Haïti a franchi suffisamment d'interdits pour mériter aujourd'hui une place dans le concert des nations qui refusent de se rappeler que le Parlement haïtien est l'un des plus anciens du monde moderne, comme le souligne Mirlande Manigat dans son essai *Entre les normes et les réalités.*

Le Parlement haïtien (1806-2007). Après la Grande-Bretagne, après la France dont l'Assemblée nationale est créée en 1791, à une époque où l'Allemagne et l'Italie n'ont pas encore effectué leur unité territoriale et politique, le Sénat se met en place en Haïti en 1807 ; sur le continent américain, seuls les États-Unis avaient élu un Sénat, toute l'Amérique latine et anglophone était encore régie par des lois et des institutions coloniales, l'Afrique, le Moyen-Orient et l'Asie ne se distinguaient pas à cet égard. Au milieu de toutes les difficultés que traverse Haïti, c'est un devoir patriotique de rappeler ces événements pour que les jeunes y puisent l'énergie d'un renouveau. Cette courte préface ne prétend pas recenser en 3 tomes, plus de mille cinq cent pages de documents, de données objectives, d'événements, présentés dans leur simple chronologie avec une grande clarté, mais souhaite donner au lecteur l'envie de se plonger dans ce texte qui relate avec chaleur et précision six années de la vie politique haïtienne, cruciales pour l'avenir de notre pays. Le livre de Fleurimond commence en mai 2000, au moment où sont organisées des élections législatives, dont le déroulement est entaché de nombreuses irrégularités : l'opposition n'obtient aucun siège et débute alors une grave crise politique. En novembre 2000, après l'élection présidentielle, l'opposition se durcit, continue à contester les résultats des législatives et refuse de reconnaître l'élection de M. Jean-Bertrand Aristide. D'entrée de jeu, l'auteur pointe du doigt la responsabilité de la Communauté internationale dans les tensions qui suivirent ces deux élections. « En jetant de l'huile sur une crise qui pouvait se résoudre par un consensus entre les protagonistes haïtiens, les ambassades et les missions étrangères à Port-au-Prince portèrent une lourde responsabilité dans le pourrissement de cet imbroglio politique et aussi dans la décadence et la descente aux enfers de ce pays qui s'apprêtait à célébrer le bicentenaire de la liberté. » (Tome 1). C'est par le recours aux groupes armés que s'achève en février 2004 cette crise provoquant l'occupation militaire du pays. « Le processus pour une réoccupation de la terre d'Haïti avait commencé dès le lendemain de la chute de Jean-Claude Duvalier à partir de la première élection manquée de la Ruelle Vaillant...

La percée louverturienne du professeur Leslie F. Manigat, quelques mois plus tard lors de l'élection organisée par les militaires, a été non seulement incomprise par la classe politique haïtienne, mais mal comprise par une population manipulée à outrance par des chefs politiques dont la devise, connue de tous, était : « moi ou le chaos » (Tome 1). Fleurimond semble mettre en garde les principaux acteurs de cette période contre une maladie bien haïtienne qu'on pourrait appeler « la présidentialité ». Mais hélas ! Comme on le sait, les Haïtiens ne sont pas les seuls à être affectés ou infectés par ce démon, l'obsession de la première place, le besoin de la visibilité absolue. L'auteur analyse avec lucidité l'évolution de l'opposition au président Jean-Bertrand Aristide : d'abord rassemblée dans le mouvement intitulé *Convergence démocratique* qui réunit l'OPL dirigée par Gérard Pierre Charles, le *RDNP* dirigé par Leslie F. Manigat, le *PANPRA* dirigé par Serge Gilles, le *KONAKON* dirigé par Evans Paul (K. Plum) et d'autres groupements politiques plus ou moins structurés. Mais selon Wiener Kerns Fleurimond, cette *Convergence démocratique* se présente comme « une Arche de Noé » où entre qui le souhaite à condition de connaître le mot de passe résumé en une formule lapidaire : non à Aristide. Le professeur Leslie F. Manigat, dans un communiqué datant du 2 avril 2002, décide de claquer la porte à la *Convergence démocratique* dénonçant « l'ambiguïté qui consiste à affirmer publiquement et contradictoirement d'un côté qu'Aristide avec son régime *Lavalas* doit partir incessamment grâce à une large mobilisation, et de l'autre, qu'on est d'accord pour reprendre, sous conditions, les négociations en vue d'un compromis de partage du pouvoir avec lui » (Tome 1). Il crée alors l'*Union patriotique* au sein de laquelle il est le seul ténor. Aristide assiste réjoui à ce démembrement de la *Convergence Démocratique*, la seule opposition valable, et entreprend devant la presse de dénoncer la corruption d'Etat alors qu'il donne lui-même l'exemple de l'enrichissement personnel et rapide tout en endormant le peuple avec de beaux discours bibliques sur la vertu et la probité. « Depuis plus d'une décennie, les partis, coalitions et mouvements politiques pullulent en Haïti sans jamais parvenir à mettre en place une organisation sérieuse dotée d'éléments crédibles et de structures démocratiques leur permettant d'accéder au pouvoir sans tricherie, d'où la crise politique sans fin que traverse le pays. Mais à chaque tentative de la Communauté internationale de mettre le régime Lavalas en

difficulté, c'est de l'opposition que venait le secours pour un pouvoir à bout de souffle. Comment en effet renverser un régime quand son opposition se morcelle en multiples fragments et que le chef de fragment se voit président de la République. Voilà ce qui fut le principal drame de l'opposition haïtienne face au président Aristide en 2002 » (Tome1*).* L'*Union patriotique* du professeur Leslie F. Manigat mal vue par la *Convergence* ne peut rien résoudre et pourtant le bilan d'Aristide II est désastreux.

Tous les maux qui affectaient le pays depuis longtemps sont intensifiés : la pénurie, le chômage, l'analphabétisme, la corruption, l'insécurité, le narcotrafic, les violences, les vols, les viols, la pollution, le clientélisme, la surpopulation, les institutions bafouées, l'injustice, la décomposition de l'environnement. Comment sortir de ce bourbier ? Tous les besoins sont urgents, la situation politique a changé, mais les hommes politiques ont les mêmes tares que leurs prédécesseurs, ils n'ont pas changé. Fleurimond aurait pu prendre à son compte le constat de Claude Moïse dans *La Croix et la Bannière* : « Porté par l'histoire, Aristide est arrivé au bon moment. Mais il a dérivé. Le mouvement de l'histoire portait l'aspiration à la démocratie, à la réorganisation du pays, à sa modernisation, à sa mise en piste pour prendre la route du développement. De ce mouvement émergeait la possibilité concrète de réalisation de ces aspirations. Il eût fallu pour cela des individus, des dirigeants dotés d'une vision cohérente, capables d'interpréter correctement la mutation en cours, de mettre en œuvre une politique conséquente et des stratégies adéquates.

Tel n'est pas le cas d'Aristide. Sa plus grande faute est de ne pas être un homme d'Etat. » Aristide a bien vu que le démembrement de la *Convergence* accompagné du recrutement de Prosper Avril et de l'entrée en campagne contre lui de la bourgeoisie haïtienne signaient la fin d'une opposition structurée et le mettaient en quelque sorte au-dessus des partis. Mais il n'a pas su tirer les conséquences de ces événements. C'est à cette période que naît le *Groupe des 184* et Wiener Kerns Fleurimond met en évidence avec une grande pertinence l'ambiguïté des mobiles de ce groupe qui se réclame de la Société civile : « Il ne s'agit pas d'une association de secouristes volontaires mais d'un mouvement politique, pur et dur, en concurrence avec la *Convergence démocratique*, capable d'organiser des manifestations non violentes, efficaces en termes de retombée médiatique » : les activités d'Apaid et de son groupe provoquent la colère des partisans d'Aristide, d'où une publicité gratuite pour ce groupe, alors que, vu le nombre de participants venus à la rencontre de la *Caravane de l'Espoir* dans des villes comme Le Cap-Haïtien ou Les Cayes, ces manifestations constituaient un simple événement local. Le socle du *Groupe des 184* dirigé par André Apaid junior ne laisse planer aucun mystère sur l'appartenance idéologique de ses membres. Et ce conglomérat casse aussi un mythe en Haïti, celui de la Société civile, ce terme utilisé pour mieux embobiner la population et la Communauté internationale. Car ce jargon est un parfait camouflage dans les pays du Tiers Monde, plus encore en Haïti, pour ceux qui veulent faire de la politique sans se compromettre, et au passage, ramasser un maximum d'argent sur le plan international, grâce à des organisations trompe-l'œil ne servant que l'intérêt de leurs propriétaires. Que trouvait-on au sein du *Groupe des 184* ? L'association des entrepreneurs haïtiens, les patrons des principaux médias haïtiens, certaines organisations se déclarant des droits humains et la plus emblématique, l'association des industriels haïtiens, celle-là même qui portait à bout de bras les militaires pendant les trois ans du régime de terreur du général Cédras. Or, il se trouve qu'il y avait encore des gens à Cité Soleil et même ailleurs qui n'avaient pas oublié le nom d'André Apaid père à l'époque président de l'association des industriels haïtiens et grand argentier des bourreaux des victimes de ce bidonville. Si l'on voulait changer les choses, il faudrait dire la vérité. En ce mois d'octobre 2003, en Haïti, rien n'allait plus.

Selon la presse nationale haïtienne, dite indépendante, les jours du président Jean-Bertrand Aristide au Palais national sont comptés tant le peuple réclame son départ. Mais cette même presse claironne haut et fort que le président de la République est partout. À l'ONU, pour l'Assemblée générale de l'institution, dans les villes de province, entre autres à Grand-Goâve, pour une banale fête patronale où, comme à son habitude, il promet à la population venue l'acclamer, monts et merveilles avant la célébration du bicentenaire. Naturellement, Aristide ne doit pas occuper encore longtemps son fauteuil de chef d'Etat. Car personne, et surtout pas la Communauté internationale, ne veut lui adresser la parole. Mais bizarrement, il reçoit en grande pompe les lettres de créance du nouvel ambassadeur de France, Thierry Burkard, et quelques jours plus tard, celles de Peter Black, d'ailleurs d'origine haïtienne, ambassadeur de la Jamaïque. Trois jours auparavant, plusieurs gouvernements d'Afrique et des Caraïbes confirment leur volonté de prendre part aux cérémonies du 1er janvier 2004. Mais, même avec tout ceci, le président Aristide semble sur le départ, si on se contente de lire ou d'écouter les médias haïtiens. Le problème est que les partis ou les mouvements politiques se replient complètement sur eux-mêmes, laissant le champ libre aux chefs de bandes ou aux organisations populaires pour occuper le terrain politique. Parallèlement, le Comité indépendant de réflexion et de propositions sur les relations franco-haïtiennes, piloté par le philosophe Régis Debray, rend son rapport commandé par le ministre français des Affaires étrangères, Dominique de Villepin. Ce rapport fait couler beaucoup d'encre et de salive dans le microcosme politique, en Haïti, et surtout dans la diaspora haïtienne, particulièrement en France. En quelques mots, le président du Comité prend soin, à la page quatre, en guise d'avertissement, de préciser qu'*Aucun côté en Haïti, opposition ou pouvoir, ne saurait donc s'en Prévaloir, ni s'en offusquer*. Cette petite phrase signe d'emblée une faiblesse et un manque de confiance de Régis Debray dans son travail dénotant une méconnaissance de ce pays qu'on appelle Haïti ; de surcroît, il ouvre la voie à de mauvaises spéculations sur son objectivité. Il faut se rappeler que, dès le début, Debray lui-même, par ses déclarations à l'emporte-pièce sur la restitution de la dette de l'indépendance (indemnité), alors qu'il est chargé de rendre un Rapport global sur l'ensemble de la problématique des relations haïtiano-françaises, laisse présager une incompréhension des uns et une mauvaise interprétation des autres sur le rapport final. L'ex-révolutionnaire et ancien compagnon de Che Guevara n'a pas su garder la neutralité et l'indépendance que nécessitait une telle responsabilité. Fin janvier 2003, l'historien Henri Piquion, dans une démarche solitaire, propose « que le professeur Leslie F. Manigat soit choisi par les partis, organisations et « secteurs » politiques comme président provisoire de la République. Qu'il nomme les membres de son gouvernement, l'on peut espérer un effort de consensus de sa part, mais que cela ne soit pas une condition préalable ». Et il ajoute : « Il n'y a personne pour dire, en espérant être pris au sérieux, que Manigat viderait les caisses du pays à son profit, encouragerait le trafic de la drogue ou exercerait une violence criminelle à l'encontre de ses concitoyens… » Enfin, Henri Piquion conclut en ces termes : « Il ne faut pas que l'après-Aristide commence dans la « bamboche » et se termine dans le siège des Gonaïves par des soldats sud-africains.

Si nous avions préparé l'après-Duvalier, et si les politiciens avaient contrôlé leurs ambitions personnelles de pouvoir et de présidence, le pays n'aurait eu ni la bamboche ni Aristide, et il serait certainement plus avancé à tous les points de vue. » Henri Piquion s'exprime sans équivoque : si on veut renverser Aristide, il faut proposer un président provisoire et ainsi, l'avenir sera préparé. « Une opposition ne pouvait passer son temps à réclamer le départ d'un gouvernement, sans présenter au pays une alternative crédible et réaliste, pouvant assurer le relais au départ du régime que l'on combat depuis quatre ans. » Malheureusement, cette proposition d'une clarté limpide ne trouve aucun écho dans la presse haïtienne, encore moins dans la presse internationale. Naturellement, vint l'étranger. Car l'histoire d'Haïti est souvent déterminée, dictée, décidée par le contexte international, surtout par les États-Unis qui veulent assurer la stabilité dans la région caraïbéenne et se préserver des *boat people*. Lors d'une réunion secrète dans une forêt canadienne, Denis Paradis, le secrétaire d'État canadien chargé de la francophonie, s'exprimait sans ambages : « Il ne faisait aucun doute que le renversement de l'équipe gouvernementale serait le seul moyen de sortir le peuple haïtien de la misère. » Comme si la misère existait depuis seulement dix ans. Dès lors, le processus de mise sous tutelle d'Haïti est engagé. Le 29 février 2004, les États-Unis et la France contraignent le président Jean-Bertrand Aristide à signer sa démission et l'envoient en exil. « Mais on ne bâtit pas une démocratie en violation de ses mêmes principes, de ses normes » (Tome II). « Il faut constamment soulever les va-nu-pieds contre les gens à chaussures et mettre les gens à chaussures en état de s'entredéchirer les uns les autres.

C'est la seule façon pour nous d'avoir une prédominance continue sur ce pays de nègres qui a conquis son indépendance par les armes. Ce qui est un mauvais exemple pour 26 millions de Noirs de l'Amérique du Nord ». Voilà déjà ce que préconisait Franklin Delano Roosevelt pour Haïti. Les successeurs de ce « stratège » ont tous retenu cette leçon pour mater Haïti. Et les services internationaux politiques du monde entier ont toujours saisi la première occasion pour piétiner ce petit peuple et le mettre sous tutelle, parfois avec la complicité de ses propres enfants indignes ou dévoyés. Haïti n'était pas dans une situation belliqueuse ni en état de guerre, elle n'avait donc pas besoin des milliers de soldats étrangers armés pour rétablir la paix. Or, cela a été fait avec parfois la complicité des siens. Et quand la Communauté internationale se mêle d'aider le pays, la situation du pays ne cesse de s'aggraver. Wiener Kerns Fleurimond l'a bien montré dans le deuxième tome où il critique sévèrement l'action de Gérard Latortue (il avait rêvé d'être Premier ministre d'Aristide !), devenu Premier ministre grâce à l'appui de la Communauté internationale (États-Unis, France, Canada). Tout se passe comme s'il y avait collusion entre les propres enfants d'Haïti et les puissances étrangères pour enfoncer le pays dans la dépendance. Nos intellectuels n'étaient pas toujours très vaillants pour dénoncer la tutelle injustifiée et la présence de la MINUSTAH dans le pays.

Feu Gérard Pierre Charles reconnut publiquement que Leslie F. Manigat fut le premier leader politique à dénoncer cette atteinte à la souveraineté. Gérard Latortue, nommé par l'étranger, et son cabinet de technocrates n'ont contribué ni à désarmer les gangs armés, ni à instaurer un minimum de sécurité, ni à améliorer le cadre de vie des plus démunis. « Changer de système intérieur chez nous est une opération politique d'intimité locale avant de pouvoir être éventuellement un succès technique de gérants exotiques « associés », comme l'écrit Leslie F. Manigat dans les *Cahiers du CHUDAC*. Ce gouvernement intérimaire montre son incompétence jusque dans la préparation de l'élection présidentielle : qu'on se souvienne de l'affaire Dumarsais Mécène Siméus, ce richissime homme d'affaires haïtiano-américain dont la candidature occupa longtemps le devant de la scène alors qu'elle aurait dû être mise hors-jeu dès sa proclamation, qu'on se souvienne aussi des nombreux reports de la date de ces élections. Mais le pays finit par voter le 7 février 2006 et René Garcia Préval, candidat du parti néo-*Lavalas* Lespwa, est élu président sans ambiguïté, selon Wiener Kerns Fleurimond. « Aujourd'hui personne ne peut accuser le chef de l'État, René Garcia Préval, d'avoir volé sa victoire, et pour cause, il n'était ni demandeur ni organisateur de l'élection, au contraire, on a même voulu le truander pour avoir été moins démagogique et peut-être plus réaliste face à l'ampleur de la tâche qui l'attendait. » « Au président légitimement élu avec une confortable majorité de la population en accord avec la majorité de l'Assemblée nationale quelle qu'elle soit de mettre en place les institutions nécessaires afin de donner un second souffle à ce pays au bord de l'asphyxie. Après la démocratie de la rue, place à la démocratie institutionnelle. »

Après lecture de cette somme consacrée aux premières années de l'histoire d'Haïti au XXIe siècle, on mesure toute la différence qui existe, d'une part, entre la politique quasi mystique des fondateurs de la nation, la lucidité et le courage exemplaires d'un Charlemagne Péralte et, d'autre part, la politique-divertissement désinvolte de Namphy et Latortue et le discours emphatique dans les œuvres de Jean-Bertrand Aristide. En conclusion, ce livre riche, particulièrement documenté grâce à 200 pages d'annexes par tome, permettra, nous le souhaitons, à de nombreux lecteurs haïtiens ou simplement amis d'Haïti de mieux comprendre la vie politique de notre pays, même si certaines analyses ou conclusions de Wiener Kerns Fleurimond sont susceptibles de ne pas faire l'unanimité. Sa confiance dans le pacte de gouvernabilité de René Garcia Préval II est-elle fondée ? L'avenir le dira.

Dr Jean Métellus
Professeur de médecine et écrivain

* Premier tome de 2000 à 2004, deuxième tome de 2004 à 2005, troisième tome 2005 à 2006.

Avant-propos

Depuis 1986, à la chute de la dictature des Duvalier en Haïti, le mot démocratie est devenu un leitmotiv non seulement pour tous les Haïtiens, mais particulièrement pour les leaders politiques toutes tendances confondues. Pourtant, si en principe il n'y a plus de dictature, la démocratie cherche toujours sa place et son rôle dans les actes politiques des pouvoirs publics haïtiens. Le mot résonne en chaque acteur de la scène politique, s'imposant avec la force de l'évidence en chacun des Haïtiens. Comme si dans les faits la démocratie était devenue en Haïti une réalité. Cette familiarité avec ce principe, certains disaient même bamboche démocratique, d'autres, anarchie démocratique, ne doit pourtant pas faire illusion. Simple en apparence, la démocratie, en réalité, est complexe. L'idée démocratique se laisse difficilement cerner, se prêtant même à des interprétations contradictoires. Comment réconcilier en Haïti la démocratie représentative et la démocratie directe pour ne pas tomber dans le populisme en guise de popularité ? Sous un même mot, se dessinent parfois des visions politiques fort différentes : les desseins de vrais démocrates épris de liberté, de progrès et de justice sociale et ceux des démagogues, partisans d'un pouvoir autoritaire, mais cherchant à utiliser la démocratie pour assouvir leur soif de pouvoir.

Pour les démocrates, la démocratie se résume à un impératif clair : concilier la liberté et l'égalité des chances. Au-delà de ces différences visibles dans les discours de ceux pour qui la démocratie est inconcevable sans la recherche d'une plus grande égalité entre les hommes et les antidémocrates se réclamant quand même de cette vieille acquisition de la Grèce antique, reste ce qui fait le cœur de la démocratie : le partage du pouvoir. Si, au gré des mouvements d'opinion, telle ou telle majorité s'empare du pouvoir démocratique, aucune partie de la nation ne saurait l'accaparer, aucun groupe ne saurait l'incarner comme étant le seul capable à pouvoir le diriger comme à l'époque de la démocratie dite populaire. La démocratie est avant tout un mouvement toujours inachevé, ce qui suppose une exigence sans cesse renouvelée. La dictature ayant été chassée par le peuple, l'avènement de la démocratie haïtienne demeure le fruit de tous. Elle est issue d'un long combat collectif entamé depuis toujours par ceux qu'on appelle les « combattants de la liberté ». Elle ne saurait être confisquée par une minorité, par un clan ou par un seul parti, si démocrate soit-il. Bien que reconnus par la Constitution de 1987, les partis politiques haïtiens ont du mal à se frayer un chemin dans la démocratie naissante d'Haïti, quand ils ne sont pas ignorés ou méprisés par le pouvoir public ou, à l'inverse, dilués par un gouvernement de coalition. Le premier rôle d'une démocratie consiste à donner à l'opposition un vrai statut au sein des institutions républicaines et du paysage politique, avec des droits et des devoirs, afin d'éviter la cacophonie observée à chaque scrutin qui perturbe, de ce fait, la stabilité démocratique. En outre, la démocratie n'est pas une source de faiblesse, mais d'efficacité. Contrairement à certaines idées reçues, la démocratie n'est en effet pas un luxe. Elle n'est pas un supplément d'âme dont il ne faut s'occuper qu'après avoir réglé les vraies questions : l'économie et la justice sociale. Sans la démocratie, il n'y a pas de stabilité et sans stabilité il n'y a pas de paix et de sécurité. Bref, il n'y a pas de développement durable et de progrès. En réalité, la démocratie est un ensemble.

Elle réclame des politiques publiques fortes, fondées sur la volonté de justice, mais aussi de liberté. La démocratie, ce n'est pas seulement des textes, c'est aussi une manière d'être, un comportement, une pratique du pouvoir. Les femmes et les hommes qui ont en charge des responsabilités publiques doivent par leur exemple montrer le chemin. Elle a surtout besoin d'un élan populaire, d'une dynamique de changement, d'un nouveau contrat avec la population. Aujourd'hui, les Haïtiens voudraient être des participants actifs et responsables. Leurs droits nouveaux auront pour corollaires leurs devoirs civiques vis-à-vis d'une société dont ils seront à la fois les bâtisseurs et les bénéficiaires. Dès lors, il est évident que le pays avancera vers plus de progrès, ce qui créera plus de richesses et une meilleure répartition de celles-ci. En Haïti, si on veut produire plus de richesses pour les répartir justement entre tous, il faut un vrai système démocratique, un pouvoir légitime et incontestable qui organisera les droits et les devoirs réciproques des citoyens les uns envers les autres. Si l'économie, le travail et la justice sociale créent la puissance, la démocratie est le ciment qui les unit. C'est à ce prix que la démocratie dont rêvent tous les Haïtiens pourra devenir une source de renouvellement et de développement. Elle sera alors un bien précieux au profit de tout un peuple et non l'alibi d'une minorité.

WKF

Introduction

Nous voici arrivés, avec ce troisième et dernier tome de : *Haïti de la crise à l'occupation, Histoire d'un chaos,* au terme de notre périple à travers les six années de crise politique et institutionnelle qui ont changé les données historiques de notre pays. L'idée au départ était d'écrire un ouvrage unique sur la période allant du mois de mai 2000 jusqu'à la chute et l'exil de l'ex-président, Jean-Bertrand Aristide, le 29 février 2004. Mais, comme nous le disions dans le second tome, une fois le travail terminé, la nécessitée de poursuivre se faisait sentir, surtout ce ne sont pas les faits et des documents qui nous manquaient. Les années 2004, 2005 et 2006, en effet, ont été, comme vous pouvez le constater, riches en rebondissement politique et tout ceci dans un chaos indescriptible. L'après Aristide ne faisait, en fait, qu'accentuer une crise qui n'en finit pas. Ni le consensus politique obtenu par le départ du président Jean-Bertrand Aristide (tome I), ni l'arrivée de Gérard Latortue à la tête d'un gouvernement de technocrates (tome II), ni enfin, l'armada militaire de la Communauté internationale (Minustah) n'a apporté au pays cette paix des braves et la stabilité politique et sociale tant recherchée.

Tous les acteurs se sont englués les uns après les autres dans un processus dont personne ne voyait la fin. Un temps, certains, totalement désemparés, avaient même invoqué un hypothétique retour de l'ancien chef de l'État afin de trouver la solution à un problème mal posé. Face à un pouvoir public illégitime et impopulaire qui tente de satisfaire les desideratas de plusieurs groupes de la Société civile qui le soutiennent, tous, ayant des intérêts divergents et une Communauté internationale sans stratégie ni plan de sortie de crise, Haïti restait confinée dans son cercle vicieux : pauvreté, instabilité, insécurité, violence politique, mauvaise gouvernance. Bref, tous les maux pour lesquels le renversement du pouvoir Lavalas était devenu nécessaire, voire urgent en 2004 aux yeux de ses opposants. En lisant ce troisième tome, on verra aussi que certaines erreurs commises par les autorités de transition avaient causé beaucoup de dégâts à cette administration. Sans parler des conflits d'intérêts qui ont été mis à jour au sein de cette équipe qui pensait prendre sa revanche sur les partisans de l'administration précédente. Soutenu par un « Conseil de sages » dont personne ne voyait concrètement l'utilité, mais voulu par la Communauté internationale, l'exécutif provisoire ne faisait qu'à sa tête. Ces « sages », disait-on, en l'absence du Parlement, devaient guider et conseiller les autorités politiques jusqu'à la disparition de cet organisme consultatif à l'avènement au pouvoir d'un gouvernement élu. Mais le « Conseil des sages » a été broyé par le système. Inefficace et sans aucun pouvoir de décision, il s'était réduit à publier des communiqués. Cet organisme a plutôt servi de placard doré où l'on a casé quelques personnalités de renons soit en récompense à leur engagement contre le pouvoir Lavalas, soit en guise de leur soutien au gouvernement intérimaire.

Enfin, dans ce tome 3 nous abordons l'« affaire », de la candidature à la présidence de la République de l'homme d'affaires haïtiano-américain, Dumarsais Mécène Siméus, provoquant un imbroglio juridico-politique qui a failli faire capoter tout le processus électoral de 2005-2006. Évidemment, il y a eu la péripétie de l'éternel et inusable Conseil électoral provisoire (CEP), l'organisme chargé d'organiser les élections générales dans le pays. Nous nous sommes penchés également sur le cas de Jacques Bernard, l'ancien directeur général du CEP chargé particulièrement des opérations de l'élection présidentielle avant et après le scrutin, qui a mis à nu la faillite de tout le système politique et institutionnel haïtien, et, bien entendu, l'incapacité du personnel politique haïtien à se comporter en dirigeants responsables. Vous lirez à travers ces pages les cinq jours qui ont fait basculer la donne historique de cette élection présidentielle où le peuple de Port-au-Prince et de ses faubourgs, celui-là même qui, deux ans plus tôt, contribuait au renversement du président Aristide, était parvenu à imposer son choix aux autorités haïtiennes et à la MINUSTAH. Cet épisode avait mis en lumière le résultat de ce qui avait valu à Haïti cette deuxième, certains disent troisième, occupation étrangère, qu'importe le nombre, le pire c'est que nos dirigeants, tout au long cette crise politique jusqu'à ce fameux et historique scrutin du 7 février 2006, avaient démontré à la Communauté internationale qu'ils étaient bien incapables de décider seuls de l'avenir du pays après deux siècles d'indépendance nationale.

On pouvait continuer jusqu'à quatre, cinq tomes, voire plus, tant cette crise politico-institutionnelle fut riche en coup de théâtres et d'événements inattendus. Mais il fallait faire un choix. C'est celui de s'arrêter à la formation d'un gouvernement constitutionnel et légitime frappé du sceau du verdict populaire. Dans notre système politique, rien n'est plus grand, plus démocratique, plus noble pour un élu politique, fut-il, élu de la plus petite entité territoriale, que de se voir honorer et légitimer par le verdict du suffrage universel direct de ses concitoyens. C'est pourquoi nous avons décidé, avec ce troisième tome, de boucler la boucle à la date du 14 mai 2006, date de l'investiture du nouveau président élu démocratiquement pour succéder à celui qui a été élu, lui aussi démocratiquement, mais contraint d'abandonner le pouvoir avant le terme constitutionnel de son mandat de cinq ans. Cette investiture était suivie quelques jours plus tard de la formation d'un gouvernement d'union nationale avec les autres partis politiques. Un gouvernement qui a eu à sa tête Jacques Edouard Alexis, lui aussi ancien Premier ministre de sa première présidence (1996-2001). Par ce geste, le président René Garcia Préval mettait fin à six longues années d'une lutte acharnée pour le pouvoir commencée au mois de mai 2000. Cette somme de textes et de documents rassemblés en trois tomes, on voit certains parler déjà de « saga historique », sous le titre original de *Haïti de la crise à l'occupation, Histoire d'un chaos* est écrit dans l'unique but de restituer ce pan de l'Histoire nationale, à la génération suivante. Nous avons fait de notre mieux pour traiter les principales péripéties politiques et institutionnelles du pouvoir Lavalas et de ses opposants entre ces années terribles de 2000 et 2006. Et l'on comprendra que toutes les données relatives à cette crise rapportées dans les nombreux documents produits n'appartiennent à aucun d'entre nous et encore moins aux protagonistes : ils appartiennent à l'histoire.

Chapitre 1

Cafouillage au sein du Conseil électoral provisoire

Fanmi Lavalas en bandes dispersées aux élections de 2006

1.1.- Un cercle vicieux politique depuis 1804

Les lecteurs s'intéressant aux soubresauts politiques d'Haïti ont certainement déjà lu quelque part, durant la crise politique, qu'à chaque fois que cela était possible, on appelait l'ancienne opposition à l'ex-président Aristide à la raison pour leurs excès de langage. Ceci, dans une quête de vérité, de bon sens, mais surtout pour sortir du cercle vicieux dans lequel le pays tournait depuis plus de deux siècles. D'autre part, pendant tout le mandat de Jean-Bertrand Aristide, l'on insistait pour que tout le monde garde son calme et le sens du devoir, face à ce qui nous paraissait le plus grand défi en Haïti, le sens de la responsabilité quand on est aux commandes de l'État, ou quand on aspire à le devenir. D'autres se souviennent peut-être que l'ancienne opposition encourageait les actes de sabotage, les attaques contre les commissariats, la destruction du matériel du ministère des Travaux publics ou qu'elle se soulevait, avec raison, contre les interventions trop brutales d'une police nationale qu'elle disait inféodée à l'ancien chef de l'État de l'époque. Dans toutes nos conférences ou lors d'interventions dans la presse, nous disons toujours attention au retour de bâton, surtout quand on lutte pour un État de droit, la justice, la bonne gouvernance et la démocratie.

En politique, si les actes comptent pour marquer psychologiquement les esprits, les discours restent les premiers éléments à partir desquels on définit la psychologie de ceux qui les prononcent, on comprend la cohérence des actes posés et enfin on juge ceux qui les commettent. Avec le temps, si certains oublient les barbaries hitlériennes, tout le monde se souvient néanmoins des discours de haine de Hitler, précédant la deuxième guerre mondiale. Si personne ne se souvient que le général de Gaulle a redressé la France après la guerre, du plus petit au plus grand, chacun se rappelle son fameux et historique appel du 18 juin 1940 depuis la *BBC* à Londres. Bref, tout cela pour dire combien les discours en politique restent la cheville ouvrière de tout ce qui vient après. Revenons à Haïti. Dans la période allant de la prestation de serment d'Aristide, le 7 février 2001, jusqu'à son renversement par le trio États-Unis, France et Canada, le 29 février 2004, les discours de l'ex-président et de ses partisans contenaient un vocabulaire que nous avons toujours récusé pour une raison simple, nous estimons qu'on ne pouvait qualifier toute une opposition politique de terroriste, fût-elle armée. Si les actions armées encouragées par cette opposition étaient tout à fait condamnables par le pouvoir, ce n'était nullement une raison pour penser qu'un groupe de gens qui mènent une lutte armée soient forcément des bandits, des gangs, des assassins ou des terroristes. De même, si la puissance publique tente, avec les forces de sécurité du pays, de rétablir l'ordre, elle ne peut être classée parmi les pires dictatures de la planète. On se souvient des attaques et des menaces subies par un certain nombre de radios sous la présidence d'Aristide et, à chaque fois, l'opposition en faisait ses choux gras et criait au bâillonnement de la presse puisque, selon elle, ces médias avaient été attaqués sur ordre du président de la République. Puisque en Haïti, semble-t-il, le chef de l'État diligente tout, du cireur de chaussures au tabassage d'un Premier ministre, il peut tout se permettre, selon la rumeur. Nous sommes dans un pays irrationnel, où seules l'émotion, les rumeurs et la clameur publique ont raison de tout. Quand quelqu'un essaie de comprendre quelque chose qui lui paraît aberrant, il est vite taxé d'imbécile, d'ignorant ou c'est l'injure suprême : il est forcément le partisan d'on ne sait qui. Sinon, il n'y a aucune raison qu'il cherche à comprendre pourquoi, quand on est dans l'opposition, on critique la police quand elle intervient brutalement contre des manifestants forcément pacifiques et le lendemain, on applaudit des deux mains cette même police nationale quand elle massacre de manière aveugle les pauvres de Cité Soleil ou de Bel Air, sous prétexte de chasser les gangs armés.

Il est là, le cercle vicieux. Sous Aristide, l'opposition pouvait tout détruire et la police devait rester dans ses commissariats, sinon, l'on n'était pas dans un État de droit. Mais cette même police devait sévir en conséquence contre les opposants terroristes, gangs armés et bandits qui menaçaient la vie et les biens sous le gouvernement intérimaire pour garantir la paix. Conclusion, tous ceux qui commettaient des actes anticonstitutionnels, sous la présidence d'Aristide, étaient des résistants politiques disciplinés. En revanche, ceux qui se comportaient de la même manière ne pouvaient être motivés politiquement et devaient tout simplement respecter le jeu démocratique, sinon, ils devaient être rayés de la carte. Curieuse conception du pouvoir politique et de son rôle de régulateur neutre. Sous Aristide, l'opposition s'offusquait de l'utilisation que faisait, selon elle, le pouvoir Lavalas de la police nationale, alors que sous Gérard Latortue, elle trouvait que non seulement, la police nationale n'était pas assez équipée pour écraser les partisans d'Aristide, mais en plus, elle lui demandait d'agir avec toute la rigueur d'une force de l'ordre au service de la puissance publique. De deux choses l'une, ou le gouvernement intérimaire s'était considéré plus légitime et plus représentatif que le pouvoir précédent pour exiger de la police d'écraser par les armes tous ceux qui s'opposaient à lui par la violence, comme il l'avait fait entre 2001 et 2004 pour prendre le pouvoir ou demander à des gouvernements étrangers de venir l'aider à renverser un gouvernement national, ou ceux qui étaient aux responsabilités publiques à Port-au-Prince pendant cette période prenaient tout le monde pour des enfants de chœur ou peut-être n'avaient-ils rien compris de la gestion du pouvoir public. Tout d'abord, les discours du gouvernement intérimaire ressemblaient comme deux gouttes d'eau à ceux du pouvoir Lavalas à l'encontre de l'opposition d'hier. Le vocabulaire et les méthodes du ministre de la Communication du pouvoir provisoire, Magali Comeau, ne se différenciaient guère de ceux de Mario Dupuis, l'ex-secrétaire d'État à la Communication d'Aristide. On se souvient des célèbres conférences de presse de l'ancien secrétaire d'État après chaque attaque, acte de sabotage des infrastructures publiques ou meurtre d'un partisan *Lavalas*, les termes étaient : les terroristes, les ennemis de la démocratie, les bandits à la solde de l'opposition. Bref, des mots sans aucun rapport avec une lutte politique classique dans un système démocratique ou dans une lutte politique armée. En politique, on doit juger son adversaire selon les actes, en accord avec sa motivation politique, non le contraire, sinon on passe à côté de l'essentiel. L'on se rappelle d'un discours inacceptable de l'ancien président Aristide prononcé, certes sous le coup de l'émotion, à une période où l'insécurité faisait déjà rage dans la capitale haïtienne, discours dans lequel l'ex-président avait appelé la population à la délation et demandait à la police d'agir en conséquence, c'est-à-dire de tirer à vue sur toute personne suspectée d'acte de banditisme, si elle ne pouvait arrêter le suspect en question pour le traîner devant le tribunal. On avait interpellé l'ancien président en lui demandant s'il souhaitait pour Haïti *un État de droit ou un État voyou*. Parce que nous avons toujours pensé que le rôle d'un dirigeant n'est pas de tomber dans la facilité devant les difficultés et surtout quand l'objectif est de changer l'ordre ancien.

De même on ne doit pas donner à l'opinion publique le sentiment qu'on ne fait aucun effort pour trouver les vrais responsables de tel ou tel acte, en accusant le premier venu ou en stigmatisant la proie la plus facile. Rien n'est plus pernicieux et contre-productif dans la recherche de la vérité que lorsqu'on part avec la ferme intention de connaître le coupable idéal. Aucun État de droit n'est possible quand les dirigeants et les supporters d'une politique néfaste font Prévaloir leur sentiment, leur passion, leur envie, leur haine et leur émotion contre ceux qu'ils croient être leurs ennemis. En 2005, les conférences de presse de l'ancienne porte-parole de la police nationale, madame Gessie Comeau Coicou, n'avaient rien à envier à celles de Mario Dupuis. Elles resteront aussi dans les annales. Puisque toutes les accusations, de part et d'autre, portées contre les camps opposés n'étaient faites que de suppositions, d'idées préconçues et de formules toutes faites. Bref, le cercle vicieux. L'ancienne ministre de la Culture et de la Communication, Magali Comeau Denis, là encore, dans une tradition qui perdure, avait profité de l'émoi causé par le lâche enlèvement et l'assassinat du journaliste et écrivain Jacques Roche pour nous apprendre, en direct à la *Télévision nationale d'Haïti* (TNH), qui était jusqu'au 29 février 2004 la télévision d'Aristide, et de mars 2004 à mai 2006 celle de Gérard Latortue, que la police nationale avait reçu l'ordre d'*agir en conséquence contre les gangs, les bandits, les chimères Lavalas*. En d'autres termes, l'ex-ministre avait déjà mené l'enquête, instruit le procès et prononcé la sentence des assassins du journaliste qui étaient forcément tous ceux qui se réclamaient d'Aristide. Il ne lui restait plus qu'à autoriser la police à tirer à vue dans les quartiers populaires pour que justice soit faite. Cela nous avait rappelé le discours d'un Aristide que cette même ex-ministre, hier dans l'opposition, condamnait vertement pour son irresponsabilité. Le cercle vicieux. Où était donc le sens de la responsabilité, le sang froid, la sérénité nécessaires chez les femmes et les hommes politiques ? Mais en Haïti, l'on n'était pas à une contradiction près. L'enlèvement et l'assassinat de Jacques Roche constituaient un acte odieux et doivent être condamnés aujourd'hui encore avec la plus grande vigueur par tous ceux qui défendent un État de droit en Haïti, et surtout que, jusqu'à aujourd'hui, justice n'a pas été faite. Mais il ne doit pas non plus faire oublier les cas d'autres journalistes qui ont été victimes du système, parce qu'ils se trouvaient eux aussi au mauvais moment et au mauvais endroit et qu'avant 2004 sous Aristide, et après 2004 sous le gouvernement de transition, de Boniface Alexandre et de Gérard Latortue, aucune enquête sérieuse n'a été menée afin de trouver les vrais coupables ou commanditaires. Il ne doit pas y avoir de hiérarchie dans l'ordre des victimes innocentes de ce bourbier qu'est devenu Haïti depuis plus d'une vingtaine d'années. Nous avons l'habitude de dire les faits tels qu'ils sont, afin de permettre à chacun de comprendre et de se faire sa propre opinion. Le mélange des genres en Haïti est un sport national, ce qui est fort regrettable et même dangereux. Jacques Roche était un journaliste en activité très connu en Haïti. Son statut de journaliste actif devait lui interdire, sur le plan déontologique et éthique, d'animer une émission radiotélévisée pour un parti politique, comme il le faisait pour le compte du *Groupe 184*. Néanmoins, en tant que citoyen, rien ne l'empêchait d'adhérer ou de militer dans un mouvement politique quelconque. Toujours, le cercle vicieux.

Sous Aristide, on attaquait les journalistes et les médias, sous Gérard Latortue, le cercle infernal continuait. Enfin, vu le tollé qu'avait causé cet acte insensé qui, malheureusement, n'était pas nouveau dans la société haïtienne, certains en avaient profité pour réclamer l'interdiction du *Parti Fanmi Lavalas*, comme du temps d'Aristide, certains de ses supporters avaient sollicité à chaque acte de barbarie l'interdiction de tel ou tel parti de l'opposition. Mais le summum du paradoxe dans cette période troublée de 2004-2006, c'est qu'au moment même où la presse haïtienne, à travers le meurtre de ce journaliste, venait d'être frappée, certains « grands défenseurs » de la liberté de la presse sous l'administration d'Aristide réclamaient sous le gouvernement de transition la fermeture de certaines radios et télévisions privées, sous prétexte que ces médias ouvraient leurs micros aux bandits, c'est-à-dire aux partisans d'Aristide. Ils n'ont pas pensé une seconde qu'en agissant ainsi, non seulement cela n'allait rien résoudre du problème politique du pays, mais de plus, ces « grands démocrates » ont donné raison au feu papa Doc (François Duvalier) qui avait procédé *manu militari* à la fermeture de toutes les radios, à l'exception de la *Voix de la révolution duvaliériste* ou *Radio Nouveau Monde* sous Jean-Claude Duvalier, l'ancêtre de *Radio Nationale*. Qui disait que, depuis 1804, sur le plan politique, les Haïtiens sont dans un cercle vicieux !

1.2.- Impasse sociale et politique de la société haïtienne

Impasse, le mot a été tellement galvaudé pendant la présidence de Jean-Bertrand Aristide, pour définir la complexité de la crise haïtienne, qu'il semblait être vidé de tout son sens et l'on n'osait même plus l'employer pour essayer d'avoir une autre approche de ce qui paraissait être un non-sens, un cas unique dans l'histoire des peuples d'Amérique latine. Pourtant, il n'y avait pas d'autre mot pour qualifier la problématique haïtienne après le 29 février 2004 : ils étaient dans l'impasse. « Ils », ce sont tous les acteurs, haïtiens et étrangers, qui avaient pris la responsabilité de mettre le feu, sans avertir les pompiers, dans ce chaudron qu'est Haïti, n'attendant qu'une étincelle pour rendre la vie impossible dans ce coin des Caraïbes. L'impasse, entre les années 2004 et 2006, le mot était en effet, trop faible. Pour donner tout son poids et son sens à cette expression, il fallait l'accompagner d'autres adjectifs, afin de comprendre pourquoi il était si difficile de ramener la paix dans ce pays de près de dix millions d'habitants où la misère et la pauvreté restent le lot quotidien de 95 % d'entre eux. Alors que, sur ce même territoire, juste en face, seuls 5 % jouissent d'une provocante abondance de tous les bienfaits de la nature et de la société moderne. L'impasse à laquelle nous faisons allusion est en fait double : sociale et politique.

1.2.1.- Impasse sociale

En effet, la société haïtienne, depuis plus de deux siècles, vit dans une dramatique injustice économique. Les gouvernements changent, mais la vie de tous les jours des Haïtiens non seulement demeure inchangée, mais en plus, la situation ne fait qu'empirer. Depuis la chute des différentes dictatures, aucun pouvoir haïtien n'a pu prendre en compte cette criante réalité, ou évoluer de manière cohérente et en harmonie avec ce qu'on peut appeler l'« âme haïtienne », le pays réel, selon certains sociologues et ethnologues, celle qui fait la force de tout pays dans le monde ; en France, on l'appelle la « France d'en bas ». Pas un gouvernement n'a su entreprendre la transformation de cette société totalement dépassée, en appliquant une politique sociale de l'emploi, du logement, de l'éducation, bref une politique qui donnerait un sens à la vie de chaque citoyen de la cité. Une politique qui aurait donné le sens de la responsabilité à chaque Haïtien par sa participation au développement de son quartier, de son village, de sa ville, enfin de son pays. Une politique d'insertion pour les plus démunis, les plus vulnérables, les enfants des rues, ceux que les politiciens de tous bords, Lavalas d'hier et d'aujourd'hui, l'opposition d'hier et d'aujourd'hui, utilisent pour le besoin de leurs causes. Cette politique sociale, vis-à-vis d'une population née dans la misère et qui mourra dans la misère est prioritaire avant toute autre politique et elle est la clé de la réussite de toute solution proposée pour sortir de l'impasse globale à laquelle font face les acteurs nationaux et internationaux. Sinon, l'impasse politique ne fait que commencer, puisque le couvercle a sauté. Aujourd'hui, plus personne, aucune armée au monde ne pourra arrêter cette violence n'ayant pas les mêmes caractéristiques que celles des pays développés. Mais une violence due en grande partie à cet abandon des gouvernants vis-à-vis d'une population abandonnée. Comment les puissances étrangères qui pensent sortir Haïti de l'impasse politique ne sont-elles pas parvenues à la conclusion que le chemin pour y arriver passe d'abord par la case sociale ? Des bidonvilles de Cité Soleil à Martissant en passant par le vieux Port-au-Prince jusqu'en haut des collines de Pétion-Ville, les préoccupations de la population sont les mêmes : comment acheter un pain sans une gourde, la monnaie haïtienne, en poche. Voilà une des difficultés qu'a connues la crise haïtienne de 2001 à 2006, cette impasse sociale qu'aucun dirigeant national et international ne veut appréhender de manière concrète, responsable et objective. Tant que les politiciens haïtiens et étrangers continueront à pratiquer la politique de l'autruche face à cette évidente réalité, ils pourront accumuler toutes les forces militaires du monde dans ce triangle de la résistance sociale : Cité Soleil, Bel-Air et Martissant, leur effort sera de courte durée, sinon vain. Et comme le disait, avec une honnêteté intellectuelle fort rare chez les militaires, le général brésilien, ex-commandant militaire de la MINUSTAH en Haïti, Augusto Heleno Ribeiro Pereira : *On peut transformer Haïti en un État policier, en un centre de concentration et faire venir toutes les armées du monde, on n'arrivera pas à faire cesser la violence. Je persiste à dire que le problème en Haïti est plus social et économique que militaire.* Ces propos du général lui avaient attiré les foudres du patronat et de la classe dominante. Ils avaient mis en rage les tenants de la répression systématique ou du tout policier. Pour certains, par rapport à une culture passéiste d'emploi systématique de la force contre la population pour ses revendications politiques et, pour d'autres, par pur opportunisme et égoïsme, en donnant la priorité à leurs intérêts au lieu de prendre en compte les revendications sociales de la majorité de la population. Sachant que tôt ou tard, l'histoire l'a prouvé, ce qu'on appelle Chimère, qui est en fait un monstre préhistorique, renaîtra comme un phénix de ses cendres pour réclamer à boire et à manger.

1.2.2.- Impasse politique

Logiquement, il n'y a pas de revendications sociales sans revendications politiques. Bien que, dans les pays où les institutions sont respectées, chacun des acteurs connaît ses limites afin de rester dans le cadre fixé par la loi pour aboutir à des réformes suite à des revendications qui peuvent être politiques, culturelles, économiques ou sociales. En fait, les acteurs sociaux et politiques s'accordent toujours pour ne pas tomber dans l'anarchie. Ils utilisent les institutions existantes, sortes de garde-fous, pour éviter d'arriver à une situation de blocage permanent conduisant à une impasse générale, comme dans le cas haïtien. Mais là, nous parlons des pays où les gouvernants, bon gré mal gré, ont su mettre en place les réformes qu'ils croyaient être nécessaires pour le développement de leurs pays, utiles pour la modernisation de leurs sociétés et le progrès de leurs peuples. En Haïti, depuis deux siècles, à part quelques rudiments d'acquis politiques, aucune trace quelconque d'une politique volontariste de progrès social ou de politique nationale de développement. De cette absence palpable de signaux vers une modernisation de la vie politique, on a abouti à cet incontestable résultat : une impasse politique. Pendant des décennies, certains ont cru trouver la solution en s'enfermant dans une espèce de carcan sans lendemain, la politique du pire : gouverner pour une minorité. Sauf que cette politique néfaste a fini par se transformer en une sorte de boomerang contre leurs concepteurs à force de pousser le « pays réel » au bout des limites du supportable. L'accumulation de tant de rancœurs a fini par constituer une mosaïque de résistants échappant à tout contrôle et ce, d'autant plus que les adeptes de la politique traditionnelle et revancharde, « le pays en dedans », n'ont jamais fait grand cas de cette partie la plus pauvre de la société, pensant qu'ils pouvaient une fois encore s'en sortir avec leurs seuls alliés extérieurs, sans le soutien de ceux grâce à qui Haïti serait encore considérée comme une réserve d'Aborigènes ou d'Indiens Caraïbes pour touristes européens en mal d'exotisme. D'où cette impasse politique qui n'est nullement conjoncturelle. Aujourd'hui, peuvent-ils sortir de cette impasse sans remettre en cause le fondement même de leur politique antisociale et non solidaire plus que centenaire ? Voudraient-ils tout mettre à plat, l'ensemble de l'édifice ne collant plus à la réalité sociale et politique du pays, afin de revoir l'architecture sous un autre angle pour une répartition équitable des richesses et des places disponibles dans une Haïti pour tous ? La fin de la plus longue crise politique et sociale contemporaine haïtienne se trouve dans les réponses que les acteurs nationaux et internationaux voudront donner à ces questions.

Toutes les chancelleries internationales semblent faire l'impasse sur cette impasse en Haïti, découvrant en 2004, avec anxiété, l'ampleur des dégâts. Les États-Unis d'Amérique, qui, comme toujours, ne connaissent que le langage de la force, après avoir évacué leur personnel des sites diplomatiques à Port-au-Prince en 2005, étaient, paraît-il, prêts à engager une épreuve de force périlleuse en envoyant des marines contre un peuple affamé qui n'aurait reculé devant personne, tant il avait faim et soif. Finalement, cette option a été abandonnée. La France, quant à elle, pourtant en pointe avec la plupart des intellectuels haïtiens en 2003-2004 dans la bataille pour un ordre nouveau à sa convenance, comme elle le fait en Afrique francophone, se fait de plus en plus discrète depuis le 29 février 2004. Avant, pendant et après la crise politique, l'impasse était double en Haïti. Les politiciens haïtiens, comme on s'y attendait, étaient eux aussi dans l'impasse. À plus forte raison : ils étaient les premiers concernés. À court d'idées et faisant face à l'inattendu et l'imprévu, ces messieurs de la « République de Port-au-Prince » se contentaient en 2005-2006 de mener leur campagne électorale dans les hôtels, sur les hauteurs de Pétion-Ville, quand ce n'était pas carrément à l'étranger. On s'étonne que certains ne se soient pas rendu compte que nous n'étions plus au XIXe siècle, allant jusqu'à réclamer des élections qui, si *elles ne pouvaient être démocratiques et populaires, pouvaient être au moins raisonnables.* À l'image de celles qui ont été contestées avec la plus grande acuité, donnant même l'alibi à une nouvelle intervention étrangère en 2004, l'année du bicentenaire de l'indépendance nationale. Quatre ans plus tôt, les mêmes contestaient la légitimité du scrutin parce qu'il y avait eu une très faible participation populaire, donc ils estimaient que ce scrutin était non représentatif. Mais en l'absence de Jean-Bertrand Aristide, ces opposants étaient prêts à accepter une parodie d'élection jouissant de la bénédiction de la Communauté internationale et organisée sous l'emblème des forces étrangères de l'ONU pour qu'elle devînt automatiquement raisonnable et acceptable. Quelle ironie ! Pourtant, le principe démocratique est un et indivisible. Une élection est démocratique et populaire pour tous ou elle ne l'est pour personne. Mais cette anticipation sur le naufrage électoral augmentait l'ampleur du désastre et l'impasse politique de tous les acteurs. Tout le monde, surtout les grands défenseurs de principes, de l'ordre et de la morale, était à bout de souffle et la lassitude s'emparait de la quasi-totalité de ceux qui pensaient rentrer en Haïti pour jouer leur petite comédie démocratique, installer leurs poulains au nez et à la barbe de tout un peuple et repartir avec le sentiment de la mission accomplie. Mais le peuple, acteur toujours oublié du jeu politique haïtien, avait su déjouer la manœuvre.

1.3.- Charles Henri Baker n° 2 du groupe des 184 brigue la présidence d'Haïti

Pour comprendre les enjeux et les aléas politiques haïtiens des années 2000-2006, nous avons passé en revue, dans le premier tome, beaucoup de sujets relatifs à la crise politique entre les années 2000 et 2004, y compris l'arrivée du *Groupe des 184* d'André Apaid Junior sur la scène politique. Cette mouvance, pour bien camoufler son jeu dans la pagaille politique haïtienne pendant les années de crise et de surenchère politique, s'était affublée du titre de Société civile. Une appellation concernant laquelle, à maintes reprises, nous avons fait remarquer que les responsables du *Groupe des 184* se l'appropriaient à tort, du fait que leur organisation ne se comportait guère comme un organisme de la Société civile, mais plutôt comme un parti politique. Mais la passion qui caractérise nos compatriotes, dès qu'il s'agit de politique, ne leur avait pas permis de découvrir le piège ou le subterfuge des concepteurs du *Groupe des 184*, avec leur affaire de « Nouveau Contrat social ». Fidèle à notre conception de dire ce qu'on croit être juste et vrai, sans se laisser manipuler ni aveugler par la haine, on avait dit, dès le départ, que le *Groupe des 184* n'avait rien à voir avec le modèle de Société civile que nous connaissions dans les pays développés et que cette histoire de « Caravane de l'espoir » traversant les dix départements géographiques du pays et la diaspora haïtienne représentait, en fait, purement et simplement la présentation d'un programme politique. La déclaration officielle, en août 2005, de la candidature du numéro deux du *Groupe des 184*, Charles Henri Baker, à la présidence de la République, venait donc de nous donner raison et de nous conforter dans nos analyses sur un pays dont nous essayons, loin de toute position partisane et de passion chimérique, de connaître le passé, de comprendre le présent et de prévoir le futur. Alors, essayons de voir la logique et les conséquences de la candidature de l'un des plus grands bourgeois de la société haïtienne et surtout de comprendre quelles chances pouvait avoir Baker face à des candidats comme Leslie F. Manigat, Evans Paul, Chavannes Jeune, Serges Gille ou René Garcia Préval. Tout d'abord, pour un analyste politique haïtien, cette candidature ne devrait pas être une surprise, car comme nous le disions plus haut, toutes les données la laissaient présager et, logiquement, une candidature à la présidence de la République de l'un des responsables du *Groupe des 184* s'imposait comme une évidence. Sauf si, comme nous le disons fort souvent, les Haïtiens ne savent pas ce qu'ils veulent ou n'ont aucune logique dans leur combat politique. Comment imaginer qu'une organisation ayant su imposer sa suprématie en un temps record dans un paysage politique, certes saturé, mais peu fertile en idées neuves, allait laisser les autres ramasser la mise sans se battre, même simplement pour évaluer sa force réelle au sein de la société haïtienne ? D'autant plus que cette mouvance était déjà sortie comme la grande gagnante de la chute de l'ancien président du pays, puisque la Communauté internationale n'avait pas jugé utile de mettre aux responsabilités publiques l'ancienne opposition, elle avait préféré nommer des technocrates et des intellectuels, en grande partie membres ou proches du *Groupe des 184*. D'autre part, la candidature de Charles Henri Baker prouvait que, depuis ce qu'on a appelé la *Révolution de 1946* ou la fin des pouvoirs des mulâtres, la société haïtienne avait mûri politiquement.

Car, depuis cette date, ce que certains appellent le « Pouvoir noir » tient le haut du pavé dans la gestion politique en Haïti. De ce fait, la candidature de ce grand patron mulâtre allait relancer une campagne présidentielle qui avait du plomb dans l'aile. Et c'était l'occasion pour la grande masse de Cité Soleil, de Bel-Air et des myriades de bidonvilles de la capitale haïtienne et des pauvres paysans des provinces d'interroger ce représentant du patronat et du grand capital haïtien sur sa politique industrielle et sociétale. Nous étions certains que la présence de Baker dans la course à la présidence allait susciter inévitablement des débats contradictoires au sein de la société haïtienne de l'intérieur et de la diaspora. Sans oublier la question de la couleur qui devait forcément sortir du placard. La candidature de Charles Henri Baker et celle de Leslie F. Manigat, un adepte du noirisme, devait, à leur corps défendant, ramener en partie le débat sur la question de la couleur qui, contrairement à une idée répandue, est loin d'être placée au musée des souvenirs historiques. Pendant tout le conflit opposant l'ancien président de la République, Jean-Bertrand Aristide, et le *Groupe des 184*, les lavalassiens n'avaient cessé de tenter de ramener cette question sur le tapis. Mais la conjoncture ne s'y prêtait point, puisque Aristide avait fait l'unanimité contre lui. Au début du processus électoral, la campagne était terne et sans entrain, le candidat venu du *Groupe des 184*, même s'il se disait indépendant, avait apporté une certaine clarification aux électeurs potentiels sur les différents prétendants au fauteuil présidentiel, qui se ressemblaient tous. La candidature du pasteur Luc Mésadieu du *parti Mochrena* ne se différenciait guère de celle du pasteur Chavannes Jeune du *parti Union*. Et l'on pourrait dire de même de la candidature de Serge Gilles de *Fusion des sociaux-démocrates* par rapport à celle du professeur Leslie F. Manigat du *RDNP*.

Tous ces candidats s'opposaient en quoi, à quelle politique ? Mystère et boule de gomme. Que préconisaient-ils pour faire mieux qu'Aristide ou le gouvernement intérimaire ? On sait qu'ils avaient tous la même ambition, celle de renverser le pouvoir *Lavalas*. Que reprochaient-ils au gouvernement de transition de Gérard Latorture-Boniface Alexandre ? Rien. Sinon que le pouvoir intérimaire n'avait pu éradiquer l'insécurité qui, selon eux, était l'œuvre des partisans de l'ancien président Aristide. Mais dès l'annonce de la candidature de Charles Henri Baker à la magistrature suprême, des voix s'étaient levées contre lui, à commencer par des gens au sein même de sa propre famille politique. L'opposition la plus incongrue à la candidature de Charles Henri Baker était celle d'Anthony Barbier, le numéro 3 du *Groupe des 184*, qui mettait en garde Haïti tout entière et ses dépendances en affirmant que « *cet homme-là est un dictateur* ». Comment doit-on comprendre le sens de la position des dirigeants du *Groupe des 184* et les déclarations de Barbier contre la candidature à la présidence de l'un des leurs ? Il y a plusieurs interprétations possibles : premièrement, on pouvait considérer la déclaration commune du *Groupe des 184* comme étant sincère ; c'est-à-dire que Charles Henri Baker n'avait pas attendu que la mouvance politique désignât démocratiquement la personne qui devait briguer en son nom la présidence de la République car il avait grillé tous les autres postulants ou présidentiables au poteau, par peur d'être recalé par ses petits camarades.

Deuxièmement, la déclaration commune du *Groupe des 184* disant qu'il ne soutenait pas cette candidature était un écran de fumée, histoire de masquer une déclaration que tout le monde attendait. Mais ce sont les critiques acerbes, méchantes, voire hypocrites, d'Anthony Barbier sur le soi disant côté dictatorial de l'ancien candidat, Charles Henri Baker, qui démontrent combien, en Haïti, il n'y a aucune cohérence au sein des partis ou mouvements politiques. Voilà ce monsieur Barbier qui, luttant depuis quatre ans, côte à côte et prenant, paraît-il, le même risque pour renverser celui que Barbier appelle le dictateur Aristide, découvre effaré le jour de la déclaration de la candidature à la présidence de la République, que son numéro 2 était ou sera un « dictateur féroce » s'il devait être élu un jour président de la République. Alors, quel était le but de Barbier qui continuait de militer avec le titre de numéro 3 dans une organisation politique dont il savait pertinemment que son chef hiérarchique serait un dictateur dès qu'il arriverait au pouvoir ? Nous aimerions comprendre cette stratégie à l'haïtienne, qui consiste à traiter de dictateur tout homme politique avec qui on a un différend personnel. Jusqu'à la preuve du contraire, Charles Henri Baker n'a jamais exercé de pouvoir politique, c'est une aberration de vouloir le juger sur son avenir. Avant toute chose, il est plus raisonnable d'aller voir comment cet entrepreneur dirige ses entreprises, avant de porter un quelconque jugement. Et encore, la manière dont il se comporte en homme d'affaires ne saurait être en rien interprétée à décharge contre lui, car la gestion d'une entreprise familiale n'a rien à voir avec celle d'un État. Les seules questions qu'on était en droit de se poser à propos de la candidature à la présidence de la République de Charles Henri Baker, numéro 2 du *Groupe des 184* au moment de la campagne, c'était en quoi consistait son programme politique pour le pays ? Et pourquoi l'« Haïti d'en bas » devait voter pour un candidat ne connaissant que l'« Haïti d'en haut » ? De toute manière, la chance pour un grand bourgeois, patron et mulâtre de surcroît, de se faire élire président de la République d'Haïti, dans la conjoncture de 2005-2006, était nulle. Même la Communauté internationale n'allait pas prendre le risque de le nommer. Cela aurait été trop dangereux pour les cinq années de sa présidence.

1.4.- Cafouillage au sein du conseil électoral provisoire

Après le renversement du président Jean-Bertrand Aristide et le tohu-bohu politique qui s'ensuivit, on aurait pu croire que l'ouverture du processus électoral allait en quelque sorte apporter un peu d'espoir dans le pays et de sérieux au sein du Conseil électoral provisoire. En septembre 2005, l'on avait constaté qu'on était loin de cette espérance légitime. La Communauté internationale, qui avait tout intérêt à ce que les choses se passent plus ou moins bien, semblait totalement désintéressée du cafouillage qui se déroulait au sein du Conseil électoral provisoire (CEP), l'organisme chargé de réaliser ces élections. Dans le gouvernement intérimaire, l'on se demandait s'il y avait un capitaine dans le navire, tant le bateau voguait selon le sens du vent. Résultat de ce « chacun fait comme il l'entend » : personne ne savait plus quand devaient avoir lieu ces scrutins. Car si les autorités souhaitaient respecter la date du 7 février 2006, il devenait urgent que la lourde machine électorale se mît en marche, tant il y avait des obstacles et des zones de turbulences à traverser. L'ONU et l'exécutif provisoire étaient comptables de leur parole donnée. Lorsqu'en février 2004, ils avaient décidé de défaire l'ordre ou le désordre établi, personne ne leur avait demandé de fixer le 7 février 2006 comme étant la date fatidique pour transmettre le pouvoir à un gouvernement légitime et constitutionnel. En fixant eux-mêmes un délai de deux ans pour se sortir du guêpier dans lequel ils s'étaient enfermés, ils n'avaient pas le choix fin 2005, s'ils voulaient rester crédibles, ils devaient abandonner le pouvoir comme prévu au début de l'année 2006. Or, si le doute et le scepticisme commençaient à gagner un certain nombre d'Haïtiens concernant la volonté des dirigeants provisoires d'organiser ces comices à la date prévue, c'était la capacité du CEP et les moyens logistiques dont il disposait à cette époque qui faisaient craindre le pire. Nous avons déjà expliqué à maintes reprises que le gouvernement intérimaire avait eu tort de reprendre le même mécanisme qui avait causé tant de problèmes dans le passé pour réaliser ce scrutin qui, de toute manière, devait être exceptionnel par son ampleur, son symbolisme et son importance dans le contexte de 2006. Une année et demie plus tard, la preuve de l'incapacité du CEP provisoire était égale à celle du gouvernement intérimaire. D'où le double problème auquel on avait assisté en septembre 2005, et surtout la confusion et l'incohérence des décisions que tentaient de prendre les dirigeants du Conseil électoral.

Le premier problème du CEP était qu'il n'avait aucune institution viable sur laquelle compter. Le gouvernement intérimaire, qui devait être un aiguillon, un guide en cas de défaillance, était lui-même victime de son immobilisme, puisque selon le décret instituant le CEP depuis 1990, celui-ci est autonome dans ses décisions. Deuxième problème, le CEP devenait totalement inefficace à cause de luttes intestines dues à la guerre des chefs et aux luttes d'influences. Résultat des courses : la confusion était telle que le grand public ne savait plus qui était qui et qui faisait quoi au sein de cet organisme qui aurait dû être le plus transparent et le plus incontestable possible. En fonction des dates qui étaient annoncées, on était donc à cinq mois du jour J, c'est-à-dire la date de la passation de pouvoir au nouveau président élu, or, même la date réelle du scrutin restait un casse-tête pour les membres du CEP et une énigme pour les électeurs potentiels. Après trois changements successifs au mois de septembre 2005, on avait fini par avancer la date du 3 janvier 2006 pour un probable second tour, avec l'espoir que le premier tour eût lieu le 20 novembre 2005. Une présidentielle en Haïti le 3 janvier, l'on aura tout entendu dans ce processus électoral post-Aristide.

Les 1er et 2 janvier sont des jours fériés, tout le monde est donc en vacances. L'on imaginait mal les gens écourter expressément leurs congés prolongés le samedi afin de se rendre aux urnes le dimanche. Cette date, si elle avait été maintenue, aurait été une occasion supplémentaire pour encourager les électeurs potentiels à rester chez eux. D'ailleurs, l'homme de la rue n'était plus le seul à mettre en doute la capacité des dirigeants du CEP. Le jeudi 1er septembre 2005, l'envoyé spécial en Haïti du secrétaire général de l'ONU, Kofi Annan, le Chilien Juan Gabriel Valdés, avait noté avec inquiétude *les préoccupations de certains secteurs de la société vis-à-vis de la lenteur du Conseil électoral.* Ensuite, c'est une organisation américaine, la Fondation internationale des systèmes électoraux (IFES), autorisée à observer les élections, qui exprimait son *inquiétude face aux retards accumulés dans le processus électoral.* Mais ce n'est pas tout. Les candidats aussi s'en étaient mêlés. Certains s'interrogeaient, pour une fois avec raison, sur la capacité du Conseil électoral à mettre en place des élections crédibles, alors que l'institution n'avait toujours pas réussi à établir un calendrier « crédible et réaliste ». Il faut tout de même rappeler que la Communauté internationale dont, les États-Unis, l'Union européenne et le Canada, finançait à plus de 90 % ces élections, dont le budget s'était élevé à 60 millions de dollars. On comprend qu'avec ce confortable magot, certains dirigeants du CEP n'avaient nulle envie de retourner au chômage. Nous avons écrit, plus haut, qu'en Haïti les élections restent le plus souvent sources de conflits et de crises politiques, alors qu'elles devaient être le moyen de les résoudre. Si certains des candidats, parmi la cinquantaine qui s'était déjà déclarée, étaient sincères dans leur démarche citoyenne, les autres n'étaient là que par pur opportunisme et surtout pour pouvoir nourrir la crise qui restait leur fonds de commerce et leur gagne-pain. Une chose était acquise, le scrutin allait avoir lieu. Telle était la volonté de l'International. La question était de savoir quand, dans quelles conditions, et pour aboutir à quoi ?

1.5.- Le parti Fanmi Lavalas en bandes dispersées aux élections de 2006

Le Conseil électoral provisoire (CEP), l'organisme chargé de réaliser les élections générales en Haïti, avait fini par boucler difficilement la première étape du processus électoral le jeudi 15 septembre 2005 en clôturant la liste des candidats à la présidence et le nombre des partis politiques qui étaient autorisés à prendre part à ces scrutins. On ne dénombrait pas moins de 54 personnalités ayant fait acte de candidature à la présidence de la République et 68 partis politiques à vouloir concourir à différents postes électifs lors de ces élections qui devaient avoir lieu finalement en 2006. Pour l'inscription sur les listes électorales, un nouveau sursis de quelques jours avait été accordé aux retardataires irréductibles. Ils avaient eu jusqu'au 25 septembre 2005 pour s'inscrire. La liste finale des candidats ayant été agréés à prendre part aux élections, après vérification, devait être publiée le 8 octobre 2005. Comme on le voit, si le CEP avait dû respecter cette date, cette campagne aurait été la plus courte de l'histoire électorale en Haïti, puisque le 1er tour de la présidentielle avait été fixé pour le 20 novembre 2005, soit un peu plus d'un mois après la publication de la date d'ouverture officielle de la campagne. Mais c'était sans compter avec les péripéties qui allaient venir. Avec la clôture de la date d'inscription des candidats, les observateurs politiques pouvaient faire un premier constat, celui d'un nombre impressionnant de postulants à la magistrature suprême. Un trop plein qui n'était pas une mauvaise chose pour les organisateurs, en l'occurrence la Communauté internationale et le gouvernement intérimaire de Gérard Latortue. C'est le contraire qui aurait dû les inquiéter. Mais tout n'était pas gagné pour autant puisqu'on devait attendre le toilettage de la liste des candidats à la candidature pour enfin connaître les vrais candidats qui allaient tenter de nous représenter dans les différentes instances nationales et locales. Il fallait attendre le résultat de cet examen de passage, comme on dit en Haïti « CEP a bay kanè », pour tirer une première conclusion de cette première étape du processus. C'est à partir de là qu'allaient apparaître les premières éventuelles contestations des recalés. Il y en avait eu et pour cause, l'on voyait mal comment les dirigeants du CEP pouvaient accepter 54 candidats à la présidence de la République dont 80 % n'étaient en fait que des rigolos, inconnus des Haïtiens et surtout des gens qui ne savaient même pas quel était le rôle d'un magistrat communal. Naturellement, les alliances de circonstances allaient se faire, comme cela se fait pour tout scrutin présidentiel en Haïti, histoire de ne pas perdre une miette de ce que cette élection apportait en matière d'argent. Mais aussi des alliances qui ne laissaient présager rien de rassurant pour l'avenir puisque ces alliances étaient contre nature, comme toujours en Haïti en période électorale. À part quelques rares unions, qui avaient été faites entre des groupes dans lesquels il existait quelques points de convergence, la quasi-totalité des alliances réalisées avant l'inscription au CEP n'avait été faite sur aucune base idéologique ni aucune plate-forme de programme commun devant aboutir, en cas de victoire, à un gouvernement issu des différents partis ayant participé ensemble à la campagne électorale. Après le 8 octobre, il était toujours possible pour les partis ou candidats éliminés de la course de se rapprocher de ceux qui avaient obtenu le précieux sésame pour continuer la route, mais ils allaient arriver en position de faiblesse pour négocier d'égal à égal avec leurs partenaires qui, stratégiquement, n'étaient pas demandeurs, bien qu'un soutien d'une mouvance politique si insignifiante soit-elle, dans une compétition électorale, soit toujours bon à prendre.

Mais dans la stratégie d'alliances qui se faisaient au gré des humeurs et à la tête des clients, sans aucun rapport avec le positionnement politique sur l'échiquier, en ignorant tous les principes et en parfaite opposition avec les convictions idéologiques, condition *sine qua non* pour une bonne alliance et un bon accord avec son futur partenaire, c'était la stratégie suicidaire du *Parti Fanmi Lavalas* qui était la plus étonnante pour les observateurs non avisés. Naturellement, il y avait de quoi surprendre quand on connaît mal ou pas l'histoire des partis politiques de ce pays. Alors qu'il suffisait de jeter un coup d'œil dans les annales historiques des mouvements politiques depuis l'indépendance pour comprendre qu'il n'y avait rien d'étonnant dans l'effritement et la division du *Parti Fanmi Lavalas* dans le paysage politique haïtien. Les partis politiques haïtiens ne durent que le temps où leurs fondateurs sont aux commandes. À la disparition de leurs fondateurs de la scène politique, les partis aussi disparaissent de l'horizon. Le spectacle que nous livrent encore aujourd'hui les responsables de *Fanmi Lavalas* est éloquent de cette continuité. Paradoxalement, pour ce puissant mouvement des années 90, le scrutin présidentiel de 2006 devait être un tremplin pour une démonstration de force, il allait être une vraie foire d'empoigne. Les lavalassiens avaient deux moyens lors des élections de prouver à la face du monde qu'ils étaient majoritaires dans le pays. Puisqu'ils le clamaient partout. *Primo*, ils pouvaient se saisir dès le départ du processus électoral pour se placer en vainqueurs en couvrant le territoire de candidats à tous les postes électifs et d'emblée désigner leur candidat à la présidence de la République. Au lieu de perdre leur temps en conjectures et en tournoiements pour arriver à un déchirement qui allait être, non pas fatal pour le parti, mais carrément destructeur. L'autre alternative pour les dirigeants *Lavalas* eût été de garder une ligne ferme et unanime : le boycottage purement et simplement du processus électoral. Par cette position claire et lisible pour tous, ils auraient dû mener une campagne active partout dans le pays contre les élections et appeler sans équivoque la population à rester chez elle les jours de scrutin. Par l'une ou l'autre de ces deux options, la population aurait été plus sensible à manifester son adhésion ou pas à un mouvement qui se disait être le premier du pays, et tout le monde aurait découvert en grandeur nature la force réelle de ce parti. Mais le vieux démon de la tradition haïtienne : « après moi le chaos », avait encore frappé. Et ce qui devait arriver arriva au grand jour.

Le *Parti Fanmi Lavalas* s'était divisé en quatre tendances distinctes et chaque branche, comme dans la Bible, avait entamé sa traversée du désert. Résultat, pour ces joutes électorales qui devaient marquer la fin ou le début d'une nouvelle ère politique dans ce pays, le parti le plus redouté de tous s'était présenté en ordre dispersé devant ses électeurs qui s'étaient retrouvés devant un dilemme : choisir parmi ceux, venus de *Lavalas*, présentés par *Lavalas* ou soutenus par les dissidents *Lavalas*. Entre Marc Bazin, René Garcia Préval, Gérald Gilles, Jean-Marie Chérestal, la bataille entre frères ennemis, enfants prodigues, héritiers légitimes et dissidents s'annonçait difficile et féroce. Parmi ces quatre candidats, deux seulement étaient en mesure de s'imposer et pouvaient même gagner la présidence. Les candidats René Garcia Preval et Marc Bazin étaient en effet les seuls qui pouvaient faire face à des poids lourds comme Leslie F. Manigat, Charles Henri Baker ou Chavannes Jeune. Dès leur inscription, ces quatre postulants paraissaient les mieux placés dans la course vers le Palais national. Dans la confusion et la division au sein de la grande famille *Lavalas*, c'est René Garcia Préval qui fut le plus malin et qui sortit victorieux de la guerre fratricide, avec son mouvement *Lespwa* (Espoir), créé pour la circonstance. Le *Parti Lespwa* est un aréopage de trois petits partis, proches du *Parti Fanmi Lavalas,* plus un certain nombre d'anciens lavalassiens qui ne se retrouvaient plus dans la ligne du parti de l'ex-président Jean-Bertrand Aristide.

1.6.- Le sondage de toutes les duperies

De tous les temps et dans tous les systèmes politiques démocratiques ou totalitaires, la technique de la manipulation de l'opinion a toujours été une arme à double tranchant. Son utilisation et son application varient selon la société et l'opinion publique que les manipulateurs veulent atteindre. Aujourd'hui, avec les moyens modernes de communication, Internet, le téléphone portable, la télévision par câble ou par satellite et d'autres technologies encore plus avancées, ceux qui excellent dans ce genre de pratique n'ont que l'embarras du choix. Il existe plusieurs formes de manipulations. Chaque opération répond à son propre critère, sa logique et surtout l'intérêt qui se cache derrière chaque entreprise de manipulation. On ne manipule pas une population ou une opinion publique inutilement en général, c'est dans un but précis et au cours d'une période donnée. Parfois, on ne se soucie guère de la réaction ou des retombées de telle ou telle campagne de manipulation, puisque l'objectif, fort souvent, est de semer la confusion, de faire diversion ou de prendre le pouls de la société, en un mot de scruter sa réaction sur le sujet en question. Parfois, ceux qui se lancent dans de telles entreprises prennent en compte l'état sociologique, politique, culturel et même le niveau intellectuel de la population, avant de programmer une opération de manipulation de l'opinion. Car, très souvent, l'effet escompté se retourne comme un boomerang contre les initiateurs, surtout quand cette manipulation se présente sous la forme la plus grossière, voire la plus ridicule. Or, la grossièreté d'une tentative de manipulation de l'opinion peut se révéler néfaste pour ses commanditaires. Tout le monde sait que certaines périodes sont plus propices pour tenter d'intoxiquer l'adversaire, surtout quand la concurrence est grande. Les sondages par exemple. Cette envie de manipuler ses concurrents, au moment des grandes décisions politiques ou électorales, n'est pas une caractéristique des pays développés où les électeurs potentiels se contentent de leur train de vie, ne s'intéressant pas vraiment à l'exercice de leurs droits civiques et citoyens. Dans les pays sous-développés, où la misère et l'abandon de l'État vis-à-vis de la population ne sont plus à démontrer, là aussi, la manipulation de l'opinion peut être une arme redoutable pour ceux qui veulent gagner à tout prix. Quitte à recourir au mensonge pour gagner le soutien ou l'adhésion des plus vulnérables, politiquement et économiquement. D'où l'arrivée de manière opportune, début septembre 2005, d'un supposé sondage à la gloire de Jean-Claude Duvalier, l'ancien président à vie d'Haïti. Le plus surprenant, ce n'était pas le sondage en lui-même sur Duvalier. Ce « sondage » publié par un grand institut américain, le *Gallup*, n'avait rien donné sur le plan des arguments, des critères et des procédés, et l'on ne savait pas quel échantillon de la population et dans quelle partie du pays ce « sondage » avait été réalisé, pour que l'ancien président à vie d'Haïti puisse être plébiscité comme étant le *meilleur chef d'État haïtien des vingt dernières années*. Naturellement, en découvrant sur Internet ce pseudo-sondage, certains pensèrent tout de suite à un canular de plus d'un internaute sur l'ex-dictateur. Mais l'affaire commença à prendre corps quand certaines radios de Port-au-Prince, et pas des moindres, se mirent le plus sérieusement du monde à relayer l'information, à savoir que Baby Doc Duvalier avait été choisi par une majorité d'Haïtiens comme étant le meilleur président d'Haïti. Nous sommes en septembre 2005, faut-il le rappeler ? Là encore, l'affaire aurait pu passer sans que personne ne s'en aperçut, si l'on ne s'était pas trouvé dans une période plus que dramatique, avec une campagne électorale qui démarrait difficilement. Cela, avec un carnaval de 54 candidats à la présidence de la République, dont pas moins de trois ou quatre, s'ils ne se réclamaient pas ouvertement du duvaliérisme, étaient tous des anciens ministres ou des propagateurs de l'idéologie de papa Doc François Duvalier ou des ex-responsables du *Conajec* (Conseil d'Action Jeanclaudiste), menant ouvertement campagne sur des thèses chères à ceux qui voyaient le retour éventuel au pouvoir des Duvalier comme une avancée démocratique en Haïti, après l'échec de tous ceux qui avaient succédé à la dictature, il y a plus de vingt ans. La manipulation était trop visible pour que ce soit un ballon d'essai de la Communauté internationale qui cherchait à estimer l'accueil d'un tel résultat au sein de la société haïtienne, une façon de faire émerger un candidat de la mouvance duvaliériste.

Mais il n'aurait pas été étonnant qu'une organisation politique haïtienne pro-duvaliériste, en accord avec une institution politique internationale, une ONG, se soit lancée dans cette opération de manipulation de l'opinion publique nationale et internationale, sachant malgré tout qu'elle n'avait rien à perdre, sinon les dizaines de milliers de dollars payés pour ce curieux et douteux sondage. Les anciens duvaliéristes, candidats à la présidence de la République, étaient à peu près comme tout le monde, réalistes. Ils savaient qu'ils n'avaient aucune chance réelle d'accéder à la magistrature suprême lors de cette élection en 2006. Sauf si vraiment le peuple haïtien, comme certains le pensaient, n'était pas mûr pour la démocratie et le progrès. Évidemment, l'histoire récente nous apporte bien des surprises dans le domaine politique. On a déjà constaté qu'en Afrique et en Amérique latine, d'anciens dictateurs et d'anciens criminels se faisaient brillamment réélire ou retournaient par la grande porte dans leurs palais nationaux, d'où, moins de dix ou quinze années plus tôt, leurs peuples les avaient chassés. Les Haïtiens pouvaient-ils tomber dans le piège ? Pas si sûr. Deux raisons politiques pouvaient exclure un tel scénario catastrophe. D'abord, la conjoncture politique dans laquelle ces élections devaient être organisées posait plus de problèmes à la Communauté internationale qu'elle n'en résolvait. Elle cherchait désespérément un leader qui s'imposerait vraiment parmi les candidats et il n'y en avait pas. Toutefois, avec la candidature des anciens présidents, René Garcia Préval et le professeur Leslie F. Manigat, et des candidats historiques comme Marc Louis Bazin, Gérard Gourgues, Serge Gilles, Evans Paul ou d'autres plus farfelus, comme Guy Philippe et Dany Toussaint et enfin des plus riches, Charles Henri Baker ou Dumarsais Mécène Siméus et

Samir Mourra avant leur éviction de la compétition, le bon sens politique aurait voulu que ce fût l'un d'eux qui remportât la présidentielle. En fait, personne ne s'attendait à une surprise venant de la part du camp duvaliériste. Le passé de trois décennies de dictature, sans commune mesure avec ce qu'Haïti avait connu, était trop récent pour qu'une majorité d'Haïtiens aille, volontairement, choisir un ancien ministre des Duvalier à la tête du pays. Ceci, même avec des sondages sur commande favorables à Jean-Claude Duvalier. Mais il n'y avait pas que la conjoncture qui n'était pas favorable aux barons duvaliéristes. Il suffisait de voir la réaction de la population au processus électoral, pour comprendre que les Haïtiens n'étaient pas prêts à se laisser manipuler si vite, une seconde fois. Avant le renversement du pouvoir *Lavalas*, on se rappelle du tapage médiatique qui se faisait autour de la « dictature » qui sévissait en Haïti.

Tout était bon pour l'ex-opposition pour parvenir à ses fins ou du moins pour obtenir la chute du pouvoir. Jamais une opération de propagande et de manipulation de l'opinion publique nationale et internationale n'a été aussi efficace. Certains avaient-ils pensé utiliser le même procédé pour avoir les voix de la population ? C'était la question à laquelle l'on devait répondre, non pas de la manière dont elle a été traitée, comme si ce « sondage » était une réalité scientifique, respectant les normes que requiert ce genre d'exercices. À la veille d'un scrutin qui était aussi important qu'incertain et en prenant en compte ce qui s'était passé un an plus tôt, les gens avaient plutôt tendance à voir dans cette affaire une nouvelle tentative de manipulation de l'opinion. Puisque la première avait si bien réussie, les commanditaires avaient certainement espéré une réédition médiatique d'un coup aussi saugrenu que ridicule. Ce n'était certainement pas un hasard si ce « sondage » paraissait en pleine période d'inscription des partis et de candidats à la présidence. La manipulation était plus que flagrante.

Les personnes ayant commandé à l'institut *Gallup* cette mascarade, afin de redorer un passé lourd de conséquences pour le pays, avaient pris le risque de rallumer les projecteurs sur les trente années de pouvoir absolu d'un régime néfaste dont découlait directement la catastrophe sociopolitique des années 2000-2006. Bien sûr, dans certains milieux, les nostalgiques se souviennent qu'on pouvait se balader en toute tranquillité à travers les rues de la capitale à n'importe quelle heure, sans être inquiété. On évoque aussi l'époque où l'ordre et la sécurité macoutique régnaient, etc. Heureusement, d'autres se souviennent qu'à la même époque, il y a eu une vraie dictature en Haïti, que personne ne pouvait dire un mot sans regarder ses voisins plusieurs fois. On se souvient de vrais massacres à Jérémie, on n'a pas inventé les fosses communes de Ti Tanyen et les massacres de Cazale ne sont pas des manipulations d'opinion pour attirer la sympathie de la Communauté internationale. Que dire de cette presse confondant, après Duvalier, l'anarchie et la dictature, la complicité et la liberté. Ceux qui avaient désigné Jean-Claude Duvalier comme le *meilleur président haïtien* des dernières décennies étaient peut-être les mêmes qui voyaient des prisonniers politiques partout en Haïti ou criaient haut et fort pour la liberté d'opinion sous les précédents gouvernements. Oubliant volontairement que *le meilleur président haïtien des dernières décennies,* c'est celui-là même, avec son père le docteur François Duvalier, en trente ans de pouvoir sans partage, qui avait transformé Haïti en une gigantesque prison à ciel ouvert. Mais en Haïti, la mémoire, au lieu d'être collective, a plutôt tendance à être sélective. Ceci explique peut-être notre perpétuel recommencement.

1.7.- Élection présidentielle 2006, 32 candidats officiellement agréés

Après l'enregistrement des 54 candidats à la candidature pour la présidence de la République, le Conseil électoral provisoire (CEP), préoccupé par le retard pris dans la mise en place du processus électoral, avait dû accélérer la cadence. Les responsables de l'institution n'avaient pas perdu de temps pour faire le ménage parmi les 54 postulants. Une semaine aura suffi pour réduire à néant l'espoir de 22 d'entre eux de devenir chef de l'État d'Haïti en 2006. Le vendredi 23 septembre 2005, dans l'après-midi, la sanction était tombée : 32 citoyens haïtiens allaient continuer à rêver de gravir les perrons du Palais national comme président de la République. En attendant les contestations officielles des recalés, ce qu'on verra plus loin, devant les instances habilitées, le CEP pouvait s'estimer heureux. Entre-temps, l'organisme devait continuer difficilement à installer dans le reste du pays des bureaux de vote mobiles, afin de pallier le manque criant d'infrastructures pouvant accueillir les éventuels électeurs. L'ouverture officielle de la campagne électorale était prévue pour le 8 octobre 2005, mais avec la publication de cette fameuse liste des 32 postulants autorisés à briguer officiellement la présidence de la République, rien n'empêchait les candidats d'entamer la campagne, surtout qu'il ne leur restait pas beaucoup de temps. Même à 32 dans les *starting-blocks*, cela faisait beaucoup pour un seul fauteuil. Certes, les dirigeants du CEP avaient été très magnanimes vis-à-vis de certains candidats qu'on pouvait qualifier franchement de farceurs, sachant qu'ils n'avaient aucune chance d'accéder un jour à la magistrature suprême. Mais l'envie de pouvoir écrire sur leur carte de visite le titre d' « ancien candidat à la présidence » était trop forte. Alors, ils se sont présentés. D'autres avaient pris le départ par stratégie politique, une façon de mieux négocier un strapontin ministériel dans le futur gouvernement. En revanche, d'autres s'étaient lancés dans cette course pour se faire connaître du grand public, dans l'espoir de revenir cinq ans plus tard si cette présidence allait à son terme. Car, en Haïti, on n'est jamais sûr de rien. Faut-il le rappeler, depuis la chute des Duvalier il y a plus de vingt ans, à l'exception de René Garcia Préval I, aucun chef d'État élu démocratiquement ou pas n'a pu terminer son mandat. Enfin, il y a ceux qui étaient là pour gagner ou pour se faire nommer, qu'importe l'étiquette, l'essentiel était d'accéder au pouvoir. Pour certains, c'était leur dernière séance. Car l'âge du capitaine commençait à se faire sentir. La nouvelle génération s'impatientait déjà. À la publication de la liste des 32 survivants ayant eu la faveur du CEP, c'était le trop plein de candidats qui alimentait le débat. Pour quel motif les 22 éliminés n'avaient-ils pas eu leur passeport pour continuer le parcours ? Leurs dossiers étaient-ils incomplets ? Comme disait l'ex-président provisoire, Boniface Alexandre, tous les Haïtiens peuvent être candidats à la présidence de la République pourvu qu'ils remplissent les conditions requises par la Constitution et la loi électorale. C'est ainsi que le candidat venu de la diaspora, Dumarsais Mécène Simeus, milliardaire de son état, ami de George W. Bush de surcroît, a été disqualifié sans surprise, en raison de sa nationalité américaine (lire le chapitre sur cette affaire). Quant aux lavalassiens, ils avaient commencé à y voir plus clair. Des quatre candidats à la candidature, il n'en restait plus que deux : Marc Louis Bazin et René Garcia Préval. Lequel des deux allait avoir la faveur des électeurs de l'ex-président Jean-Bertrand Aristide, en exil en Afrique du Sud ? Marc L. Bazin, le seul professionnel du paysage politique haïtien - certains diraient le plus opportuniste de la scène politique haïtienne -, lui, avait déjà tiré profit de sa participation au dernier gouvernement de la présidence d'Aristide. Pour quelqu'un, en effet, qui fut ancien ministre sous Jean-Claude Duvalier, ancien Premier ministre sous le régime du coup d'État militaire du général Raoul Cédras, contre Aristide en 1991, avec son frère qui était ministre du gouvernement provisoire et qui arrivait à bénéficier de l'appui d'une partie des cadres du *parti Fanmi Lavalas*, on pouvait dire que l'homme savait comment s'y prendre pour réussir cet exploit.

L'on était prêt à faire le pari que Marc Louis Bazin ferait alliance avec René Garcia Préval, dans l'hypothèse d'un second tour. Un autre candidat en lice dont on parlait moins au début de la campagne et pourtant qui jouait aussi sa dernière carte dans cette compétition : le professeur Leslie François Manigat. Un poids lourd dans tous les sens du terme. Au propre comme au figuré. Pour les Haïtiens, Manigat restait un éternel incompris. Pourtant, même si la presse parlait peu ou pas du tout de lui, Manigat allait créer la surprise lors de cette présidentielle. Pour l'homme des « impératifs de la conjoncture », jamais une conjoncture politique n'avait été aussi favorable. Avec son aura et son statut d'homme d'État, s'il savait se vendre et vendre sa vision pour Haïti avec le programme de gouvernement du *RDNP* « Changer la vie », il aurait pu gagner. Dommage, il n'a pas su caresser dans le sens du poil, comme Bazin, l'électorat lavalassien. Deux autres candidats, dont personne ne connaissait réellement le poids politique, René Garcia Préval et Evans Paul, allaient revendiquer l'électorat *Lavalas,* pour avoir fréquenté un temps la même famille politique. Mais au grand désespoir de certains, c'est René G. Préval qui a été le grand favori de ce scrutin. L'engouement qu'avait suscité sa candidature et les attaques qu'il subissait depuis qu'il avait annoncé sa candidature en prenant tout le monde par surprise prouvaient qu'il ne laissait personne indifférent et qu'il était un candidat sérieux, surtout après l'élimination de deux autres prétendants qui auraient pu se réclamer de *Lavalas* et favoriser une dispersion des voix. Il ne restait plus qu'à attendre les programmes politiques de ce « Groupe des 32 » pour avoir une idée exacte de ce qu'ils voulaient faire du pays. Car il ne suffit pas de se déclarer candidat et d'obtenir l'agrément du Conseil électoral provisoire pour que tout soit joué. Il était important pour les électeurs potentiels que ceux qui aspiraient à devenir chefs de l'État commençent à leur parler de leurs programmes économiques, des différentes réformes qu'ils entendaient mener. Quelles étaient leurs priorités dans les 90 jours qui suivraient leur entrée en fonctions ? Comment comptaient-ils s'y prendre pour endiguer l'insécurité dans le pays, favoriser une atmosphère de tranquillité et redonner confiance à une population aux abois. Outre les grandes questions relatives à la transformation de la société haïtienne dans les cinq années à venir, il était impératif que les électeurs potentiels puissent prendre connaissance de quoi demain serait fait pour eux en matière de logements sociaux, d'emploi, etc. Quelle serait leur politique en matière d'éducation, leur politique vis-à-vis de la République dominicaine où nos compatriotes, depuis des lustres, sont les éternels boucs émissaires des politiciens dominicains. Ces candidats avaient-ils un programme visant à favoriser l'investissement de la diaspora en Haïti, avaient-ils une position claire sur la question de la double nationalité ? Pendant leur mandat, la Constitution serait-elle amendée ? On sait aujourd'hui que la Caraïbe ne peut plus être ignorée comme l'ex-Premier ministre intérimaire, Gérard Latortue, le pensait à son arrivée au pouvoir en 2004. Les 32 candidats avaient-ils défini une politique à l'égard de la CARICOM et de l'Amérique latine ? Voilà quelques données sur lesquelles les électeurs auraient aimé entendre, ou lire dans les programmes, les candidats. Après l'échec de tous les gouvernements précédents, suite à l'échec des 30 années des Duvalier, il n'aurait pas été vain qu'on rentre dans la campagne avec ces quelques idées simples mais réalistes, histoire de savoir où l'on mettait le pied. Les élections peuvent être démocratiques et pluralistes, le résultat sera toujours le même si les électeurs, avant de choisir, ne savent pas pourquoi ils doivent voter « Dupont » ou « Dupond ». En d'autres termes, c'est bonnet blanc et blanc bonnet.

Chapitre 2

Entente politique et manœuvres électorales contre le candidat René Préval

4e report des élections, le conseil national des partis exige la démission de Gérard Latortue

2.1.- L'affaire de la candidature de Dumarsais Mécène Siméus

Dès le début du processus électoral, on avait posé la question de l'organisation des élections avec un Conseil électoral provisoire (CEP) totalement discrédité, en prenant en compte le contexte dans lequel ces joutes allaient être organisées. Pour démontrer les raisons pour lesquelles ce CEP était totalement dépassé dans pareilles circonstances, on avait même invoqué le caractère extraconstitutionnel, non seulement du pouvoir politique exerçant le rôle d'exécutif provisoire, mais de la totalité des organismes mis en place après le renversement du président Jean-Bertrand Aristide. Notre analyse s'oriente dans la logique politique de ce qui s'est passé au lendemain du 29 février 2004. Tout le monde, en effet, même les plus ignorants ou les plus anti-Aristide, admettait que la manière utilisée par la Communauté internationale pour destituer l'ancien président n'était pas la bonne. Il est toujours prouvé qu'on ne bâtit pas une démocratie en violation de ses principes, de ses normes. C'est comme si l'on voulait construire, à tout prix, un château sur du sable mouvant. L'installation du gouvernement intérimaire de Gérard Latortue avait créé ce qu'on appelle une jurisprudence, ce qui, d'ailleurs, allait provoquer beaucoup de remous et d'imbroglios lors de la désignation des candidats à l'élection présidentielle de 2005-2006. Parmi toutes les anomalies recensées dans le processus électoral, il y a eu l'affaire de Dumarsais Mécène Siméus ou ce que certains appelaient le « cas » Siméus, du nom de ce ressortissant américain d'origine haïtienne, de la diaspora, qui tenait coûte que coûte à être candidat à la présidence de la République d'Haïti en 2005. Si l'affaire, aux yeux de certains paraissait simple, il n'en demeure pas moins qu'elle était aussi complexe, tant sur le fond que sur la forme. En fait, l'« affaire Siméus» restait donc politique, constitutionnelle et juridique et avait mis au grand jour la faillite du système institutionnel haïtien. Avant de voir plus clair dans cette problématique haïtienne à propos de ces trois points clés qui ont ébranlé le processus électoral, le CEP et le gouvernement intérimaire lui-même, il ne serait pas vain de jeter un coup d'œil sur le fonctionnement de l'administration de l'État haïtien. Lorsque nous disons que, pour certains, l'affaire paraissait simple, ce n'est pas faux. Ces gens avaient, en effet, parfaitement raison de croire et de dire pourquoi il y avait eu autant de tohu-bohu pour la candidature de Dumarsais Mécène Siméus en 2005. Puisque, disaient-ils, ce monsieur était un ressortissant étranger, pourquoi le gouvernement intérimaire ne l'avait-il pas expulsé purement et simplement dans son pays d'adoption sur le motif qu'il troublait l'ordre public en Haïti ? Si nous n'étions pas en Haïti où rien, nous disons bien rien, ne fonctionne comme ailleurs, cela aurait dû être une simple formalité d'expulser Siméus, en tant qu'agent étranger, comme l'invoquaient tous les dirigeants, y compris l'ancien Premier ministre intérimaire, Gérard Latortue lui-même. Mais il y avait un problème. Au départ, il paraît que personne n'était sûr et en mesure de prouver que Dumarsais Mécène Siméus n'avait plus la nationalité haïtienne ou qu'il était détenteur d'un passeport américain, comme la clameur publique le disait, ce qui faisait de lui un étranger. Il semble aussi qu'officiellement, aucun agent de l'État ni du ministère de l'Intérieur, ni du Service de l'immigration ne savait où habitait réellement celui qu'on prétendait être un étranger. Or, tout voyageur, y compris haïtien, est obligé de remplir un formulaire de l'immigration au moment de son retour en Haïti. Formulaire dans lequel adresse et numéro de passeport sont dûment notés. Si même les Haïtiens d'origine, n'ayant jamais renoncé à leur nationalité, se trouvent dans l'obligation de remplir cette formalité pour passer le Service haïtien de l'immigration, ne parlons pas des détenteurs d'un passeport étranger. Ils remplissent tous les mêmes formalités, Américains, Français, Canadiens, etc. Alors, comment expliquer que les ex-autorités intérimaires, le Premier ministre en tête, n'arrivaient pas à dire clairement si oui ou non Dumarsais Mécène Siméus était un citoyen américain en donnant la date de son entrée à Port-au-Prince, son numéro de passeport et évidemment son lieu de résidence officielle dans le pays, puisque toutes ces données sont obligatoires et notées dans le formulaire que tout individu rentrant dans le pays, même haïtien, remet au contrôle de l'immigration ? Ainsi, l'affaire Dumarsais Mécène Siméus couvrait de ridicule l'ensemble des autorités du pays, prouvant qu'elles n'étaient même pas en mesure de dire si cet homme était oui ou non de nationalité haïtienne ou américaine. C'était d'autant plus grave que l'intéressé n'avait jamais caché qu'il était bien citoyen américain, mais il demandait tout simplement aux autorités haïtiennes de prouver qu'il n'était plus haïtien. En effet, selon les articles 13 et 15 de la Constitution de 1987, il aurait suffi que le ministère de l'Intérieur donne le numéro de passeport de Siméus, qu'ils avaient forcément au Service d'immigration, pour terminer cette farce sans être obligé d'aller jusqu'au procès comme cela avait été le cas. S'il y a deux points au sujet desquels les constituants de 1987 ont été clairs, il s'agit bien de ces deux articles 13 et 15. Dans l'article 13 on lit : *la nationalité haïtienne se perd par* : *la naturalisation acquise en pays étranger* (alinéa a). Et l'article 15 stipule : *la double nationalité haïtienne et étrangère n'est admise dans aucun cas*. En d'autres termes, pour Haïti, il est tout simplement inconstitutionnel de posséder deux passeports ou un passeport autre que celui délivré par l'État haïtien. Alors, revenons sur le fond de la tentative de candidature de Dumarsais Mécène Siméus lors de la présidentielle 2005-2006, puisque selon nous, cette affaire comprend trois aspects : politique, constitutionnel et juridique.

2.1.1.- Affaire politique

Tout d'abord l'aspect politique, inattendu par le microcosme intellectuel et politique haïtien, dans un processus qui était déjà fort mal engagé, dès le 1er mars 2004. Si Siméus et sa batterie d'avocats, de conseillers américains et haïtiens s'étaient lancés dans la bataille de cette manière, c'est qu'ils savaient qu'ils étaient attendus au tournant. Nous sommes certains que l'équipe, avant de se lancer dans le bras de fer avec le CEP et le gouvernement intérimaire, avait pris toutes les précautions utiles pour sortir gagnante dans une affaire qui n'allait pas être sans conséquences sur la vie politique et la société haïtienne. On peut dire que si politiquement Dumarsais Mécène Siméus n'avait pas gagné la guerre, il avait gagné la bataille, avec l'obligation ordonnée au CEP par la plus haute cour de justice du pays, la Cour de cassation, de l'intégrer sur la liste des candidats à la présidence de la République. Mais ce n'est pas tout. Politiquement, le candidat Siméus avant 2005 était inconnu de la faune politique et de la presse haïtienne, alors qu'en 2005-2006 il était celui dont on parlait le plus, que ce soit en Haïti ou dans la diaspora où, dès le départ, il faisait quasiment l'unanimité, puisque, selon certains, il était devenu le symbole d'une cause, celle de la lutte pour la reconnaissance de la double nationalité. Bref, le candidat venu du Texas était sur l'échiquier politique et parmi tous les candidats celui bénéficiant le plus des débats, donc le plus connu. Siméus avait, du coup, polarisé toute la première partie de la campagne électorale sur lui, par son comportement que certains qualifiaient de provocateur, d'autres de stratégie politique. Dumarsais Mécène Siméus avait déjà marqué des points sur tous ses concurrents présidentiables et, du même coup, il divisait la classe politique traditionnelle sur la ligne à tenir face à sa candidature. Enfin, Dumarsais Mécène Siméus n'a jamais caché ses relations politiques avec la famille Bush au Texas et le *Parti républicain* américain, ni sa double appartenance (haïtienne et américaine), il a simplement demandé au gouvernement intérimaire d'assumer ses responsabilités en tant que puissance publique et donc d'apporter les preuves de ce qu'il avançait. En droit, quand quelqu'un vous accuse, c'est à lui d'en faire la preuve.

2.1.2.- Affaire constitutionnelle

Le deuxième aspect important qu'avait soulevé la candidature de Dumarsais Mécène Siméus, c'est naturellement la question de la double nationalité. Dans un chapitre précédent, nous avons déjà traité, de manière succincte, ce sujet intéressant la quasi-totalité de la diaspora haïtienne, représentant selon des chiffres variés au moins deux millions d'hommes et de femmes sur tous les continents. À notre avis, si Siméus avait accepté de venir jouer les trouble-fêtes dans un scrutin qu'on disait capital pour l'avenir du pays, soupçonné d'être un citoyen américain en attendant qu'on le prouvât, il savait dès le départ que sa présence dans cette course à la magistrature suprême allait susciter un tollé général, pas seulement par ses adversaires politiques en Haïti, mais aussi dans la diaspora. Même si d'emblée, il savait qu'il avait l'appui quasi général de cette diaspora qui en avait assez de servir de vache à lait économique, sans aucun pouvoir politique dans la vie du pays. Constitutionnellement, l'affaire était entendue. Les deux articles évoqués plus haut (13 et 15) sont sans équivoque sur la question. La Constitution haïtienne de 1987, comme les précédentes d'ailleurs, ne reconnaît point la double nationalité. Même les plus fidèles supporters du candidat Siméus admettaient sur ce plan qu'il devait batailler ferme pour avoir gain de cause, si toutefois les autorités compétentes haïtiennes venaient à prouver la nationalité américaine de leur candidat. Car l'article 135 de la Constitution fait barrage à tout Haïtien ayant adopté une nationalité étrangère. On peut y lire en effet, art. 135 *: Pour être élu président de la République d'Haïti, il faut* : *Être Haïtien d'origine et n'avoir jamais renoncé à sa nationalité (*alinéa a). Les avocats-conseils de Siméus avaient tenté de jouer sur une faille de la Constitution de 1987 ; ils prétendaient que la Constitution n'avait jamais dit qu'en prenant une autre nationalité, l'intéressé renonçait à sa nationalité haïtienne de naissance. D'ailleurs, il n'a jamais été question de double nationalité de Dumarsais Mécène Siméus dans le conflit qui l'avait opposé avec le CEP. Puisque les responsables de cet organisme d'État, certes indépendant, disaient très clairement, avant le dépôt des pièces relatives à la candidature, que ce n'était pas au CEP de décider qui était haïtien ou pas. Ce qui paraissait pour tout le monde assez curieux, pour un organe dont le rôle premier était de vérifier que tous les postulants remplissent les conditions requises par la Constitution et la loi électorale pour être candidat à la présidence de la République. En tout cas, la candidature de Siméus, citoyen américain, était sans conteste un pavé dans la mare afin de provoquer, avant même l'élection du nouveau chef de l'État et du nouveau Parlement, un véritable débat de fond et constitutionnel sur la question de la double nationalité qui privait Haïti d'un nombre incalculable d'Haïtiennes et d'Haïtiens compétents dans différents domaines, y compris dans la politique. Cette barrière constitutionnelle, tant qu'elle ne sera pas levée, condamnera ces cadres haïtiens à rester au service de pays étrangers. C'est le paradoxe pour un pays qui manque cruellement de cadres compétents.

2.1.3.- Affaire juridique

Enfin, l'aspect juridique de cette candidature avait bien bouleversé la donne électorale. En effet, on était fort surpris de constater comment les Haïtiens, en dépit des erreurs politiques qui avaient été commises en Haïti, restaient très émotifs dès qu'il s'agissait de décisions en rapport avec un fait politique. Dumarsais Mécène Siméus, jusqu'à la preuve du contraire, avait suivi le cheminement prévu et légal par les autorités électorales. C'était le CEP lui-même qui avait établi une liste de documents administratifs haïtiens à fournir par tous les candidats à la présidence et aux autres élections. C'était encore ce même CEP qui avait défini en toute autonomie, disait l'ex-Premier ministre intérimaire, la loi régissant l'organisation de ces comices. Donc, en aucun cas, un candidat quelconque ne pouvait imposer sa propre vision ou sa conception dans les règlements du CEP. Tout restait donc placé sous l'autorité unique des membres du Conseil électoral provisoire. C'est ce même CEP qui stipulait, dans la loi électorale, que les candidats pouvaient avoir recours à la Cour de cassation, la plus haute instance judiciaire haïtienne, en cas de litige ou s'ils se sentaient floués par l'organisme électoral. De ce fait, plusieurs candidats qui se sentaient victimes d'une injustice de la part du CEP, après la publication de la première liste des candidats retenus à concourir pour la fonction de chef de l'État, s'étaient adressés à cette Cour. Or, il se trouve que parmi ces candidats, il y avait Dumarsais Mécène Siméus prétendant que sa candidature avait été rejetée sans motif valable, ou du moins que le CEP n'avait pas justifié le rejet de sa candidature. Comme la loi électorale l'autorise, il avait saisi la Cour de cassation qui, après analyse du dossier et des données, en tant que Cour suprême, estima qu'il n'y avait pas de motif pour que Dumarsais Mécène Siméus, comme les autres, ne pût être candidat à la présidence d'Haïti et qui ordonna donc d'intégrer son nom sur la liste. À partir de cette décision de justice, ce fut le tollé général dans le milieu politique, gouvernemental et judiciaire, ce qui était le plus frappant. Voilà, même la décision de la plus haute instance judiciaire n'avait aucune valeur et, plus grave, elle était contestée publiquement par les deux chefs de l'exécutif : le président provisoire de la République, lui-même ancien président de la Cour de cassation, et son Premier ministre, le chantre de la démocratie et de la séparation des pouvoirs. Dans tous les États du monde, la Cour suprême reste le dernier recours, sa décision est inamovible et irrévocable.

Que certains concurrents de Dumarsais Mécène Siméus se soient offusqués de la décision des juges de la Cour de cassation, on pouvait le comprendre de la part de prétendants cherchant à éliminer d'office un adversaire politique. Mais que des candidats sérieux de par leur formation et leur statut, se disant justement candidats pour réhabiliter la politique et particulièrement la justice de ce pays où personne ne croit plus dans des juges traînant derrière eux la réputation de véreux ou de vendus, participent à cette levée de boucliers contre la décision de la plus haute cour de justice du pays, c'était quelque chose. Curieusement, ce fut après le verdict de la Cour de cassation que la présidence de la République et la Primature avaient décidé de constituer une sorte de « Commission de vérification » de la nationalité des candidats, dans l'espoir de faire barrage à la candidature de Dumarsais Mécène Siméus. Outre le désaveu public du pouvoir exécutif, le CEP aussi avait décidé de contester la décision de la Cour de cassation, en portant plainte à son tour contre Siméus. Sauf que celui-ci n'était pour rien dans cette décision, puisque c'est un tribunal suprême qui lui avait donné raison, non pas un simple tribunal d'instance. Mais en Haïti, nous ne sommes pas à une bizarrerie près. Les hommes de loi aussi se sont ridiculisés dans cette affaire. Eux qui devraient être les premiers défenseurs de l'indépendance de la justice se sont laissé entraîner dans la violation flagrante de leur propre indépendance en commentant une décision de justice, mais surtout en encourageant le pouvoir et les politiciens à traîner dans la boue les magistrats de la plus haute cour de justice de la République. En France, aux États-Unis d'Amérique et ailleurs, lorsque la Cour de cassation ou la Cour suprême prononce son verdict, on ne peut plus revenir sur cette décision. Naturellement, en Haïti, voire dans la diaspora, bien qu'on soit témoin de la bonne marche de ce qu'on appelle un État de droit, on en trouvera toujours quelques-uns pour dire « oui mais », Haïti n'est pas la France. Alors que les mêmes sont les premiers à donner raison à la Cour suprême de Washington, quand elle valide l'élection de George W. Bush contre le candidat Al Gore, pourtant arrivé en tête devant son adversaire. Dans le cas de l'affaire Siméus et du CEP, les juges de la Cour de cassation n'avaient pas à statuer sur une question de double nationalité ou pas de Siméus, mais uniquement sur les raisons de l'instance électorale de récuser un candidat. D'autant plus que le CEP avait eu en main tous les papiers de Dumarsais Mécène Siméus, comme tous les autres candidats. Le CEP aurait dû, dès le départ, refuser d'enregistrer cette candidature si les papiers du candidat texan comportaient des anomalies ou non conformes à la Constitution haïtienne et à la loi électorale. Ou bien, en Haïti, la compétence manque cruellement, ce qu'on ne croit pas, ou c'était une volonté délibérée du microcosme politique d'éliminer dès le départ le candidat venu de la diaspora. Mais, en somme, l'affaire de la candidature de Siméus en 2005-2006, n'était-elle pas le résultat de l'inconstitutionnalité dans laquelle tout se faisait depuis deux ans dans le pays, produisant toutes les aberrations politiques et juridiques ? Dumarsais Mécène Siméus n'a rien fait d'autre que de s'engouffrer dans une situation extraconstitutionnelle qu'on avait du mal à lui reprocher. Exemples : création d'un *Conseil des sages, accord tripartite, Premier ministre venu de l'extérieur, absence de Parlement.* Bref, rien qui soit prévu par la Constitution. Mais comme toujours avec les Haïtiens, quand cela les arrange, il n'y a pas plus respectueux de la Constitution qu'eux, et quand il faut mettre cette même Constitution en veilleuse pour régler les comptes politiques, ils trouvent mille et une arguties pour marcher dessus. Les mêmes causes produisant toujours les mêmes effets, on ne fait pas respecter les principes en les bafouant soi-même.

2.2.- Suite de l'affaire Siméus : révocation et nomination de 5 juges de la Cour de Cassation

Jamais le richissime homme d'affaires haïtiano-américain Dumarsais Mécène Siméus n'aurait imaginé que sa candidature à la présidence de la République haïtienne allait provoquer tant de remous au cœur du pouvoir de transition. Et l'homme n'en revenait toujours pas et peut-être n'en rêvait pas tant. Le dérapage du pouvoir exécutif sur son dossier lui avait permis de rester assez longtemps dans la course, alors même qu'en théorie, il devait être mis très vite hors-jeu. L'on ne va pas refaire l'historique de l' « affaire » Siméus. Il a fallu la candidature de ce citoyen américain, selon la Constitution de 1987, pour que les technocrates au pouvoir apparaissent sous leurs vrais visages. Certes, l'on peut toujours prendre cette candidature pour une forme de provocation politique, mais qu'est-ce qui ne l'était pas en Haïti après le 29 février 2004 ? Dès l'entrée de Dumarsais Mécène Siméus dans la course à la présidence, l'on sentait venir les grandes manœuvres politiques et institutionnelles pour l'empêcher de briguer cette fonction suprême. Mais personne n'imaginait que le Texan d'adoption allait être le détonateur d'une crise institutionnelle à l'intérieur de la crise politique. Si, par les différentes pirouettes politiques du pouvoir de transition concernant ce qui restait de la Constitution, Siméus avait pu être écarté de la course présidentielle, juridiquement, l'affaire restait assez compliquée pour le tandem Palais national-Primature. Ce qui était, en effet, au départ, l' « affaire » Dumarsais Siméus s'était vite transformé en « affaire » Pouvoir exécutif contre Pouvoir judiciaire. Or, depuis longtemps tout le monde ou presque était résigné à vivre dans le parjure le plus total en attendant de retrouver un fonctionnement normal des trois pouvoirs. Le pouvoir judiciaire était le seul à ne pas être tombé dans la dislocation durant la transition post-Aristide.

Il fonctionnait certes, avec ses faiblesses, mais il faisait figure de rescapé institutionnel en tentant de tenir la route jusqu'à la prochaine réforme qui était inévitable, comme d'ailleurs c'était le cas pour l'ensemble des institutions du pays. Mais voilà, le président provisoire de la République, Boniface Alexandre, et son Premier ministre, Gérard Latortue, à défaut de rentrer dans l'histoire avec un grand H, avaient choisi de rester dans les annales, à l'instar de tous leurs prédécesseurs, comme ceux ayant, eux aussi, lamentablement échoué. Vexés de l'indépendance des juges de la Cour de cassation de la République à leur égard sur le dossier de candidature de Dumarsais Mécène Siméus, ils avaient décidé d'agir par la seule vision qu'ils avaient de la gestion des affaires publiques : l'autoritarisme. Sans se soucier de l'opinion publique et sans avoir peur de passer aux yeux du reste du monde pour des dirigeants d'une époque révolue, ils avaient purement et simplement procédé à la révocation des cinq juges de la plus haute instance judiciaire haïtienne pour avoir refusé d'obéir à leur injonction.

En mettant d'office à la retraite les cinq juges de la Cour suprême, dont le mandat devait arriver à expiration dans six ans, le président provisoire voulait signifier à la justice haïtienne, à la manière d'un Napoléon Ier, jadis en France, qu'en Haïti, le pouvoir c'était lui. Or, en Haïti, les juges de la Cour de cassation sont nommés pour une période de dix ans et en théorie sont inamovibles, de même, d'ailleurs, pour les membres du Conseil électoral permanent (CEP). Le CEP permanent, selon la Constitution, a le plein pouvoir sur le processus électoral dans la limite de son pouvoir. Si un pouvoir n'ayant même pas la légitimité requise pour conduire les affaires de la nation commençait à sanctionner des fonctionnaires statutairement inamovibles parce que leurs décisions n'allaient pas dans le sens souhaité, l'on était en droit de s'interroger sur le futur d'un État de droit dans ce singulier petit pays. À la suite de la révocation des juges de la Cour de cassation, certains n'hésitaient pas à dire que Duvalier père n'aurait pas fait mieux, rappelant l'autoritarisme et la mainmise du pouvoir de 1957-1986 sur l'ensemble des institutions du pays. En effet, la manière d'exercer le pouvoir de transition rappelait de fort mauvais souvenirs : un certain Dr François Duvalier dans les années 60 à l'égard des deux Chambres de l'Assemblée nationale. Des sénateurs de la République rêvant de se placer au-dessus du pouvoir dictatorial de papa Doc l'ont payé cher. Ne souhaitant rendre de comptes à personne, papa Doc se contenta simplement de fermer le Sénat. Quant à la Chambre basse, il procéda à la nomination des députés par des mascarades électorales où tous les candidats devaient être des candidats duvaliéristes ; plus simple et plus sûr pour se maintenir au pouvoir. Ces « élus » ont été baptisés par la malice populaire « députés, j'approuve ». Le président provisoire Boniface Alexandre pensait-il fermer provisoirement la Cour de cassation comme au bon vieux temps de feu Dr François Duvalier, le temps d'organiser à sa manière les élections générales ? Sinon, on n'aurait pas compris qu'un juge, de surcroît membre et ancien président de la haute cour, pût en arriver là. Mais bon, ce n'est pas pour rien qu'en Haïti, l'on en est encore là. Dès le début de l' « affaire » du candidat Siméus, on avait compris que la présidence et la Primature s'accordaient à aller, si c'était nécessaire, très loin pour s'opposer légalement à cette candidature. Naturellement, nous sommes loin de penser que Dumarsais Mécène Siméus et Samir Moura devaient être candidats à la présidence de la République haïtienne, tant qu'il n'y avait pas eu de modification de la Constitution ou un décret sur la question de la double nationalité.

N'empêche, nous continuons de penser, au vu de la situation et de la mise en quarantaine de la Constitution depuis le 29 février 2004, que les autorités gouvernementales et électorales auraient dû accepter la participation de ces deux candidats aux scrutins présidentiels. En laissant le peuple choisir encore une fois vu la conjoncture. D'autant plus que certains sondages avaient clairement démontré que Dumarsais Mécène Siméus bénéficiait devant tous les anciens de l'ancienne opposition d'une meilleure cote de popularité et aussi du plus grand nombre intentions de vote. En tout cas, cette transition qui ne voulait plus finir nous avait démontré plusieurs choses. Des femmes et des hommes, hier dans l'opposition, qui se disaient les plus respectueux de la séparation des pouvoirs, du respect des droits de l'homme et de la Constitution, se comportaient en pires. Pendant ces deux ans de transition, les Haïtiens avaient certainement compris, enfin nous l'espérons, qu'il ne suffit pas de prendre la tête de l'État et de s'approprier l'essentiel du pouvoir avec ses amis pour que les choses changent. On s'étonnait du silence complice des « grandes gueules », ceux qui hier étaient les chantres des grandes vertus démocratiques, accusant tout le monde de ceci et de cela, étaient devenus muets comme des carpes, non pas parce qu'il y avait une répression tous azimuts, mais parce qu'il y avait trop de violations avérées et évidentes de tout ce qui caractérise l'embryon d'un État de droit. Qu'est-ce qui est plus autoritaire que le limogeage des juges dans l'exercice de leur fonction ? La levée de boucliers de tous les secteurs, y compris des membres du Conseil des Sages, pourtant une émanation de l'après 29 février 2004, contre l'excès de pouvoir du président provisoire vis-à-vis de la Cour de cassation, avait démontré que le problème de la démocratie et de l'État de droit en Haïti ne se résumait pas seulement à changer les hommes. Il fallait peut-être penser à changer de mentalité et à voir autrement la gouvernance quand on était aux responsabilités publiques. Qu'est-ce qu'on aurait dit si, sous un autre gouvernement, des juges avaient été obligés d'aller prêter serment - d'autres diraient allégeance - au Palais national, afin d'échapper aux protestations et à l'opposition de l'ensemble du corps judiciaire et des étudiants qui avaient tout simplement envahi le Palais de justice à deux pas de la présidence pour empêcher cette prestation ? À propos, nous reproduisons, *in extenso*, ce reportage de l'Agence haïtienne de presse (AHP) sur cette affaire au Palais de justice de Port-au-Prince.

2.2.1.- Reportage

La situation était au point mort le vendredi 17 décembre 2005 à la Cour de cassation de Port-au-Prince, 24 heures après que les autorités intérimaires haïtiennes eurent décidé d'organiser au Palais national la cérémonie de prestation de serment des cinq nouveaux juges après deux tentatives avortées à la Cour. Ces nouveaux magistrats, Georges Moïse, Henri Michel Augustin, Gilles Cantave, Jean Metzger Théodore et Bien Aimé Jean ont été nommés pour remplacer les juges mis à pied au lendemain d'un arrêt rendu par la Cour de cassation en faveur d'un candidat écarté de la course à la présidence par l'organisme chargé d'organiser les élections annoncées pour début 2006. Les nouveaux juges étaient absents de la Cour suprême ce vendredi 17 décembre. Seuls des avocats, huissiers et membres du personnel administratif faisaient le va-et-vient dans l'enceinte de l'institution après deux chaudes journées marquées par le lancement de jets de pierres, bagarres, injures et menaces de toutes sortes entre secteurs favorables aux juges révoqués et secteurs partisans du gouvernement.

Une grosse banderole de toile noire a été installée devant le Palais de justice en signe de deuil. La justice haïtienne est morte, elle a été poignardée, ont fait savoir des membres de l'Association nationale des magistrats (ANAMAH). Un des responsables de l'Association, Jean Pérès Paul, qui intervenait à l'émission Espace pluriel sur Radio Solidarité, à Port-au-Prince, a fait savoir que la justice est plus que malade, elle est morte. Le juge d'instruction s'est dit étonné que les 5 nouveaux juges aient prêté serment au Palais national malgré toutes les contestations de l'appareil judiciaire. C'est un véritable désordre car la Constitution consacre la séparation des pouvoirs et toutes les audiences doivent être publiques, a fait valoir le juge Pérès. Les juges nommés sont-ils des juges de l'appareil judiciaire ou des juges du Palais national, s'est-il interrogé, affirmant que le gouvernement montre clairement qu'il n'y a pas d'autre pouvoir que l'exécutif. En raison de cette situation, a-t-il dit, n'importe quel magistrat qui ose se prononcer sur un dossier sans en avertir au préalable le gouvernement peut se retrouver dans ses petits souliers. C'est peut-être la dernière fois que je parle derrière un micro puisque des dispositions sont sur le point d'être adoptées pour neutraliser tous les juges qui entendent se dresser contre la vassalisation de la justice. Quand un pouvoir décide de faire flèche de tout bois pour mettre à pied des juges et nommer, pour des motifs politiques, de nouveaux juges bien plus âgés qu'eux, on est en droit de parler de dictature, a-t-il dit. Les membres de l'ANAMAH étaient en discussion ce vendredi avec des juges d'autres associations en vue de prendre une position commune sur la décision de l'Exécutif. Après les inquiétudes exprimées par le haut-commissaire des Nations unies aux droits de l'Homme, Louise Arbour, sur les limogeages des juges, plusieurs organisations internationales ont réagi sur le dossier. Elles ont exprimé leurs préoccupations sur l'avenir de la justice haïtienne et mis en garde sur les dangers et les risques de troubles que peut encore provoquer cette décision à la veille des élections. (AHP), 17 décembre 2005.

2.3.- Élections en 2005, à l'impossible rien n'est tenu

Après un formidable conflit entre les autorités gouvernementales et celles du Conseil électoral provisoire (CEP) pour arrêter les dates des élections, les deux parties avaient fini par proclamer un armistice, avec la publication officielle de l'arrêté électoral appelant le peuple en ses comices. Il faut dire que l'accouchement avait été difficile. C'est au forceps qu'on avait arraché cet énième consensus entre les deux parties. Chacune voulait marquer son territoire. Le Premier ministre intérimaire Gérard Latortue, sous la pression de l'ONU, tenait à ce que le premier tour eût lieu symboliquement avant la fin de l'année 2005, une manière sans doute de dire qu'il avait tenu parole, d'autant que, depuis sa nomination à la Primature en mars 2004, il était arrivé avec sa fameuse et incompréhensible phrase : *À l'impossible, nous sommes tenus.* Oubliant qu'en Haïti, depuis plus de deux siècles, rares sont les hommes politiques qui arrivent à tenir leurs engagements devant la nation. Jusqu'au bout il tentait de se distinguer, en annonçant depuis Washington, où il se trouvait pour rencontrer les responsables de l'OEA (Organisation des États Américains), qu'il donnerait sa démission le 7 février 2006, histoire de respecter cette date constitutionnelle. En effet, le 7 février 2006, un nouveau président de la République aurait dû entrer en fonction si les Haïtiens avaient appris à respecter leur Charte fondamentale. Trop tard pour le chef du gouvernement de transition. Dans son bras de fer avec les dirigeants du CEP, ce sont ces derniers qui avaient eu le dernier mot. Et pour cause, non seulement il n'y avait pas eu d'élections en 2005, mais même le symbole du 7 février n'avait pas été respecté, puisqu'on avait fini par annoncer le 1er tour pour le 8 janvier 2006 et le second tour était prévu pour le 15 février, tout cela dans l'hypothèse que ces deux dates soient respectées. Elles ne le seront pas. Puisque c'est le premier tour qui a eu lieu le 7 février 2006. Si le premier tour du scrutin présidentiel avait lieu à la date prévue, cela supposait que le nouveau chef de l'État dût prendre ses fonctions avant la fin de février 2006, dans le meilleur des cas, ou au début du mois de mars 2006. Les plus sceptiques parlaient du 7 avril 2006. Tout le monde avait tout faux. Naturellement, il était toujours possible de procéder à l'investiture du nouveau président élu le 7 février, si par miracle il y avait eu un vainqueur dès le 8 janvier. Mais là n'est pas le problème. N'oublions pas que ce sont des élections générales, organisées ainsi pour combler le vide de toutes les institutions et administrations politiques du pays et en premier lieu les pouvoirs exécutifs et législatifs. Or, selon la Constitution haïtienne, le chef de l'État prête serment devant les deux Chambres (députés et sénateurs) qui se réunissent en Assemblée nationale le même jour. Problème : les autorités électorales avaient fixé le premier et le second tour des législatives le même jour que la présidentielle, ce qui ne laissait aucune chance au gouvernement intérimaire de procéder à une passation de pouvoir dans le délai constitutionnel, c'est-à-dire le fameux 7 février 2006, même avec un président élu dès le 1er tour, c'est-à-dire le 8 janvier. Car il ne peut y avoir de rentrée parlementaire seulement avec une partie des sénateurs et des députés élus dès le 1er tour.

Le gouvernement provisoire allait se trouver dans l'obligation d'attendre le second tour des législatives et la formation des deux Chambres, avec chacune leur président, et surtout celui qui devait être élu président de l'Assemblée nationale, dans le cas d'Haïti, c'est le président du Sénat, avant d'organiser l'intronisation du nouveau chef de l'État. Tout cela, c'est la théorie quand on veut respecter les normes et les principes. Mais en Haïti, bien avant le 29 février 2004, les principes et les normes constitutionnelles n'étaient que de vulgaires théories inventées par les grandes puissances pour emmerder les petits États. Sauf, naturellement, quand ces principes et ces normes peuvent aider les dirigeants de ces petits États à garder le pouvoir, à favoriser leurs petits copains ou à écarter un adversaire gênant ou trop puissant. Néanmoins, même en oubliant ces règles, sans lesquelles aucune société ne pourrait fonctionner normalement, on ne peut pas non plus faire ce qu'on aurait aimé faire, s'il n'y a pas une certaine logique, un peu de bon sens qu'on trouve même au sein des sociétés animales. Dans cet embrouillamini électoral haïtien, on l'a vu, les acteurs perdaient parfois leur sang-froid et agissaient en dépit de toute logique, même infantile. Les politiciens haïtiens se croient les plus intelligents, les plus malins de tous les Haïtiens. Ils avaient deux longues années pour organiser ces scrutins dans les meilleures conditions possibles. Ils se sont contentés de créer des problèmes là où il n'y en avait point. Ils se sont réveillés au dernier moment en constatant qu'ils avaient un scrutin capital à organiser. Ce qu'ils n'ont pas pu faire en deux ans, ils voulaient le réaliser en un mois. Voilà que les dirigeants du CEP promettaient des élections, clef en main, en 90 jours. Organisation du scrutin, résultat du vote et passation de pouvoir, le tout allant de la publication de l'arrêté électoral le 27 novembre 2005 à l'investiture du chef de l'État le 24 février 2006, soit trois mois, le record absolu. Rappelons quand même que le second tour était fixé pour le 15 février. Personne n'avait pris au sérieux cette hypothèse, à savoir que dans la semaine qui suit le 2e tour, soit 7 jours, tout serait prêt pour le déroulement de la passation de pouvoir. Le CEP allait-il avoir le temps de terminer l'ensemble des opérations de dépouillement des votes (président, sénateurs et députés) ? Sans parler des éventuelles contestations et du recours des mauvais perdants, en plus de la constitution de l'Assemblée nationale et de l'élection de son président, etc. Or, si le processus a été long, même trop long, c'était justement pour éviter de faire les choses dans la précipitation, surtout dans un contexte où le moindre grain de sable pouvait faire dérailler le train. Mais comme nous le disions plus haut, tous les dirigeants haïtiens pensent qu'ils ont un quotient intellectuel supérieur à la moyenne nationale et donc qu'ils peuvent prendre tous les Haïtiens pour des imbéciles. Par ce raisonnement absurde, les tenants du pouvoir à Port-au-Prince, quels qu'ils soient, se contentent de commettre bêtise sur bêtise et cela ne les émeut point. D'où les erreurs en chaîne, les échecs successifs et le résultat de plus de deux cents ans de gestion politique globalement négative. Sûrs de ne jamais se tromper, même si l'évidence leur crève les yeux. Le gouvernement intérimaire avait trouvé tout à fait normal de faire appel au gouvernement dominicain pour venir les aider à organiser des élections en Haïti. Mieux, les dirigeants trouvaient tout à fait logique qu'ils demandent à la République dominicaine d'imprimer les bulletins de vote pour une élection présidentielle relevant de la souveraineté haïtienne.

Alors qu'en même temps, le président dominicain, Léonel Fernandez, déclarait publiquement : *l'Etat haïtien n'existe pas.* Sans orgueil patriotique, aveuglés par ce qu'ils croient être le pouvoir, les dirigeants haïtiens font dans l'absurde absolu, jusqu'à laisser croire qu'être patriote aujourd'hui, c'est être le pire ennemi de la nation. Acceptant ainsi que la majorité des pays du Tiers Monde qui ont envoyé des troupes en Haïti, dans le cadre de la mission des Nations unies, ne connaisse même pas le vocabulaire du mot démocratie chez eux. Les militaires du Maroc du roi Mohamed VI, du Pakistan du général Pervez Musharraf, du Sri Lanka ou de la Jordanie du roi Abdallâh II, pour ne citer qu'eux, ne sont-ils pas formés que pour assassiner les oppositions politiques et ne connaître que le pouvoir des autorités en place ? Alors, il ne faut pas s'étonner des bavures contre la population civile haïtienne de la part de militaires venus de ces États répressifs, où la notion même de d'État de droit, est totalement inconnue.

2.4.- L'ONU avait-elle envisagé de prendre le pouvoir le 7 février 2006 ?

L'ONU avait-elle envisagé de prendre le pouvoir le 7 février 2006 à la place du gouvernement intérimaire de Gérard Latortue ? Cette hypothèse peut paraître absurde. Pourtant, elle était loin d'être invraisemblable. D'ailleurs, en lisant bien le cheminement des choses politiques en Haïti entre 2004 et 2006, on s'aperçoit qu'on n'était pas loin de cette réalité. Car personne ne voyait la Communauté internationale redonner à nouveau le pouvoir, même provisoire, à quelqu'un non issu d'une élection. Ou l'ONU prorogeait le mandat de l'équipe de transition, ou elle devait reprendre les choses en main de manière effective à Port-au-Prince si les élections ne pouvaient pas avoir lieu le 7 février 2006. C'était le seul recours possible politiquement parlant dans le cas où le Conseil électoral provisoire (CEP) n'arriverait pas à organiser des élections deux ans après le renversement du président Jean-Bertrand Aristide. D'ailleurs celui-ci, depuis son exil sud-africain, se frottait les mains, ne s'attendant peut-être pas à une telle catastrophe, débandade, chienlit politique de la part de ses ennemis. Jamais dans un processus électoral en Haïti, on n'avait employé autant de superlatifs : impensable, sceptique, doute, impossible, pour dire que le Conseil électoral provisoire (CEP) et les autorités intérimaires haïtiennes n'allaient pas pouvoir respecter le calendrier qu'ils s'étaient eux-mêmes fixé pour la réalisation des élections générales.

On était à un mois et demi de la fin de l'année 2005, au point où nous en étions, tout le monde avait compris que c'était terminé pour cette année. Mais, il faut le reconnaître, les deux parties organisatrices, c'est-à-dire le gouvernement intérimaire et le CEP, avaient tout fait pour ne pas respecter ce calendrier qui était pourtant leur seul vrai programme politique durant les deux années de pouvoir qui leur étaient octroyées par une Communauté internationale qui, elle aussi, était totalement discréditée aux yeux de la population. Au départ, il y avait eu quelques hochement de tête, une façon de dire qu'en Haïti, dès qu'il s'agissait de pouvoir, d'élections, on n'était jamais sûr de rien, « lè na wè, na kwè ». Les plus anciens, que rien n'étonnait plus en politique haïtienne, sentaient venir le coup et disaient ouvertement qu'il n'y aurait pas d'élections en 2005. En effet, le renvoi du scrutin, si personne n'en parlait officiellement, signifiait que les experts nationaux et internationaux attendaient le moment opportun pour l'annoncer et redoutaient naturellement la réaction, non seulement de l'homme de la rue, mais surtout des premiers concernés, les candidats. Car avant tout, si ces élections venaient a être annulées *sine die*, les perdants n'auraient pas été les masses haïtiennes qui n'attendaient rien de ces comices, mais la myriade de candidats, pour qui ces élections représentaient l'espoir et la porte ouverte à l'accès officiel du monde de la corruption que sont l'État et le système politique haïtien. Lors d'un passage éclair dans la capitale française, en octobre 2005, sur la route de Bruxelles pour une énième conférence des pays donateurs d'Haïti, le Premier ministre intérimaire, Gérard Latortue, assistait à une petite rencontre organisée à la légation haïtienne à Paris par l'ambassadeur haïtien de l'époque, Lionel Étienne. Le chef du gouvernement n'avait cessé dans son allocution de dire : *De toute façon je rendrai le pouvoir quelques jours après le 7 février 2006, et je n'ai aucune intention de le garder plus longtemps, sinon on me mettra dehors.* Naturellement, tout le monde avait compris que le Premier ministre intérimaire faisait allusion à l'ancien président Jean-Bertrand Aristide, puisque c'était une manie chez tous les dirigeants haïtiens de faire porter leur propre échec à leurs prédécesseurs.

Ce qui était pathétique ce soir-là à l'ambassade d'Haïti, c'est que personne et visiblement pas même Gérard Latortue n'était convaincu de son discours et de son intention de partir au lendemain du 7 février 2006. En faisant le tour de ses plus proches collaborateurs présents et de ses amis de trente ans, à qui nous avons demandé s'ils croyaient vraiment que l'échéance du 7 février 2006 serait respectée, tous nous avaient répondu en chœur *qu'ils étaient à chaque fois surpris de voir la force de conviction employée par le Premier ministre pour marteler ce qui leur paraissait comme de la méthode Coué.* C'est-à-dire cette théorie qui consiste à faire répéter à l'infini à un malade qu'il va guérir ; il finit par y croire, alors que le malheureux n'a aucune chance de s'en sortir. En fait, étant un disciple du docteur Coué, Gérard Latortue savait pertinemment qu'Haïti n'avait aucune chance d'organiser en 2005 des élections et certains se doutaient même du processus qui était en cours. Plusieurs signaux nous montraient qu'il était devenu impossible pour le gouvernement intérimaire de quitter le pouvoir le 7 février 2006, sans la mise sous tutelle officielle d'Haïti par l'Organisation des Nations unies, s'il n'y avait pas un nouveau gouvernement issu d'une élection quelconque.

Dans un des chapitres précédents, on a révélé le projet de l'ONU, pour Haïti, avant même la chute du président Aristide. Projet, selon les dires des responsables de l'organisation de New York, ayant été court-circuité par les gouvernements américains et français pour installer un gouvernement intérimaire à Port-au-Prince sans aucun objectif réel. Avec seulement l'espoir que les esprits s'apaisent après un laps de temps et qu'Haïti continue dans sa tragicomédie politique et ses misères. Sauf que, entre 2004 et 2006, voire au-delà, les esprits ne se sont jamais calmés politiquement. Pis encore, la controverse constitutionnelle, judiciaire et politique de l'affaire des candidats « étrangers » à la présidence de la République avait enfoncé davantage le pays dans le doute, avec la perspective d'une élection déjà contestée, avant même d'avoir eu lieu. Avec l'échec politique et institutionnel de la stratégie franco-américaine, deux ans après, l'ONU était prête à ressortir du tiroir son plan pour Haïti. Le seul, selon certains diplomates que nous avions rencontrés en octobre 2005 à Port-au-Prince, celui du tutorat pour une période allant de quinze à vingt ans. Le temps, selon eux, de réorganiser de fond en comble l'ensemble des institutions et l'appareil administratif du pays. On était surpris, d'ailleurs, quand ces mêmes diplomates de l'ONU nous déclaraient que la situation politique et institutionnelle haïtienne en 2005 n'était même pas comparable à celle du Kosovo après la guerre des années 90. C'est dire ce qu'ils pensaient des dirigeants intérimaires et des politiciens haïtiens. Il est évident que la Communauté internationale reconnaissait l'échec du gouvernement technocrate de Gérard Latortue et celui du CEP, mais elle ne pouvait l'avouer publiquement. Alors, on comprend pourquoi cette fameuse date butoir du 7 février 2006 était au centre des rencontres, colloques et séminaires politiques, que ce soit en Haïti, dans la diaspora haïtienne ou sur la scène internationale. À partir de ce constat, avant même l'annonce officielle du report des élections, tout le monde avait compris que le 7 février 2006, élection ou pas, il devait se passer quelque chose en Haïti. Hier comme aujourd'hui, n'ayant aucune confiance dans les politiciens haïtiens pour ramener le pays à la normalité institutionnelle et économique, la Communauté internationale ne fait que le strict minimum syndical pour éviter l'effondrement total de l'État haïtien. Ainsi, depuis 2004, la MINUSTAH assure la sécurité du pays, les pays amis collectent des fonds çà et là pour secourir économiquement le gouvernement et les chancelleries des États de la Caraïbe et de l'Amérique latine et défendent comme ils le peuvent les intérêts haïtiens. Une chose est sûre, ce n'est certainement pas de cette manière qu'on sauvera Haïti.

2.5.- Une campagne électorale qui a coûté cher aux candidats

Fin novembre 2005, les élections annoncées en Haïti depuis presque deux ans restaient encore dans le virtuel. Les dates qu'avait fixées le Conseil électoral provisoire (CEP) étaient sujettes à caution ou du moins le cafouillage restait total. Les candidats, comme des joueurs sur Internet, continuaient à jouer. Ainsi, au fur et à mesure, ils avaient commencé à s'afficher, à faire des meetings et à présenter leurs programmes. Voire à monter des coups contre leurs rivaux. Le CEP aussi faisait dans le virtuel. L'institution, en dépit des critiques et pressions qui fusaient de toutes parts, faisait la sourde oreille. À un mois de la fin de l'année 2005, date théorique de l'organisation de l'ensemble des élections, pour une rentrée politique le deuxième lundi de janvier à l'Assemblée nationale et l'investiture du nouveau président de la République le 7 février 2006, le CEP se comportait comme s'il avait toute la vie devant lui pour choisir la date définitive des scrutins. Or, la moindre des choses dans tout processus électoral et ce, quel que soit le pays ou le système politique, c'est la date des scrutins que les autorités gouvernementales doivent annoncer en premier lieu. Ce sont ces dates qui déclenchent en général le processus électoral. C'est toujours après consultation des différentes formations politiques que le chef du gouvernement, pour certains pays, ou le chef de l'État, pour d'autres, annonce la date du scrutin avant de passer le relais à l'organisme électoral, là où il en existe. Dans notre singulier petit pays, comme d'habitude, plus le monde change, plus nos dirigeants semblent évoluer sur une autre planète et, du coup, se trompent de chemin, pour finir enfin par rater carrément la marche, non seulement de la modernisation de la société, mais du progrès tout court. Alors, faute de repères, ils pataugent comme ils peuvent. Même s'ils doivent se couvrir de ridicule, qu'importe, ils s'accrochent. « Pito nou lèd nou la », dit un vieux dicton haïtien, « vaut mieux être laid, mais vivant ». Résultat, plus de deux siècles après leur indépendance, les Haïtiens sont bons derniers du continent américain. Avec un tel processus électoral dont la finalité devait aboutir à la conclusion de vingt ans de gouvernements de transition (1986-2006), au fil des mois, tout le monde avait compris que ce ne serait pas le cas. L'immobilisme et l'incompétence des décideurs de la transition faisaient courir le risque d'une aggravation de la situation politique du pays. Plus on avançait vers la date fatidique du 7 février 2006, plus les décisions qu'on aurait dû prendre depuis longtemps n'étaient toujours pas prises, ce qui n'était pas fait pour apaiser les esprits dans un tel contexte.

Il a fallu près de trois mois pour que le CEP s'aperçoive que deux candidats à la présidence haïtienne n'étaient pas des citoyens haïtiens. Le même délai pour reconnaître qu'un autre postulant avait eu maille à partir avec la justice haïtienne. Il a fallu attendre presque une année pour avoir la liste définitive des 32 candidats retenus officiellement pour la course à la présidence. Bref, pour les autorités électorales haïtiennes, il n'y avait pas le feu au lac, comme disent les Suisses et que le temps jouait pour elles. En l'absence donc de dates sûres - puisque le gouvernement, après avoir annoncé des dates en dépit du bon sens, dont celle du 27 décembre 2005, puis du vendredi 25 novembre - c'est le président du CEP, Max Mathurin, qui proposa lui, le premier tour pour le 8 janvier 2006 et le deuxième tour le 15 février 2006, entrant ainsi en conflit ouvert avec le pouvoir exécutif. En attendant de voir clair dans ce cafouillage de dates, les candidats briguant un poste électif s'activaient comme ils pouvaient pour ne pas s'ennuyer. Ils affrontaient une situation tout à fait inédite dans une campagne électorale. Comme tout candidat qui se respecte, ils s'amenaient à battre la campagne, faisant des plans électoraux, préparant les déplacements, définissant un budget de campagne, montant des comités de soutien, sollicitant l'aide de bénévoles, faisant imprimer des affiches et des prospectus, remplissant les démarches administratives, mettant en place des stratégies face à leurs adversaires. Bref, faire comme si tout était réel.

Or, c'était une situation frustrante et chargée d'inquiétude, puisque, à tout moment, un communiqué pouvait venir, soit de la Primature soit du siège du Conseil électoral provisoire, annonçant le renvoi des scrutins. Certes, il n'était pas question de reprendre à zéro tout le processus, mais qui allait rembourser toutes les dépenses effectuées depuis le début ? Une campagne électorale coûte cher et reste très éphémère. Les électeurs saturés par cette cohorte de candidats, dans le cas haïtien au départ 54 pour aboutir à 32 au final, ne pouvaient pas garder en mémoire les slogans, les discours et les promesses des uns et des autres, après avoir fait une pause. Dans ce cas, pour remobiliser les électeurs potentiels, il n'y avait pas trente-six façons de faire, il fallait relancer la campagne, ce qui impliquait obligatoirement de nouvelles dépenses, donc de nouveaux fonds qu'il fallait trouver. Quand on connaît l'état de l'économie haïtienne, même si l'État haïtien voulait financer à un certain niveau la campagne électorale de ces 32 candidats à la présidence et près de 900 candidats au Sénat et à la députation, il ne pouvait le faire, même en étant de bonne foi. Mais outre le financement de l'État qui était de toute évidence insuffisant, les cagnottes personnelles des candidats aussi devaient souffrir. Tout le monde connaît à peu près le niveau de vie de chaque candidat et l'état du patrimoine de chacun d'eux. Si la plupart vivent au-dessus de leurs moyens et que deux ou trois sont extrêmement riches, pour tout le reste, sauf en ayant recours à de l'argent sale pour financer leur campagne, aucun ne pouvait honnêtement prétendre posséder suffisamment de fonds pour financer une campagne électorale étalée dans le temps.

Certes, certains avaient des relais dans la diaspora, surtout aux États-Unis d'Amérique, et quelques rares soutiens sur le plan international auprès des partis frères, pour ceux se réclamant d'un courant idéologique auquel leurs partis étaient affiliés à l'étranger (*Internationale socialiste* et *Internationale démocrates chrétiens*). Mais en réalité, cela n'allait pas loin. Surtout avec le peu de crédit qu'accordaient ces grands mouvements à leurs représentants en Haïti. Fins stratèges politiques et bien renseignés par le biais de leurs ambassades à Port-au-Prince, les pays donateurs savaient que leurs candidats ne représentaient pas grand-chose sur le terrain, même si ces derniers continuaient à dire qu'ils avaient tout le peuple avec eux. Ironie de l'Histoire, le candidat le plus riche de la compétition, Dumarsais Mécène Siméus, le seul qui aurait pu financer rubis sur l'ongle sa campagne, sans rien solliciter du gouvernement ou de quiconque, a été privé de campagne pour cause de nationalité étrangère. Ainsi, les partis et les candidats qui attendaient la publication officielle par *Le Moniteur*, le journal officiel haïtien, de la date des scrutins, tous faisaient le forcing sur le CEP et les autorités gouvernementales afin qu'ils accordassent leur violon sur la date définitive et apaisassent leurs inquiétudes pour ne pas avoir à mener une seconde campagne qui aurait été forcément ruineuse pour la majorité d'entre eux.

Pour mettre la pression sur l'organisme de Delmas et la Primature, les candidats avaient commencé à divulguer leurs programmes à la presse. Certains, résumés en dix points fondamentaux pour résoudre les problèmes du pays. D'autres réactivaient de vieux parchemins, le plus souvent piqués chez d'anciens partis qui n'existaient plus. Des candidats réactualisaient leurs programmes datant de dix, vingt, voire vingt-cinq ans. Aucune nouveauté.

Néanmoins, tous promettaient au peuple haïtien monts et merveilles, sans dire pour autant où ils allaient trouver le financement nécessaire pour réaliser des projets auxquels personne ne croyait vraiment. Finalement, aucun des candidats à l'élection présidentielle de 2005-2006 n'a donné les sources du financement de leur campagne. Il y a eu beaucoup de supputations et de rumeurs sur l'origine des fonds de tel ou tel candidat, mais comme d'habitude, personne n'a jamais avancé la moindre preuve.

2.6.- Entente politique et manœuvres électorales contre le candidat René Préval

L'actualité n'avait jamais été aussi dense à quelques semaines du premier tour des élections générales en Haïti en 2006. Depuis plusieurs semaines, l'on assistait à une recrudescence des enlèvements, des assassinats et autres manœuvres politiques en tout genre. D'autre part, la Cour de cassation revint à la charge le jeudi 8 décembre 2005, en demandant au Conseil électoral provisoire (CEP), par une nouvelle ordonnance, de réintroduire le candidat milliardaire, Dumarsais Mécène Siméus, dans la course à la présidence de la République, en rajoutant son nom sur la liste des candidats. Pour toute réponse, le lendemain vendredi 9 décembre, le gouvernement provisoire, par le truchement du chef de l'État par intérim, Boniface Alexandre, avait procédé purement et simplement à la révocation des juges qui avaient signé cette ordonnance. Du coup, les responsables du CEP, les premiers concernés, n'avaient même pas eu le temps de réagir à l'injonction de la plus haute cour de justice haïtienne. Preuve qu'en Haïti, parfois, on marche sur la tête. En effet, la rapidité avec laquelle l'Exécutif intérimaire avait réagi sur la question en avait surpris plus d'un et on se demandait pourquoi, pendant les deux années écoulées, la présidence n'avait pas été si prompte à intervenir pour sauver le processus dont tout le monde voyait qu'il allait droit dans le mur.

À trois semaines du jour J, il était déjà trop tard, selon certains, pour l'équipe de transition pour réparer l'irréparable. Mais pour ne rien arranger dans l'affaire et peut-être aussi cela était-il fait à dessein, ce même vendredi 9 décembre 2005, à Port-au-Prince, l'ambassade américaine avait décidé de dévoiler à la presse et à l'opinion publique le résultat d'un sondage sur la prochaine présidentielle haïtienne. Que nous révélait ce sondage dont tout le monde connaissait longtemps à l'avance le résultat ? Rien. Sinon que, selon les projections de ce sondage, l'ancien président René Garcia Préval, candidat de la coalition dénommée l'*Espwa* (l'Espoir), recueillait 32 % des intentions de vote et que le candidat Dumarsais Mécène Siméus, écarté de la course pour avoir renoncé à sa nationalité haïtienne, selon la Constitution, arrivait en deuxième position avec 23 %. Belle revanche pour les deux hommes. Puisque Dumarsais Mécène Siméus avait été écarté pour une question de nationalité étrangère, alors que, depuis longtemps, les politiciens au pouvoir et ceux qui se préparaient à l'être ont tout fait avec la Constitution, même s'asseoir dessus. Pour l'ancien président, René Garcia Préval, ne menant même pas campagne dans le pays pour être traité par les autres concurrents comme un paria dans cette élection, on peut dire que si le résultat du sondage de l'institut américain *Gallup*, commandé par l'ambassadeur des États-Unis en Haïti, n'avait pas été une nouvelle provocation, il aurait pu être considéré, là aussi, comme une manipulation. Selon cet institut, le sondage avait été organisé depuis un mois, du 1er au 10 novembre 2005, à travers tout le pays sur un échantillon de 1200 personnes dont 424 à Port-au-Prince. L'avance du candidat ex-*Lavalas* sur tous les autres était d'autant plus significative que, jusqu'à ce 10 décembre 2005, il n'avait jamais mené campagne et n'avait fait aucune déclaration, à part celle de sa candidature auprès du Conseil électoral provisoire. Une attitude que ses adversaires dénonçaient vertement, ils étaient fous de rage de n'avoir rien trouvé de nouveau pour l'attaquer qu'en disant seulement qu'il restait le « marassa » (jumeau) de l'ancien président Jean-Bertrand Aristide.

Même sur le bilan de l'ancien président, les trente-deux candidats n'avaient rien trouvé à dire. Parce que le bilan de la présidence de Préval I était globalement positif, pensez-vous. Non, il n'en avait pas ou trop peu, pour être pris en compte dans une campagne électorale compliquée et où la moindre fausse note était fatale pour celle ou celui qui l'avait faite. Pour revenir à *Gallup* qui, décidément, était la seule institution de sondage que connaissaient les Haïtiens, il y avait aussi le pourcentage des autres candidats ou du moins ceux que nous-mêmes avions placés parmi les candidats qui se détachaient des autres, bien avant ce fameux sondage dans un électorat aussi incertain qu'inconnu qu'est celui d'Haïti, cela n'avait aucun sens, même si René Garcia Préval devait être élu, dès le premier tour en 2006. Quels sont ceux qui figuraient sur la liste des sondeurs de *Gallup* et ne dépassaient pas 5 % des intentions de vote ? Les autres candidats en effet n'obtenaient que 4 à 5 % des intentions de vote exprimées, toujours selon l'ambassade américaine à Port-au-Prince qui commentait le résultat du sondage de *Gallup*, présenté le vendredi 9 décembre 2005. On trouvait dans l'ordre d'arrivée, comme nous l'avions prévu depuis trois mois, l'ancien président Leslie F. Manigat du *RDNP* qui avait obtenu 5 %, devant Evans Paul du *Parti Alyans*, Serge Gilles de la *Fusion des sociaux démocrates*, Marc L. Bazin du *Mouvement pour l'instauration de la démocratie* en Haïti, et Guy Philippe du *Front pour la reconstruction nationale* qui, eux, n'avaient obtenu qu'un hypothétique 4 %.

Enfin, le candidat indépendant du *Groupe des 184*, Charles Henri Baker qui, péniblement, était crédité de 2 % des intentions de vote. Où sont passés les autres candidats ? Perdus dans la masse comme c'était prévu. Mais attention ! Un sondage reste toujours un sondage, d'autant plus qu'il est quasi, sinon vraiment impossible, de réaliser un vrai sondage d'opinion politique en Haïti, où l'on ne connaît pas vraiment l'électorat. Certes, on peut toujours tenter de prendre le pouls de la population, en fonction du nombre de manifestants qu'un candidat ou une formation arrive à mettre dans la rue pour le soutenir, mais là encore, on ne peut se fier à cet examen pour dire que celui-ci est plus populaire que celui-là. D'ailleurs, un sondage reste assez relatif, voire aléatoire. On peut l'interpréter comme on veut et mettre en avant l'intérêt recherché. L'on se souvient du scandaleux et suspect sondage, toujours de l'institut *Gallup* du mois de septembre 2005, donnant l'ancien président à vie d'Haïti, Jean-Claude Duvalier, comme *le chef d'État le plus regretté des Haïtiens*. Une insulte jetée à la face de tout un peuple, victime pendant trente longues années du plus invraisemblable régime répressif que ce pays ait connu. Mis à part les sondages qui suivirent et qui ne se ressemblèrent pas forcément, d'autres manœuvres politiques et électorales avaient été entreprises en vue de constituer des blocs, certes hétérogènes, mais espérant barrer la route de la victoire à René Garcia Préval. N'ayons pas peur de la vérité, l'*Entente politique pour la démocratie et la modernité,* constituée à la fin du mois de novembre 2005, était loin d'être un front formé sur des bases politiques solides, après un état des lieux entre les différentes formations politiques ou des négociations entre les différents candidats à la présidence de la République sur la gouvernabilité du pays. C'était une entente opportuniste, circonstancielle, fondée entre des formations n'ayant rien en commun sur le plan idéologique et encore moins sur le plan politique. Le seul objectif de cette Entente politique pour la démocratie et la modernité était de tout mettre en œuvre pour empêcher l' « ennemi » de revenir au pouvoir par la voie des urnes, sous le contrôle de la Communauté internationale, ce qui allait être finalement un camouflet terrible pour l'ensemble des acteurs d'avant le 29 février 2004.

Qui trouvait-on d'ailleurs dans cette entente anti-Préval ? La *Fusion des sociaux démocrates* avec Serge Gilles, le *RDNP* du professeur Leslie F. Manigat, le *Grand Front centre droit* d'Hubert de Ronceray, le *Parti Alyans* d'Evans Paul, l'*OPL* de Paul Denis, *l'Union* du Pasteur Chavannes Jeune, le *Mouvement chrétien* de Luc Mésadieu et le Mouvement paysan de Papaye *KONBA* de Chavannes Jean-Baptiste, allié au candidat indépendant du *Groupe des 184*, Charles Henri Baker. Toujours les mêmes et nous voulons dire comme d'habitude. Ceux qui n'ont pas pu ou su présenter une candidature unique dès le premier tour, sur un programme commun et cohérent qui, même s'ils devaient *former un gouvernement d'entente nationale et d'ouverture tout en respectant le principe de la majorité parlementaire, conformément à la Constitution*... selon ce que préconisait l'« Entente », ne pouvaient tenir jusqu'au bout. Il y avait trop d'incompatibilités politiques et idéologiques dans la bande des neuf. Il faut aussi dire que ces neuf partis ou mouvements politiques n'étaient pas les seuls à essayer de rattraper leur retard sur la *modernisation du pays*. Avant eux, vingt-sept autres partis et groupuscules politiques avaient lancé ce qu'ils appelaient le *Conseil national des partis politiques* (CNPP), disant représenter une *vision moderne de la société haïtienne* selon Déjean Bélizaire qui en était l'un des porte-parole. Certains, comme Victor Benoît et Micha Gaillard, deux responsables de la *Fusion des sociaux-démocrates*, avaient beau appeler à une candidature unique face au candidat néo-*Lavalas*, leur appel restait comme un cri dans le désert. Néanmoins, c'est après avoir exprimé leurs inquiétudes face à la candidature de René Garcia Préval, à la suite d'une manifestation de plusieurs milliers de partisans *Lavalas* pour soutenir celui-ci, que ces deux regroupements anti-Préval avaient été constitués. Mais il était trop tard, Préval avait déjà pris le large, pour ne plus être rattrapé par ses concurrents.

2.7.- 4e Report des élections, le conseil national des partis exige la démission de Gérard Latortue

En décembre 1956, feu le président Paul Eugène Magloire dit « kanson fè », contraint de quitter le pouvoir et de laisser Haïti pour l'exil, déclara avant son départ à peu près ceci : *Messieurs, je vous laisserai Haïti comme un cigare allumé aux deux extrémités que vous auriez du mal à fumer*. En 2005-2006, soit cinquante ans après, les acteurs politiques haïtiens faisaient face à cette énigme haïtienne. Comment sortir du bourbier dans lequel ils étaient tombés depuis deux ans sous prétexte de chasser un « dictateur », restaurer l'ordre, en finir avec la corruption, organiser des élections libres et pluralistes et enfin instaurer la démocratie et l'État de droit.

Beau programme que certains, oubliant sans doute l'histoire politique d'Haïti, avaient pris pour argent comptant, quitte à mettre en péril l'existence même du pays en tant que nation indépendante. Certes, les mêmes estimaient, deux ans auparavant, que ce n'était pas grave de ne pas célébrer le bicentenaire de l'indépendance haïtienne. Les mêmes acteurs, dans le pétrin et dans l'embarras, trouvaient presque normal que les élections ne fussent pas organisées deux ans après la chute de l'ennemi héréditaire, l'essentiel pour eux était que le pouvoir fût dans de bonnes mains, c'est-à-dire dans celles de leurs amis. Ainsi, d'année en année on continuait à régresser, mais ce n'était toujours pas grave, puisqu'ils pensaient avoir toute la vie devant eux. Le dimanche 25 décembre, jour de Noël, cela devait être la trêve des confiseurs en Haïti comme partout ailleurs, permettant à chacun de réfléchir sur son devenir et ses erreurs, histoire de rattraper le temps perdu. Mais hélas, la gravité de la situation politique, sociale et économique du pays renvoyait tous les Haïtiens à un pessimisme affolant qui faisait craindre l'implosion de la classe politique et gouvernementale pour ses excès d'incompétence et d'ambition ou l'explosion générale d'une société en guenilles.

L'on était à 15 jours du jour J, c'est-à-dire 15 jours tant espérés par certains candidats, mais redoutés par d'autres. Et pour cause, parmi les 32 postulants à la présidence de la République, beaucoup auraient préféré l'annulation purement et simplement d'une élection perdue d'avance. Cette annulation en effet aurait permis à certains d'entre eux de rester politiquement non pas dans une course à la présidence dans laquelle ils savaient bien évidemment qu'ils n'avaient aucune chance, mais dans la course à la destruction systématique de cet État déjà en faillite depuis longtemps. Mais le plus inquiétant était l'attitude des autorités de transition. Chaque jour passant apportait de l'eau au moulin de certains Haïtiens qui pensaient que le gouvernement intérimaire préparait le terrain pour passer le pouvoir à l'ONU. Plus on approchait en effet de la fin des deux années concédées au gouvernement intérimaire pour boucler la transition et le processus électoral, plus le gouvernement créait des obstacles pour empêcher la réalisation de ces deux objectifs. Car personne ne pouvait imaginer que les décisions qu'avaient prises les dirigeants du Conseil électoral provisoire (CEP) ne fussent pas d'abord approuvées par les autorités gouvernementales avant d'être rendues publiques. Il était inutile de soustraire le Premier ministre intérimaire de l'irresponsabilité et de l'incompétence du CEP dans ce processus électoral. Les enjeux étaient trop politiques pour les laisser aux seuls politiciens qui, pendant les deux années passées, avaient soutenu mordicus toutes les actions du gouvernement intérimaire pour, au dernier moment réclamer son départ et son remplacement par un gouvernement d'*Union nationale*.

Selon une déclaration remise à la presse le vendredi 23 décembre 2005 : *Les dirigeants politiques membres du Conseil national des partis politiques ont exigé ce vendredi la démission du Premier ministre Latortue d'ici au 31 décembre et la formation d'un gouvernement contrôlé par les partis politiques.* Selon ces 10 partis membres du Conaced, *le nouveau gouvernement devra organiser des élections dans un délai de 90 jours comme l'exige la Constitution.* Nous voilà de nouveau au syndrome du renversement du pouvoir établi sans savoir à quoi cela devait servir. Comme cela a toujours été d'ailleurs le cas en Haïti. Cette fois, l'on était certain que la demande n'allait pas être acceptée ni cautionnée par la Communauté internationale, après le gâchis de 2004-2006 qu'elle avait vécu. De toutes les manières, elle savait qu'un changement de gouvernement non seulement ne mènerait nulle part, mais qu'il allait provoquer purement et simplement l'implosion de la classe politique que nous avons évoquée plus haut ; cela aurait été la fin du processus pacifique de la transition. En cette fin d'année 2005, l'on était en plein paradoxe à Port-au-Prince. Toute action visant en effet à mettre un terme ou à renverser le gouvernement intérimaire devait provoquer sans l'ombre d'un doute le renvoi *sine die* des élections.

Alors même l'incompétence et l'irresponsabilité du pouvoir de transition n'étaient plus à démontrer. À un mois du 7 février 2006, face à l'inconnu, tout le monde s'accommodait pour continuer à jouer au chat et à la souris avec le gouvernement intérimaire et son Conseil électoral provisoire sur la date précise des élections. Sinon, l'on se serait précipité tout droit dans la gueule du loup, c'est-à-dire l'occupation effective du Palais national par un gouverneur de l'ONU. Certains conseillaient même aux politiciens haïtiens, comme ils l'avaient fait à l'époque de la présidence de Jean-Bertrand Aristide, de ne pas jeter le bébé avec l'eau du bain, surtout s'ils ne savaient pas ce qu'ils feraient après. Ce n'était pas en remplaçant le gouvernement intérimaire qu'on allait trouver des solutions au problème qui pouvait empêcher un ex-ami de l'ancien pouvoir de revenir aux responsabilités publiques en la personne de René Garcia Préval, le candidat du parti néo-Lavalas, *Lespwa*. C'est ce qui arrive en politique quand on prend ses désirs pour la réalité. Évidemment, pour certains, il y avait péril en la demeure entre 2001 et 2004. Mais péril pour qui ? Pour les étudiants qu'on avait manipulés jusqu'à leur faire perdre leurs repères patriotiques et nationaux. Pensait-on vraiment que les étudiants étaient satisfaits de l'action du gouvernement intérimaire ? La réponse était non. Mais alors, pourquoi ne les avait-on pas entendus ?

Deux réponses s'imposaient. Premièrement, il y n'y avait aucune ambassade étrangère à Port-au-Prince pour financer leurs manifestations contre le gouvernement et comme tous les partis prenaient langue avec le pouvoir de transition dans l'espoir d'être dans sa bonne grâce, alors c'était motus et bouche cousue. Deuxièmement, les étudiants le savaient, ils n'avaient plus la cote auprès de la presse qui, sous Aristide, transformait en volcan la moindre étincelle estudiantine contre le pouvoir, tandis que, sous Latortue, cette presse était au service du pouvoir de transition, donc, elle passait sous silence leurs revendications, alors qu'ils n'avaient bénéficié de rien pour le travail accompli. Mais il y avait aussi et surtout la MINUSTAH.

Le bras armé du gouvernement intérimaire qui n'allait laisser personne renverser le pouvoir de transition sans l'aval des puissances tutrices et ça, Guy Philippe et ses petits camarades du *Front pour la reconstruction nationale* (FRN) des Gonaïves le savaient aussi. Voilà la problématique face à laquelle se trouvait le peuple haïtien qui croyait toucher la terre promise en laissant derrière lui les douze plaies d'Égypte. On pouvait penser que les élections n'auraient pas lieu comme prévu, le 8 janvier 2006, et que ce énième report serait comme un nouveau défi et un nouveau bras de fer entre le CEP et les partis politiques impuissants devant les décisions des autorités électorales. *Nous allons faire une évaluation technique du processus et nous nous prononcerons la semaine prochaine,* avait déclaré le président du CEP, Max Mathurin. *Les partis politiques vont faire leur propre évaluation de leur côté*, rajouta-t-il. Mais là encore, on s'interrogeait sur le délai. Qu'est-ce que ce nouveau report au 22 ou au 29 janvier 2006 allait apporter de positif aux problèmes techniques que rencontrait l'organisme électoral par rapport à la date initiale du 8 janvier ? Rappelons que cela faisait la quatrième fois que le gouvernement intérimaire et le CEP avaient reporté les élections. Elles avaient été prévues initialement le 13 novembre 2005, puis décalées successivement au 20 novembre 2005, puis au 27 décembre 2005 et au 8 janvier 2006. *Si nous n'arrivons pas à résoudre certains problèmes techniques importants, les élections du 8 janvier pourraient être une catastrophe,* avait encore affirmé Max Mathurin. C'était louable de sa part de reconnaître d'avance que s'il persistait dans cette voie, il courait droit à la catastrophe. Mais pensait-il vraiment que ce délai d'un mois qu'il s'accordait allait lui permettre de résoudre les problèmes techniques ? Certains avaient de sérieux doutes à ce sujet. Depuis deux ans, Max Mathurin et ses amis étaient au pouvoir, leur seule mission consistait uniquement à réaliser dans de bonnes conditions des élections dont on avait fini par croire qu'ils avaient peur du résultat.

Chapitre 3

Quand la transition tournait au drame, suicide du commandant militaire de la MINUSTAH

Les Haïtiens déferlent dans les urnes

3.1.- L'ONU et l'OEA fixent simultanément la date des élections pour le 7 février 2006

Des élections oui, mais quand ? Cette question résume à elle seule la situation inconfortable dans laquelle s'était placé le régime intérimaire haïtien devant la Communauté internationale et mettait en évidence la nullité de toute l'équipe de transition. Mais face à cette aberration - il n'y a pas d'autres termes -, l'on ne devait pas se contenter de clouer au pilori les seuls dirigeants politiques de la transition qui, depuis deux ans, jouaient au vu et au su de tout le monde un double jeu : donner l'impression qu'ils voulaient organiser les élections, mais au fond, il n'avait jamais été question d'aller jusqu'au bout du processus. Bref, Gérard Latortue et ses amis s'étaient retrouvés dans le rôle de l'ancien président Jean-Bertrand Aristide pendant les trois ans où il avait dû tenir face à l'ancienne opposition. En fait, l'objectif était de gagner du temps jusqu'à ce que les « amis » d'Haïti, les États-Unis, la France et le Canada décidassent de prendre les choses en main. Mais entre la présidence d'Aristide et le gouvernement intérimaire, la ressemblance s'arrête là. Et pour cause, l'ancien président, lui, voulait organiser des élections législatives, tout en gardant la présidence de la République qui n'était, pour lui, pas négociable. Alors que l'opposition, elle, réclamait sa tête. D'où les trois ans dilatoires jusqu'à ce que les « amis » d'Haïti, cités plus haut, finissent par passer à l'offensive et l'on connaît la suite.

Le cas de figure du gouvernement intérimaire était nettement différent et c'était là la grande déception de la Communauté internationale et de l'opinion publique nationale et l'incompréhension de l'ancienne opposition dans cette nouvelle forme dilatoire du pouvoir intérimaire. Si dans les deux cas, il y a eu retardement, pour faire durer le plaisir du pouvoir, la conjoncture politique, elle, était nettement différente. Dans le cas de l'ex-président, c'est-à-dire du 7 février 2001 au 29 février 2004, le pouvoir avait contre lui, si on peut dire, toutes les forces vives de la nation : médias, étudiants, industriels, syndicats, partis politiques, intellectuels, artistes. Bref, il ne restait pour l'ex-chef de l'État que les malheureux des bidonvilles qui, eux, avec quelques individus armés à la solde du Palais national, ne pesaient pas lourd devant la batterie de communication nationale et internationale déployée par l'ensemble de l'opposition. Le Palais national faisait face aussi à l'hostilité de la Communauté internationale qui s'était liguée contre lui, sans oublier les pressions ouvertes des ambassades étrangères à Port-au-Prince qui ne se contentèrent pas d'encourager et de financer l'opposition de l'époque. Ironie de l'histoire, deux ans plus tard, c'étaient ces mêmes ambassades qui faisaient les frais, ou du moins étaient victimes de la même politique dilatoire du pouvoir qu'elles avaient installé après le renversement du président Aristide. En effet, dans l'ensemble de la classe politique et dans le reste de la population, tout le monde s'accordait pour que les élections eussent lieu dans le pays. Le consensus était d'autant plus grand que même les partisans les plus acharnés du président renversé jouaient des coudes pour retirer leurs cartes électorales. Alors, ne parlons même pas des formations politiques, petites et grandes, qui se bousculaient pour s'inscrire au CEP. La Communauté internationale prenait tout à sa charge : finances, cartes électorales, sécurité, formations des membres du CEP, etc. Des avantages dont aucun gouvernement précédent n'avaient bénéficié. Pourtant, ces scrutins, qui devaient avoir lieu le 8 janvier 2006, après avoir été renvoyés pour la troisième fois consécutive, avaient une nouvelle fois été reportés, mais cette fois *sine die*, c'est-à-dire sans aucune date. Si la confirmation du report par le gouvernement du scrutin ne surprenait pas grand monde, c'était le manque de réaction ou du moins l'acceptation sans broncher par toutes les forces vives en général et les leaders des partis politiques en particulier qui posait problème.

Où étaient passés les milliers d'étudiants qui manifestaient à longueur de journée et de semaine à Port-au-Prince, aux Gonaïves, à Petit-Goâve et au Cap-Haïtien pour changer l'ordre des choses en Haïti ? De même, l'on se demandait où était passé le *Groupe des 184*, qui s'enorgueillissait de ne pas être un parti politique mais un regroupement de la Société civile proposant un nouveau contrat social. Sans parler du silence troublant de la classe politique devant le non-respect de la parole de l'État. Sous le régime d'Aristide, tout le monde criait au loup dans la bergerie, mais sous celui du régime intérimaire, personne ne voyait l'utilité de mettre les dirigeants intérimaires devant leurs responsabilités. Sauf pour exiger leur départ du pouvoir. Et c'est cela tout le drame en Haïti depuis plus de deux siècles. Ce silence était significatif et révélateur de la part d'une société qui continuait à confondre l'État et ses dirigeants, c'est-à-dire les femmes et les hommes élus ou nommés pour gérer un bien collectif qu'est l'État-nation. Les manuels ont beau expliqué que, si l'on veut changer un pays, il faut d'abord dissocier les hommes et les institutions, lorsque *Le Moniteur*, le journal officiel de la République d'Haïti, publie un décret, ceci devient immédiatement la parole de l'État. Il engage la nation tout entière. D'où la responsabilité et l'obligation de ceux qui sont aux affaires publiques, c'est-à-dire le gouvernement de la République et les fonctionnaires, de respecter et de faire respecter ce décret ou cette ordonnance.

Si les gouvernants ne tiennent pas compte de la parole de l'État, difficile en effet d'avancer, et de fait, ils n'ont plus d'autorité pour faire exécuter quoi que ce soit. Tant qu'aucune date pour les élections n'était publiée officiellement par le gouvernement, il n'y avait aucun problème pour que les forces vives du pays et la classe politique ne réagissent de manière plus ferme face au pouvoir puisqu'il n'y avait rien sur quoi s'appuyer juridiquement. L'État n'avait effectivement pas encore donné sa parole. Mais, dès la publication au journal officiel appelant le peuple en ses comices à une date fixée par l'une des institutions de la République, le peuple avait le devoir de demander au gouvernement des explications sur le non-respect de sa parole. Mais en Haïti, les élites intellectuelles et politiques continuent à laisser le peuple dans son ignorance. C'étaient ces mêmes élites qui avaient soulevé le peuple contre l'ancien régime parce qu'elles estimaient que le pouvoir faisait fausse route. Pourquoi étaient-elles restées silencieuses devant le non-respect du calendrier électoral ? On connaît la réponse. Parce que, comme il est de tradition en Haïti, les partis politiques et les forces vives du pays ne soutenaient pas un programme politique quelconque, mais un homme ou une équipe. Donnant toujours priorité à leurs intérêts plutôt qu'à un véritable changement de société, ils acceptent tout de l'homme ou de l'équipe en place, pourvu que ce soient des amis. Mais sous un angle général, ce silence ou le peu de réaction vis-à-vis du pouvoir s'expliquait par le mélange qu'on fait en Haïti entre l'État et ceux qui le dirigent. En Haïti, manifester contre une décision gouvernementale se traduit grossièrement par le renversement du régime. D'ailleurs, cela n'a guère évolué depuis ces deux cents ans d'indépendance. Beaucoup de puissances étrangères ont su utiliser cette arme pour renverser les pouvoirs qui ne leur convenaient pas. Les élites haïtiennes et les « amis » d'Haïti ont fini par habituer les Haïtiens à cette équation : manifester contre un régime équivaut à le renverser. Résultat : soit le régime en place est soutenu par les élites, dans ce cas, il n'a rien à craindre, soit il ne l'est pas et il est vite balayé par le peuple à l'appel des élites, ou il reste en place en imposant une dictature, une vraie. Une opposition est démocratique quand elle est capable de protester contre les actes posés par un régime sans pour autant vouloir le renverser. Comme cela avait été le cas quelques jours avant l'annonce officielle du quatrième report du scrutin. La plupart des leaders et partis politiques qui sentaient venir le coup n'avaient rien trouvé de mieux que de demander le départ immédiat du gouvernement intérimaire pour prendre sa place. Sans expliquer ce qu'ils allaient faire de si différent par rapport à l'équipe de Gérard Latortue. Ne pouvant mobiliser la population pour renverser le gouvernement, ces leaders avaient préféré ne rien tenter. Alors qu'un appel à manifester afin de faire pression sur le gouvernement intérimaire aurait servi largement la cause de la démocratie et poussé les autorités à assumer leurs responsabilités dans un processus électoral qui aura terni définitivement l'image des politiciens haïtiens, quels qu'ils soient, aux yeux de la Communauté internationale. Faute de réaction à la hauteur de l'enjeu à Port-au-Prince, après confirmation officielle que les élections n'auraient pas lieu le 8 janvier 2006, la Communauté internationale, l'autre grand responsable des reports à répétition, se trouvait dans l'obligation de réagir. Huit jours après, les deux principales instances internationales responsables de la transition, l'Organisation des Nations unies (ONU) et l'Organisation des États américains (OEA), avaient convoqué en urgence et simultanément leur Conseil permanent pour se pencher sur le cas d'Haïti, le vendredi 6 janvier 2006, à New York : *Le Conseil de sécurité de l'ONU invite instamment le gouvernement de transition d'Haïti et le Conseil électoral provisoire à annoncer rapidement de nouvelles dates définitives pour les élections dont la première partie devra se tenir dans un délai de quelques semaines, au plus tard le 7 février*, apprenait-on, à la fin de la réunion d'urgence tenue à huis clos. Cette séance de consultations avait été convoquée par l'Argentine, avec l'accord de l'ambassadeur de Tanzanie, Augustine P. Mahiga, dont le pays assurait, en janvier 2006, la présidence tournante de l'organe suprême de l'ONU, inquiète du report, pour la quatrième fois, du scrutin présidentiel et législatif initialement fixé au dimanche 8 janvier 2006. *Le Conseil de sécurité réitère que la tenue des élections est une étape fondamentale vers la restauration de la démocratie et de la stabilité en Haïti et prend note avec préoccupation du nouveau report des élections*, avait poursuivi le diplomate africain. Au même moment dans la capitale américaine, Washington, c'était le Conseil permanent de l'Organisation des États américains (OEA) qui exigeait que le premier tour des élections présidentielles et législatives haïtiennes se tînt avant le 7 février 2006. *Le Conseil permanent appelle les autorités gouvernementales et électorales de la République sœur d'Haïti à fixer immédiatement une date définitive pour la réalisation des élections présidentielles et législatives qui doivent avoir lieu avant le 7 février 2006*, avait indiqué l'instance suprême de l'organisation hémisphérique dans une déclaration en sept points, adoptée à l'issue d'une réunion extraordinaire consacrée à la situation d'Haïti.

Ainsi, les autorités de Port-au-Prince s'étaient retrouvées placées sous la haute surveillance des deux organisations qui faisaient déjà le gros du boulot depuis deux ans en Haïti. Contraintes et forcées de travailler avec les autorités intérimaires par les deux puissances, les États-Unis et la France, l'ONU et l'OEA n'avaient pas le choix. Les deux organisations étaient condamnées à réussir la transition. Alors qu'on savait dès le départ que l'OEA n'était pas d'accord avec le renversement de Jean-Bertrand Aristide et que l'ONU ne voulait pas partager la transition avec les politiciens haïtiens estimant que ces derniers n'étaient pas prêts pour prendre le relais. C'est la raison pour laquelle les deux organismes avaient refusé d'endosser la moindre part de responsabilité dans l'échec du gouvernement de Gérard Latortue. Pour les dirigeants de l'ONU comme pour ceux de l'OEA, il fallait s'y attendre. Personne, selon eux, de l'équipe de transition n'était préparé ni *psychologiquement ni politiquement* à assurer l'après-Aristide. Alors, que faire ? Certains répondaient des élections. D'autres disaient oui, mais quand ! Une problématique qui ne concernait pas seulement les autorités haïtiennes, mais la Communauté internationale aussi. Selon les deux organismes, rien n'empêchait le gouvernement intérimaire et le CEP d'organiser les élections. Le Conseil permanent de l'OEA avait estimé qu'il n'existait pas de *raisons techniques valables pour continuer à ajourner les élections et que les problèmes relevés peuvent être résolus à brève échéance*, confirmant et donnant raison à ceux qui soupçonnaient le pouvoir de transition de vouloir empêcher l'arrivée d'une nouvelle équipe.

3.2.- Quand la transition tournait au drame : suicide du commandant militaire de la MINUSTAH

La première quinzaine du mois de janvier 2006 en Haïti a été, dans le cadre de la transition, riche en rebondissements. Certains parlaient même d'une succession de faits dont les uns étaient plus dramatiques que les autres. Tout avait commencé avec la perspective, dans les derniers jours de décembre 2005, d'un quatrième report de la date des élections générales devant se tenir le 8 janvier 2006. Une inquiétude qui s'était révélée exacte puisque, dans la nuit du réveillon, le 31 décembre 2005, les autorités intérimaires avaient annoncé, en effet, pour des *raisons techniques, le renvoi des scrutins,* sans donner de nouvelles dates. Dès les 1er et 2 janvier 2006, c'était le branle-bas de combat au sein de la gent politique engagée depuis des mois dans un processus électoral qui, au fil des mois, coûtait de plus en plus cher, comme nous l'avons traité dans le chapitre précédent, à cause des reports successifs. Mais, outre les candidats à la présidence, les vrais, ceux qui avaient au moins une chance de remporter l'élection, la Communauté internationale, cette fois, faisait montre d'une intransigeance peu habituelle à l'égard du gouvernement intérimaire et de l'organisme chargé de la réalisation des scrutins, le Conseil électoral provisoire (CEP). Dès le vendredi 6 janvier 2006, de Washington à New York, c'est-à-dire de l'OEA à l'ONU, le ton monta d'un cran. Les deux institutions donnèrent un ultimatum aux autorités haïtiennes pour organiser le premier tour des élections au plus tard le 7 février 2006. Dans la capitale haïtienne où l'on commençait à s'habituer au laxisme de la Communauté internationale vis-à-vis de ses protégés de Port-au-Prince, l'homme de la rue restait sceptique sur les rodomontades des institutions internationales qui, depuis deux ans, n'avaient pas fait grand-chose pour améliorer la situation politique et sécuritaire du pays. D'autant plus que, en ce début d'année 2006, l'insécurité avait pris des proportions plus qu'alarmantes et les kidnappeurs n'hésitaient plus à aller causer leurs forfaits au cœur même de la ville, selon la Direction centrale de la Police judiciaire haïtienne (DCPJ).

En effet, le vendredi 13 janvier 2006, cette institution policière avait affirmé au public, lors d'une conférence de presse, a*voir démantelé cette semaine un important réseau de kidnapping, à Pétion-Ville, une banlieue résidentielle de Port-au-Prince.* Selon celui qui était alors inspecteur général de la DCPJ, Michaël Lucius, *c'est ce gang qui avait enlevé le 30 décembre 2005 Carine Rouzier, l'épouse d'un riche homme d'affaires de Port-au-Prince, libérée le 8 janvier 2006.* Et celui-ci de rajouter *: La découverte de cette cachette, en plein cœur de Pétion-Ville, prouve que d'importants groupes sont impliqués dans les activités du kidnapping.* Fermons cette parenthèse pour revenir à la situation qui a failli faire basculer le gouvernement de transition, même si, de Paris à Ottawa ou à Washington, diplomatiquement, les déclarations étaient toutes unanimes pour soutenir les autorités en place. Justement, pris de panique, le Premier ministre intérimaire avait pris sa plus belle plume et écrit au Conseil de sécurité. Gérard Latortue sollicitait sa présence et aussi celle des responsables du CEP à la réunion convoquée en urgence sur la situation qui Prévalait en Haïti en ce début d'année 2006. Pour Latortue, c'était une question d'équité. Mais sa missive était restée lettre morte. N'ayant pas eu de réponse de la part du président du Conseil de sécurité, l'ambassadeur tanzanien, Augustine P. Mahiga, le pouvoir de transition avait compris que les « amis » d'Haïti ne voulaient plus jouer avec cette question d'élections. Mais, on le sait depuis longtemps, un malheur n'arrive jamais seul. Pendant que la situation politique tournait au psychodrame entre le gouvernement de transition et sa tutelle étrangère, en pleine consultation pour dégager une date pour satisfaire les desiderata de l'Organisation des Nations unies et de l'Organisation des États américains ayant fait injonction à Port-au-Prince de promulguer au plus vite une nouvelle date électorale, une terrible découverte venait de jeter, à plus d'un titre, dans une atmosphère déjà glauque, un émoi sur tout le pays.

Sur le balcon du chic hôtel Montana, sur les hauteurs de Port-au-Prince, l'on venait de retrouver le corps sans vie de l'un des plus puissants chefs de la Mission des Nations unies pour la stabilisation en Haïti (MINUSTAH), le général brésilien, Urano Teixeira da Matta Bacellar. En tant que commandant en chef de la force militaire de la MINUSTAH, ce général était le numéro 2 de l'ONU en Haïti. Il venait juste après le représentant spécial du secrétaire général de l'ONU, Kofi Annan, l'ambassadeur Juan Gabriel Valdés, qui dirigeait toute la mission ; il a été remplacé après les élections par Edmond Mullet. La nouvelle de la mort du général avala toutes les collines de Pétion-Ville avant d'atterrir dans le centre-ville de la capitale et de se répandre comme une traînée de poudre à travers les rédactions de tous les médias. En un rien de temps, toute Haïti était informée : le patron militaire de la MINUSTAH a été retrouvé mort dans son hôtel. C'était la consternation générale. L'inquiétude aussi gagnait tous les milieux et les suspicions qui allaient avec. On dit même, dans un premier temps, que certains candidats à la présidence s'étaient mis à couvert par mesure de précaution à l'annonce de cette terrifiante et inquiétante nouvelle. Bref, c'était le drame absolu.

Sans même prendre un temps de réflexion, les responsables de l'ONU à Port-au-Prince livrèrent à la presse le premier résultat de l'enquête concluant à un suicide. En effet, le revolver du général Urano Teixeira da Matta Bacellar avait été retrouvé près de son corps, baignant dans son sang. Mais vu le climat délétère régnant en Haïti à l'époque, même le dernier bébé encore dans le sein de sa mère n'avait foi dans cette thèse du suicide. Le général venait de rentrer le lundi 2 janvier 2006 de chez lui, au Brésil, où il avait passé de merveilleuses vacances en famille. Mais on sait aussi que celui-ci avait été pris à partie quelques jours avant par le patronat haïtien pour sa supposée indulgence vis-à-vis des gangs de Cité Soleil. Depuis des semaines, le président de la Chambre de commerce et d'industrie, Réginald Boulos et le patron du *Groupe des 184* l'attaquaient énergiquement et l'empressaient d'envoyer ses troupes dans les bidonvilles de la capitale en vue, selon eux, de ramener la sécurité à Port-au-Prince. Le général, comme son prédécesseur d'ailleurs, le général Augusto Heleno Ribeiro Pereira, refusait d'agir de manière aveugle dans ces quartiers de « non-droit », estimant que ces bidonvilles n'étaient pas les seuls responsables de la détérioration politique du pays. Soumis à de rudes épreuves, le défunt Matta Bacellar avait eu des altercations aussi avec son chef hiérarchique en Haïti, Juan Gabriel Valdés, sur l'emploi de la force dans les bidonvilles et en particulier dans la fameuse commune de Cité Soleil où le numéro 1 de l'ONU, à Port-au-Prince, lui aussi étranglé par les pressions de toutes sortes de la part des politiciens et du grand patronat, hésitait entre l'emploi de la force de manière pondérée ou de façon aveugle.

Mais, outre les difficultés politiques, diplomatiques, sociologiques et psychologiques auxquelles avait été confronté le général, il ne faut pas non plus négliger d'autres aspects plus criminels de la situation. En effet, le pays était livré à lui-même depuis des lustres. Toutes sortes de trafics se développaient. La drogue, la mafia, les trafiquants et les contrebandiers étrangers, colombiens, dominicains et naturellement haïtiens transformaient les bidonvilles en vrais repaires dignes de la Sicile des années 60-70. Vouloir y mettre de l'ordre équivalait à une menace pour ces intérêts divergents. Le général aurait pu être victime de l'une de ces différentes entreprises mafieuses fonctionnant au cœur même de la société haïtienne. En tout cas, personne en Haïti ni dans la diaspora n'avait cru un instant au suicide du commandant militaire de l'ONU. Et, semble-t-il, pas même le ministre brésilien des Affaires étrangères, Celso Amorim, qui avait exprimé son scepticisme sur l'hypothèse du suicide. Devant la presse, à Port-au-Prince où il était arrivé à la tête d'une délégation, il avait promptement déclaré : *Rien de ce dont nous disposons comme informations ne peut prouver l'hypothèse du suicide ou l'accréditer.* D'ailleurs certains ne s'étonnaient pas de la conclusion pour le moins hâtive de l'enquête de l'ONU aboutissant à un suicide.

On s'imagine mal les autorités des Nations unies déclarer ouvertement, en effet, que leur général avait été assassiné au moment même où elles avaient la plus grande peine à ramener la sécurité dans le pays. Quel désaveu cela aurait été pour les Nations unies et pour les hommes conduisant la mission de la stabilisation politique et sociale. Ce suicide officiel ou assassinat camouflé, qu'importe la thèse, ce drame tombait fort mal et pour les autorités haïtiennes et pour leurs tuteurs étrangers. Dans la foulée, le gouvernement de Brasilia avait proposé José Elito Carvalho de Siqueira, un autre général brésilien, pour remplacer Urano Teixeira da Matta Bacellar à la tête de la MINUSTAH. Après les généraux Augusto Heleno Ribeiro Pereira, Urano Teixeira da Matta Bacellar et José Elito Carvalho de Siqueira, le Brésil continuait à maintenir son leadership parmi les pays qui avaient envoyé des troupes en Haïti dans le cadre de la MINUSTAH. Il faut dire que certains avaient commencé à se poser des questions sur un éventuel retrait du Brésil de la coalition. Mais ce drame, qui avait dominé l'actualité haïtienne et brésilienne entre les partisans du suicide et ceux du meurtre prémédité, avait suscité beaucoup d'interrogations sur la capacité du Brésil à assumer et à assurer ses responsabilités en tant que de chef de file en Haïti. Alors qu'on savait que ce pays, qui cherchait à avoir un poste permanent au Conseil de sécurité de l'ONU au nom des États du Tiers Monde, voulait démontrer avec sa présence en Haïti qu'il était apte à entrer dans le cercle très fermé du Conseil de sécurité où siègent depuis 1945 les cinq Grands : États-Unis, France, Russie, Grande-Bretagne et Chine. Dans tous les cas de figure, le gouvernement intérimaire haïtien avait pris peur, voire s'était affolé devant la tournure dramatique que prenait la situation. Dans la soirée même du samedi 7 janvier 2006, la présidence de la République et la primature avaient signé en catastrophe un arrêté appelant le peuple en ses comices le 7 février 2006 pour le premier tour de la présidentielle et des législatives. Le second tour étant fixé pour le dimanche 19 mars. Enfin, le nouveau chef de l'État devait prendre ses fonctions à la date symbolique du 29 mars 2006, jour anniversaire de la Constitution. Sauf que depuis, certains candidats avaient été ruinés, ne pouvant même plus faire imprimer des t-shirts avec leurs effigies. D'autres, dans un sursaut désespéré de survie politique, tentaient de former de nouvelles coalitions électorales pour contrer celui qu'ils savaient capable de les battre. En effet, un nouveau regroupement politique avait été constitué.

Il s'agissait du *Bloc alternatif* regroupant 11 candidats à la présidence de l'ancienne opposition à Jean-Bertrand Aristide. D'un autre côté, le Collectif des candidats *Lavalas* avait souhaité qu*e les candidats René Préval, Marc Bazin et Jean-Marie Chérestal s'unissent pour soutenir une candidature unique à la présidentielle.* Le gouvernement de transition, quant à lui, sachant qu'il n'avait plus de recours, en rajoutait en guise de bonne volonté en donnant investiture le mercredi 11 janvier 2006, au Palais national à : *Une Commission de garantie électorale chargée, selon le décret électoral, de veiller à la crédibilité et à la transparence du processus électoral, à la neutralité des membres de l'appareil électoral et à la conformité des résultats aux suffrages librement exprimés.* Le Conseil électoral, de son côté, comme d'habitude, s'exprimait de manière confuse. D'une part, c'était le président de l'institution, Max Mathurin, qui se disait prêt à démissionner si le premier tour n'avait pas lieu le 7 février 2006 comme prévu, et de l'autre, Patrick Féquière, membre très médiatique de ce même organisme, publiquement faisait savoir que de n*ombreux problèmes restent à résoudre dans la mise en place de la machine électorale.* Estimant à environ *deux ou trois mois le temps qu'il faudrait pour parvenir à créer les conditions pour la tenue effective des élections.* Bref, le cafouillage auquel le CEP nous avait habitué depuis le début du processus restait sa dernière carte. Pendant ce temps, une partie du secteur des affaires avait décidé de faire mordre la poussière au gouvernement et aux responsables de la MINUSTAH en appelant pratiquement tous les jours à la mobilisation générale. Aujourd'hui, elle appelle à la grève générale pour pousser, selon elle, Juan Gabriel Valdés à assumer ses responsabilités, c'est-à-dire à envoyer des troupes à Cité Soleil. Le lendemain, c'était le *Groupe des 184* qui organisait un sit-in devant les locaux de la MINUSTAH à Bourdon, toujours avec le même refrain, il faut en finir avec les gangs de Cité Soleil. À croire que, comme disait un candidat à la présidence, à propos d'Aristide, dans le cadre de sa campagne électorale, Cité Soleil « *c'est le mal absolu* ». Ainsi, de la période allant de la fin décembre 2005 jusqu'au 15 janvier 2006, le pays vivait sous haute tension et sous une pression extrême. Seule la population semblait peu préoccupée par ce tohu-bohu, toutes ces agitations dont elle n'espérait guère de changement.

D'autant plus que, sur une estimation de 3,5 millions d'électeurs inscrits sur 4,5 millions en âge de voter, à peine, selon les responsables des opérations électorales, 1,4 million d'électeurs potentiels avaient à cette date reçu leur fameuse carte d'identité biométrique leur permettant de choisir leurs candidats préférés. Quant aux 30 000 scrutateurs disséminés aux quatre coins du pays à la recherche des 8 883 bureaux de vote placés après un survol du territoire en hélicoptère, cela ressemblait plus à la célèbre émission télévisée *La Chasse aux trésors* qu'à une véritable opération électorale. Ils attendaient pour voir. En tout cas, à quinze jours du scrutin, certains scrutateurs et électeurs cherchaient encore leurs bureaux de vote afin de pouvoir remplir leur devoir civique et citoyen.

3.3.- Levée de boucliers du groupe des 184 et le patronat haïtien contre les élections et… René Garcia Préval

À quinze jours du premier tour d'une élection tant sollicitée, une brusque campagne de dénigrement n'ayant rien à voir avec une campagne électorale classique a déferlé sur l'ensemble des responsables de la MINUSTAH et principalement sur son ancien chef en Haïti, Juan Gabriel Valdés. Les initiateurs de cette campagne anti-ONU mettaient en avant le fait que la MINUSTAH, selon eux, avait échoué dans sa mission pour rétablir un climat serein dans le pays avant d'organiser ces fameuses élections, ce en quoi ils n'avaient pas tout à fait tort. Mais là où résidait le paradoxe, c'était quand ces mêmes acteurs, proches du pouvoir de transition, tentaient par tous les moyens de retarder davantage le processus. Jusqu'à quand ? Ils ne le disaient pas. Mais on le sait, ce camp était devenu farouchement opposé à l'organisation du scrutin dans l'immédiat, pas avant d'avoir éradiqué les gangs de Cité Soleil. Les responsables de l'ONU et de l'OEA, eux, pensaient tout le contraire. Pour eux, Cité Soleil ne devait pas servir de prétexte pour continuer à reporter systématiquement les élections. Puisque, en effet, pendant deux ans l'ONU, dont la principale mission était de ramener l'ordre dans le pays, n'y était pas parvenu et le gouvernement intérimaire, dont le seul objectif devait être l'organisation des élections, lui aussi faisait fausse route, alors pourquoi attendre ? Si, pendant les deux ans du gouvernement de transition, personne n'avait pu ramener à la raison ceux qui tenaient Cité Soleil sous leur coupe, il aurait été peut-être plus judicieux de tenter une autre méthode. Celle de légitimer le gouvernement avant d'entreprendre l'éradication tant souhaitée par les radicaux. Les responsables de la MINUSTAH étaient convaincus que la paix reviendrait dans les zones de non-droit que sont les bidonvilles et les faubourgs de la capitale haïtienne une fois qu'un président élu entrerait en fonction. Pour eux, le problème se posait par la non-représentativité du gouvernement intérimaire et l'utilisation que faisaient les différents secteurs politiques des gangs et des partisans de l'ancien président Jean-Bertrand Aristide. Tout le monde avait fini par comprendre que tous les points chauds de Port-au-Prince servaient les intérêts des uns et des autres et que, si les lavalassiens se servaient politiquement pour maintenir la pression sur le gouvernement intérimaire et soutenir leurs candidats, ces cités sordides n'étaient pas au service exclusif d'un seul camp politique.

Du coup, les experts de la Communauté internationale avaient estimé qu'il fallait aller de l'avant. Le *statu quo* dans une telle conjoncture risquait d'aggraver la situation encore plus si l'on ne passait pas à autre chose. Voyant que l'ONU et l'OEA ne souhaitaient reculer devant rien pour faire aboutir le processus électoral même si le résultat pouvait ne pas être conforme à ce qu'elles souhaitaient, le *Groupe des 184* d'André Apaid Junior, comme au plus fort moment de la grande mobilisation contre le « mal absolu », entre 2003 et 2004, avait repris du service. Là encore, ce pays est vraiment singulier dans tout ce qui le caractérise. Pendant deux ans, c'est-à-dire de la chute du président Aristide le 29 février 2004 au vendredi 6 janvier 2006, ce regroupement de la Société civile, ayant à sa tête l'un des plus riches hommes d'affaires haïtiens, se contenta vraiment du strict minimum.

Pas d'opposition ouverte contre le pouvoir de transition et certains disaient même qu'il avait les hautes mains sur certaines décisions gouvernementales, comme ce scandaleux exemple d'exonération fiscale de trois ans pour les entreprises privées. Le *Groupe des 184* s'était contenté de faire quelques rencontres, par-ci par-là, soit en Haïti soit dans la diaspora. Le mouvement, en fait, préparait discrètement sa campagne électorale. Jusqu'à ce que son numéro deux, Charles Henri Baker dit Charlito, prenne tous les responsables de court en se déclarant candidat à la présidence de la République. Divisé publiquement sur la question de Charlito dans la course à la magistrature suprême, le *Groupe des 184* se contentait de rester en retrait tout en soutenant sournoisement son numéro deux, qui passait aux yeux de l'opinion publique comme étant le candidat d'une partie de la bourgeoisie haïtienne. Cependant, dès le départ, on l'avait dit : Charlito n'avait aucune chance de battre qui que ce soit lors de cette élection. Autre particularité du *Groupe des 184* : son chef, le très politique André Apaid dit Andy, a la capacité de tourner une situation à son profit tout en restant à l'extérieur du chaudron, c'est-à-dire de faire semblant qu'il ne fait pas de politique politicienne. Comme nous l'avons largement expliqué plus haut, le *Groupe des 184* et son patron ont pu tenir tête au président Aristide jusqu'à son renversement sans pour autant apparaître comme des individus cherchant à prendre le pouvoir. Aujourd'hui encore, certains continuent à croire que le *Groupe des 184* n'est pas un mouvement politique mais un regroupement de la Société civile. Nous disons donc que les responsables du *Groupe des 184* n'avaient aucun problème avec les candidats à la présidence pour l'élection suite à la transition. Aucun candidat ! Sauf un, René Garcia Préval.

Celui-ci représentait, à leurs yeux, l'héritier de leur ennemi commun, Jean-Bertrand Aristide. Sur ce point de vue, ils n'étaient pas les seuls, puisque les fidèles partisans de l'ancien chef de l'État avaient eux aussi apporté leur soutien à la candidature de l'ancien Premier ministre *Lavalas* et aussi ancien président de la République. Hasard ou pas, une série d'événements allaient donner au *Groupe des 184* l'occasion de reprendre du service et de partir en guerre contre le candidat Préval et par là même contre les élections, sous couvert de combattre les gangs de Cité Soleil. Les faits les plus marquants sont les sondages. Tous les sondages confondus donnaient le candidat néo-*Lavalas* gagnant. L'échec du gouvernement de transition, si longtemps soutenu par le *Groupe des 184,* devenait un fardeau qu'il ne pouvait plus nier et il avait sa part de responsabilité dans ce gâchis de l'après-Aristide. Aucun autre candidat de l'ancienne opposition ne décollait dans les sondages et chacun traînait loin derrière René Garcia Préval. Enfin, même avec la perspective d'une élection d'un néo-*Lavalas* à la présidence, pour succéder à l'ex-président Aristide, la Communale internationale restait déterminée à aller jusqu'au bout du processus électoral. Mieux, elle avait prévenu qu'elle ne tolérait plus que les mauvais perdants gâchent ou sabotent le processus de stabilisation et l'instauration de la démocratie en Haïti. Devant toutes ces inconnues, ceux qui s'autoproclamaient les *Partis politiques du camp démocratique* avaient préféré mener campagne contre les élections sous prétexte que les conditions sécuritaires n'étaient pas réunies. Le processus paraissait donc irréversible depuis l'ultimatum des deux organisations, l'ONU et l'OEA, pour que le scrutin ait lieu le 7 février 2006.

Dès la déclaration de ces deux institutions, le *Groupe des 184* et une partie du monde haïtien des affaires, ayant à sa tête Réginald Boulos, tentèrent de paralyser le pays, tout au moins Port-au-Prince, à coups de grèves et de sit-in devant les locaux de la MINUSTAH. Le lundi 9 janvier 2006, le président de la CCIH (Chambre de Commerce et d'Industrie Haïtienne), Réginald Boulos, avait lancé la campagne en organisant une grève générale contre l'insécurité. Les administrations et les commerces de Port-au-Prince et de quelques villes de province avaient été paralysés, tandis que le petit peuple, lui, vaquait à ses préoccupations à la recherche de quoi survivre. Selon certains, la police haïtienne avait largement contribué au succès de cette grève, tout simplement en conseillant aux automobilistes de rentrer chez eux pour cause de grève. Cette action purement politique concernait en réalité tout le monde, puisqu'elle était organisée contre le phénomène des enlèvements dans la capitale et aussi afin de faire pression sur le représentant spécial du Secrétaire général de l'ONU en Haïti, Juan Gabriel Valdés, pour envoyer les militaires de la MINUSTAH marcher sur le bastion des partisans d'Aristide et surtout sur les futurs électeurs du candidat du parti de *Lespwa* « l'Espoir », René Garcia Préval. Une semaine plus tard, le grand patronat et le *Groupe des 184* remettaient ça. Le lundi 16 janvier 2006, un sit-in fut organisé à l'initiative du *Groupe des 184* devant le siège de la MINUSTAH à l'hôtel Christopher à Bourdon. Ce sit-in, selon André Apaid Junior : *C'est une étape d'une mobilisation pour se faire entendre.* Ce sit-in a été ressenti plus comme un coup politique que comme une réussite. N'empêche, il avait permis à un certain nombre de candidats à la présidence, entre autres Charles Henri Baker du regroupement *Respè* et du *Groupe des 184*, Paul Denis de l'*OPL* et Serge Gilles de la *Fusion des sociaux-démocrates*, de faire leur promotion. Tous souhaitaient *bannir l'insécurité en Haïti.*

Pour Andy Apaid, c'était clair : *Le but de notre action est de dire aux responsables de la Mission des Nations unies pour la stabilisation en Haïti (MINUSTAH) que nous ne sommes pas satisfaits de leur travail dans le pays.* Enfin, toujours selon le coordonnateur du *Groupe des 184* : *Près d'un million d'électeurs potentiels sont victimes d'une campagne d'intimidation tenue par un secteur violent au bénéfice d'un candidat à la présidence.* Ce même jour, deux lettres ont été remises au bureau de la MINUSTAH par le leader du *Groupe des 184* à l'attention du président brésilien, Luiz Inácio Lula da Silva, et du secrétaire général des Nations unies, Kofi Annan. Courriers dans lesquels on peut lire cet extrait révélant l'intensité des échanges et la préoccupation du *Groupe des 184* concernant la suite de la campagne électorale : *Ils kidnappent pour renforcer, par des rançons élevées, leurs moyens économiques. Et au jour le jour, ils sèment le deuil au sein de la population haïtienne. Ces bandits qui déclarent soutenir un candidat à la présidence rendent impossible toute vraie campagne électorale. Car aucun candidat autre que celui qu'ils soutiennent ne peut avoir accès à la population.* En marge de ce sit-in du lundi 16 janvier 2006, l'agence espagnole d'information *EFE* rendait publique une interview, qui n'allait rien arranger, d'un certain Damasseine, chef de gang qui était recherché, paraît-il, par toutes les forces de police du pays. Dans l'interview, le quidam en question faisait monter la surenchère en déclarant qu'il allait voter pour le candidat René Garcia Préval : *Nous allons voter René Préval, toute la population de Cité Soleil va voter René Préval lors des prochaines élections prévues le 7 février 2006.* Bref, un face-à-face tendu où les deux parties en présence paraissaient irréconciliables. Le phénomène de l'insécurité et les kidnappings, pourtant récurrents depuis dès années dans la région métropolitaine, devenaient tout d'un coup une affaire d'État. Finalement, comme en 2003-2004, ce sont le grand patronat et le *Groupe des 184* qui jouèrent le rôle d'opposition politique. Curieusement, pas contre le gouvernement de transition, puisqu'ils étaient coresponsables du bilan négatif, mais contre tous ceux qui estimaient, quel que soit le délai consenti au gouvernement intérimaire et au Conseil électoral provisoire, qu'ils n'arriveraient jamais à organiser de manière décente ces scrutins. Le paradoxe allait encore plus loin quand on voyait certains candidats, et non des moindres, tenter eux aussi de faire obstacle à la réalisation de ces élections alors qu'on était sur la dernière ligne droite, à moins de deux semaines des élections. Mais quand on connaît le chemin parcouru pour arriver à la situation qui Prévalait en janvier 2006, dans un pays qui, depuis le 29 février 2004, était sous occupation étrangère, l'on ne s'étonnait plus du comportement de la classe politique et de l'élite qui avaient toujours privilégié leurs égaux plutôt que l'intérêt national. Ce comportement absurde et incompréhensible était le même qui avait conduit à une intervention politique et militaire étrangère en Haïti, en 2004, l'année où l'élite économique et politique devait se retrouver autour d'une même table au nom de la fierté nationale pour trouver un consensus afin d'éviter ce que nous vivons depuis le 29 février 2004 : la honte collective. Mais en dehors de l'immense majorité de la population haïtienne, cette élite et ces politiciens préfèrent vivre sous le joug des soldats pakistanais et le diktat des militaires sri lankais. En 2006, se doutant de leur capacité à pouvoir gagner les élections, ils étaient prêts à tout, quitte à bloquer le processus et prolonger la souffrance de ce peuple mille fois martyr, mais qui ne se laissait plus détourner par les écrans d'illusion que certains faisaient miroiter à ses yeux.

3.4.- L'heure du verdict approche pour les 32 candidats en lice

Nous sommes le dimanche 5 février 2006, c'est la fin officielle de la campagne électorale. Dans deux jours, le mardi 7 février, ce sera l'heure du verdict pour les 32 candidats à la présidence de la République. Le peuple haïtien, quant à lui, avait une nouvelle fois rendez-vous avec l'histoire. Une histoire qu'il tentait d'exorciser depuis vingt longues années. Mais dans ce qui allait se passer, il est préférable de dire que ce n'était pas le peuple haïtien dans sa grande majorité qui avait rendez-vous avec l'histoire. Et pour cause, ce peuple, si curieux que cela paraisse, a toujours assumé sa part de responsabilité. À chaque moment de l'histoire où l'on a eu besoin de lui, il a toujours répondu présent. Bref, le peuple haïtien n'avait rien à prouver les 7 février et 26 mars 2006. Ces deux dates étant celles qu'avait prévues le CEP pour les élections présidentielles et législatives après deux ans de promesses non tenues. Vu l'engouement de la population pour s'inscrire sur les listes électorales, tout le monde était persuadé que le peuple allait assumer son histoire. Tout ceci pour dire que, deux ans après le renversement du président Jean-Bertrand Aristide, les élites haïtiennes, elles, avaient rendez-vous avec elles-mêmes. Le drame qu'a connu Haïti depuis ces vingt dernières années, ce sont les élites politiques, économiques et intellectuelles qui en sont les premières responsables. Pour être un observateur attentif de ce film catastrophe qui s'est joué sous nos yeux, de 2004 à ce grand rendez-vous civique, patriotique et citoyen où, pour la énième fois, les Haïtiens étaient appelés à choisir entre la fin ou la poursuite du chaos, nous étions sûrs qu'ils allaient se déplacer, là aussi, en masse pour accomplir leur devoir civique.

Bien que depuis toujours, certains tentent d'amalgamer la volonté indéniable et incontestable de la majorité des Haïtiens, que ce soit en Haïti ou dans la diaspora, de changer l'ordre ancien dans ce pays face au comportement destructeur de la nomenklatura ou du microcosme de Port-au-Prince, de conserver le *statu quo* et ce, à n'importe quel prix. Même celui du sang. Le principe de base de la démocratie est ce qu'il est : l'acceptation du choix de la majorité et le respect des institutions. Tant que ces minima des normes établies et reconnues ne sont pas acceptés déjà par la partie dite « éclairée » de la société, l'on ne peut rien attendre de positif venant de l'autre frange de cette société dont la référence reste forcément calquée sur le modèle qu'elle croit être le plus apte à l'appréhender : ce sont les élites en quelque sorte. Partout dans le monde, ce sont les élites qui servent de modèles, de référents au reste de la population. Lorsque, dans un pays, l'élite politique, l'élite économique et l'élite intellectuelle échouent, que peut-on attendre de ce pays-là, si ce n'est le chaos, l'anarchie, et la perte de toute valeur morale et humaine de la société dans laquelle nous vivons. Les concepts humanistes n'ont plus droit de cité quand celles et ceux qui prétendent les inculquer aux autres n'ont plus de crédit et ne les appliquent même plus à eux-mêmes.

Toute la problématique haïtienne réside dans cette dichotomie de ces individus à deux visages et au double langage prônant les grands principes universels de la démocratie pour tous et la liberté de choisir, mais utilisant leur savoir, leur talent, leurs relations internationales et leur puissance économique pour réduire tous ces bienfaits de la créativité de l'homme à néant, si par malheur, ils n'en sont pas eux-mêmes les bénéficiaires exclusifs. Février 2004, février 2006, deux années de vaine espérance qui n'avaient abouti qu'à ce faible espoir suspendu tout de même à la volonté d'une Communauté internationale qui avait fini par comprendre qu'elle aussi s'était éloquemment plantée en Haïti, tout simplement en jouant du suivisme des uns et des mensonges des autres. Pourtant, en dépit de cet échec récurrent de la Communauté des nations pendant ces deux années en Haïti, cela peut en surprendre certains venant de notre part, mais sans cette présence de la Communauté internationale, aujourd'hui encore, nous ne sommes pas sûrs qu'on aurait pu écrire ces lignes sur ces élections qui ont fini par avoir lieu et, chose rare en Haïti, qui ont été plus ou moins acceptables et acceptées par les perdants. À quarante-huit heures donc du scrutin, la société haïtienne, faute de pouvoir enfanter une nouvelle classe politique, une nouvelle élite intellectuelle et une nouvelle bourgeoisie économique, n'avait qu'à retenir son souffle pour le mardi 7 février 2006, le jour du verdict des urnes, une fois encore imposé par la Communauté internationale.

3.5.- 7 février 2006 les haïtiens déferlent dans les urnes

Le 7 février en Haïti était déjà une date historique, mais le 7 février 2006 a renforcé ce sentiment de fierté dont seuls les Haïtiens connaissent le secret. Le coup de théâtre de ce mardi 7 février 2006 marquera les annales haïtiennes et imposera une fois de plus les Haïtiens parmi les grands peuples qui continuent de faire l'histoire universelle. Le déferlement des Haïtiens dans les bureaux de vote du pays pour choisir leur président de la République et leurs parlementaires avait confirmé les prévisions. Une leçon de civisme et de maturité politique pour l'ensemble du continent américain et le reste du monde. Car le raz-de-marée auquel le monde entier avait assisté rend désormais obsolètes toutes les idées préconçues selon lesquelles les Haïtiens ne sont pas prêts pour la démocratie. Mais au-delà de ce message fort envoyé au monde entier pour dire que nous étions prêts à accueillir la démocratie à bras ouverts, ce message s'adressait, au premier chef, aux dirigeants d'hier, d'aujourd'hui et de demain pour leur faire comprendre qu'il était temps d'arrêter le massacre. Ce flot de votants parcourant parfois des kilomètres à pied, à dos d'âne et en camion, pour venir accomplir, après un parcours de combattant pour trouver son bureau de vote, son devoir de citoyen, méritait plus que des félicitations. Cela méritait davantage, le respect. Les oiseaux de malheur dans leur fort intérieur attendaient une répétition du massacre de la ruelle Vaillant, lors de l'élection présidentielle de novembre 1987, pour réclamer l'arrêt d'un processus qu'ils n'avaient pas pu imposer à la Communauté internationale. D'autres s'attendaient à une faible participation pour crier, comme ils l'espéraient, au problème de l'insécurité, dont le bidonville de Cité Soleil aurait été l'épicentre et les gangs qui y habitaient les cerveaux.

Comme un miracle venant on ne sait de quelle divinité, cette journée du mardi 7 février 2006 avait été, selon tous les responsables de la sécurité, l'une des plus calmes depuis des mois. Certes, l'on avait dénombré 5 morts, quatre civils et un policier, mais ce sont des décès, dans une telle circonstance, qu'on pourrait qualifier de morts naturelles. Seules deux victimes, le policier qui a été lynché par un groupe d'électeurs à Gros-Morne dans l'Artibonite après avoir tiré à bout portant sur un électeur impatient de voter, peuvent êtres considérées comme des morts violentes. Les trois autres ont été soient étouffées, soient écrasées par la foule, dans leur empressement pour accomplir leur geste démocratique et citoyen. Pourtant, toutes les conditions étaient réunies pour provoquer massacres, bagarres, règlements de comptes et contestations de ces élections redoutées par les uns et attendues par les autres. Prenons le cas de la commune de Cité Soleil sur laquelle tous les projecteurs et caméras des médias étrangers et haïtiens étaient fixés. On épiait la moindre réaction violente des habitants de ce bidonville pour donner prétexte à ceux qui ne voulaient pas de ces élections de demander leur arrêt immédiat. Mais l'intelligence des habitants de cette zone, soi-disant de non droit, a fait la différence. Les bureaux de vote étant placés à l'extérieur du bidonville, sous prétexte d'éviter des prises d'otages, les habitants comme partout ailleurs dans le pays ont quitté leurs maisons dès l'aube afin de pouvoir voter. Faute de bureaux suffisants, une manifestation a été improvisée visant à pousser les organisateurs à laisser les bureaux ouverts plus longtemps que prévu en leur rappelant que les bureaux de vote devaient ouvrir leurs portes à 6 h du matin et fermer à 16 h. Un autre épisode, moins connu du grand public, de ce qui s'était passé ce jour-là à Cité Soleil mérite d'être connu. On se rappelle que, sous la pression du grand patronat, l'ex-chef de la MINUSTAH en Haïti, Juan Gabriel Valdés, avait annoncé que les photos des gangs de Cité Soleil étaient affichées aux portes des bureaux de vote de Cité Soleil en vue de leur arrestation s'ils se présentaient pour voter, forcément pour le candidat du *parti l'Espoir* de René Garcia Préval. Par prudence et voulant voter coûte que coûte, tous les chefs de gangs se sont infiltrés dans la manifestation qui a été organisée le jour des élections par les gens de Cité Soleil, du coup, les chefs de gangs sont tous arrivés en rangs serrés et formant un groupe compact dans les bureaux de vote. Résultat, ni la police haïtienne ni la MINUSTAH n'avaient pu les identifier et ils ont ainsi pu voter tranquillement avant de retourner dans leur fief. Selon certaines sources de la police, ce sont ces chefs de gang qui étaient à l'origine même de la manifestation, pas les habitants de la Cité.

En tout cas, il est incontestable que même les responsables de la Mission des Nations unies pour la stabilisation en Haïti (MINUSTAH) ne s'attendaient pas à une telle marée humaine, vu la conjoncture et le climat politique dans lequel ces joutes électorales avaient été organisées ce 7 février 2006. C'est à croire que, jusqu'au jour des élections, les autorités compétentes nationales et internationales se doutaient de la participation des Haïtiens à ces élections. Or, depuis des mois, depuis l'enregistrement de tous les candidats à la présidence, on sentait qu'il y avait une demande forte et une envie de la population de se rendre aux urnes dans l'optique de sortir le plus vite possible le pays de cette transition chaotique causant le plus grand mal à l'ensemble de la société. Depuis deux ans, tout était figé, tout était dans l'impasse. Seul un changement de l'équipe gouvernementale devait rendre plus lisibles les actions de l'État. Or, personne ayant le sens des responsabilités ne pouvait souhaiter le départ du gouvernement intérimaire sans passer par une élection de laquelle sortirait une nouvelle équipe légitimée par le vote des citoyens et donc incontestée devant l'opinion publique nationale et internationale. Mais, tout en étant dans une impasse, certains continuaient à tirer les ficelles en vue de garder leurs privilèges, d'où les retards pris dans la mise en place des infrastructures adéquates pouvant aider les citoyens dans l'accomplissement de leur devoir civique. La désorganisation était telle que personne n'avait vraiment cru que ce fût par manque de moyens et d'habitude qu'il y avait eu autant de cafouillages, d'inorganisation, de pagaille et d'improvisation. Dans la plupart des bureaux de vote, même dans la capitale, il manquait l'essentiel : pas de tables, pas de chaises, pour les assesseurs, pas une bouteille d'eau, alors que ces gens devaient passer pratiquement toute la journée sur place. Dans des locaux parfois exigus, sans aération ni sanitaires, des centres de vote qui devaient accueillir plusieurs bureaux de vote allant jusqu'à 20, voire 30 bureaux, rendant encore plus difficile la mise en place par les agents électoraux, nerveux et angoissés, vu le nombre impressionnant de gens faisant la queue, attendant impatiemment leur tour.

La faim et la soif aidant, on peut dire franchement qu'Haïti avait fleuré une catastrophe en ce jour mémorable où le peuple voulut faire entendre sa voix. Comparativement à l'organisation des élections de décembre 1991 où il n'y avait pas eu autant de moyens humains et financiers disponibles, tout le monde admet, sur le plan de l'organisation, que le résultat dans l'ensemble était globalement positif. Alors, pourquoi en 2006, avec tout le potentiel dont disposaient les organisateurs, y avait-il eu autant d'inconvénients, d'inaction et d'hésitations ? La réponse se trouve dans plusieurs éléments. D'une part, il y avait naturellement la volonté indéniable du gouvernement intérimaire de retarder le plus possible ces élections. Pour quel motif ? On ne le sait pas. Mais l'on pense que cela vient de la vieille tradition politique haïtienne : personne ne veut abandonner le pouvoir de son plein gré, quitte à y laisser sa peau. Mais on ne peut tout mettre sur le compte du gouvernement de transition. Il y avait aussi, comme nous l'avons évoqué à plusieurs reprises, la guéguerre au sein de l'organisme électoral, les conflits larvés entre les différents membres du CEP, le manque de solidarité et de coordination dans une organisation ne bénéficiant déjà d'aucun crédit de la part de personne, à commencer par les autorités politiques et gouvernementales.

Et naturellement, l'envie de jouer aussi la prolongation. Tout cela mis bout à bout forme un ensemble d'anomalies qui finit par retomber sur l'organisation des élections. Enfin, la Communauté internationale, elle non plus, n'était pas toute blanche dans cet amateurisme qu'on a constaté. Son rôle en Haïti était de surveiller, et d'aider s'il le fallait, les instances concernées à remplir pleinement leurs missions qui consistaient en ce que les élections fussent de toute beauté et sans reproche. Surtout, à partir du moment où l'ONU et l'OEA avaient décidé d'imposer des dates claires au gouvernement de Port-au-Prince pour appeler le peuple aux comices. D'ailleurs, certains observateurs étrangers, dont ceux de l'Union européenne et de la CARICOM, s'attendaient à ce désordre, ou « bordel organisé » pour reprendre le terme d'un diplomate français, ce qui aurait pu constituer des arguments de contestation de la part des perdants. Mais Dieu merci, la ferveur des Haïtiens à aller voter a eu raison de toutes ces anomalies pour des élections que les organisateurs à tous les niveaux avaient en principe deux ans pour préparer. Certains électeurs ont attendu six heures avant de pouvoir déposer leurs bulletins dans l'urne. D'autres n'ont jamais pu trouver leurs bureaux de vote et sans parler de ceux préférant rentrer chez eux après avoir cherché en vain leur nom sur les listes électorales après une journée dans la file d'attente. Si cette journée a été mémorable, c'est grâce à la ferme conviction des Haïtiens qui souhaitaient remettre les choses à leur place depuis ces vingt dernières années où tout avait basculé. Mais ni la Communauté internationale, ni les dirigeants intérimaires n'avaient compris l'importance de ce vote, sinon, ils s'y seraient pris autrement. Le vote du mardi 7 février 2006, sans que cela n'en eût l'air, ou du moins, sans que les médias ne le soulignassent, allait ramener un certain éclaircissement dans le paysage politique haïtien.

Quel que soit le vainqueur, la donne devait être changée. Première observation, on constate que si les trois favoris, Préval, Manigat et Baker ont bien fait la course en tête pendant toute l'opération de dépouillement, un quatrième larron, le pasteur Chavannes Jeune, qui n'était jamais apparu dans les sondages, s'était installé en quatrième position. Tous les observateurs politiques s'étaient plantés sur la candidature du pasteur Jeune, bien que, depuis sa brillante prestation face au professeur Leslie F. Manigat lors des débats organisés dans le cadre des élections, on s'aperçût qu'il n'était pas un si mauvais candidat comme le prétendaient ses adversaires politiques. Arrivé en 4e position devant des vétérans comme Serge Gilles de la *Fusion des sociaux-démocrates* bénéficiant de l'appui de l'*Internationale socialiste*, devant Marc Louis Bazin, un professionnel de la politique, et même devant le candidat de l'*OPL*, Paul Denis, pourtant ancien parlementaire, incontestablement, pasteur Chavannes Jeune était la révélation de ce scrutin présidentiel.

D'autant plus qu'il avait été largement gêné par la candidature d'un de ses collègues, le pasteur Luc Mésadieu qui, lui, s'était déjà frotté aux joutes électorales. Les politiciens traditionnels devaient tenir compte de cette percée évangélique du pasteur Chavannes Jeune et celui-ci pouvait prendre date pour l'avenir. L'autre enseignement, c'était l'effondrement de l'ancienne *Convergence démocratique*. Sans aucun candidat dans le peloton de tête pour la présidence, c'était un échec cuisant. Puisque le professeur Leslie F. Manigat, qui collait aux talons de René Garcia Préval, ne faisait pas partie de la *Convergence démocratique*, tout comme le candidat du *Groupe des 184*, Charles Henri Baker qui arrivait troisième dans la course à la présidence. Le *Groupe des 184*, qui avait succédé à la *Convergence démocratique* dans la lutte contre l'ancien régime *Lavalas*, avait en quelque sorte perdu un peu de sa superbe bien que son score plus qu'honorable mérite quelques commentaires. Certains trouvaient décevante cette 3e place qu'avait occupée Charles Henri Baker dans son assaut de la magistrature suprême, estimant qu'il n'avait pas fait le plein de voix de son électorat naturel dans les quartiers aisés du pays. Si l'on considère qu'il a été le représentant d'une partie de la bourgeoisie et du patronat dans cette élection, on peut penser qu'il n'a pas été assez convaincant et que tous les beaux quartiers de Port-au-Prince et de ses environs ne l'ont pas suivi dans ses démarches. Puisque même à Pétion-Ville, le candidat de l'*Espoir* le surclassait. Mais comme nous l'avons dit dans le chapitre où l'on a analysé son cas, sa candidature a enlevé un mythe. Avec son score dépassant toutes les espérances, il a posé les jalons pour une nouvelle candidature venant de la bourgeoisie haïtienne et du secteur des affaires. Son score et son honorable 3e place sont d'autant plus significatifs que le contexte et la conjoncture politique ne lui étaient nullement favorables et en plus, comme l'écrivait un journaliste français, il est « blanc ». D'autre part, la bourgeoisie haïtienne et le patronat haïtien étaient fort divisés sur la candidature de Charles Henri Baker. Un handicap qui ne lui a pas facilité la tâche. Le candidat de l'*Espoir,* René Garcia Préval, avait largement bénéficié de l'appui et du soutien d'un pan entier de la haute société ayant contribué au financement de sa campagne électorale. Outre René Garcia Préval, le monde des affaires était déchiré par son soutien à Leslie F. Manigat qui faisait alliance avec l'ancien candidat, Samir Mourra, qui, lui aussi, était un enfant du même milieu que Charles Henri Baker.

La dispersion des voix de la bourgeoisie et du monde des affaires a privé « Charlito » de la seconde place. Bref, celui-ci partait avec des handicaps quasi insurmontables, surtout avec ce défilé de candidats. Ce scrutin du 7 février 2006 mit, sans aucun doute, fin à la carrière politique de bon nombre de dinosaures politiques haïtiens et annonça l'arrivée de jeunes loups avec qui il va falloir compter. Les Serge Gilles de la *Fusion des sociaux-démocrates*, Leslie F. Manigat du *RDNP*, Marc L. Bazin du *MID*, Hubert de Ronceray du *Grand Front centre droite,* pour ne citer que les plus connus, sont déjà en préretraite ou partis à la retraite. C'était pour eux la dernière bataille. Ils laissent la place à des jeunes qui ont quelques années pour faire leurs preuves avec des propositions cohérentes et constructives, dans le cadre du processus de modernisation et de rajeunissement de la classe politique haïtienne. La mise en place d'un nouvel ordre démocratique et d'un changement des mœurs politiques en Haïti aura besoin de tous leurs talents pour une participation citoyenne dans le grand combat que le pays s'apprête à livrer contre lui-même en ce XXIe siècle, celui de l'obscurantisme et du sous-développement.

Chapitre 4

Victoire de René Garcia Préval dès le 1er tour

La colère et le désarroi du professeur Leslie F. Manigat

4.1.- Les 5 jours qui ont fait basculer l'histoire, victoire de René Garcia Préval dès le 1er tour

Nonna Mayer écrit dans son ouvrage intitulé *L'Electeur a ses raisons*, paru aux Presses de Sciences-Po : *Qu'il s'intéresse beaucoup ou pas du tout à la politique, qu'il en parle volontiers ou jamais avec son entourage, qu'il aille voter ou qu'il reste chez lui le jour de l'élection, qu'il s'en remette à ses élus ou qu'il soit prêt à descendre dans la rue pour exprimer ses opinions, l'électeur a ses raisons*. Ceci pour expliquer qu'une élection a toujours été un exercice à haut risque pour tous les candidats. Ce qui s'était passé en Haïti, une semaine après la participation historique de la population au scrutin du 7 février 2006, confirme cette réalité de Nonna Mayer. Et c'est là que les cinq jours de manifestations non-stop qui ont fait échouer la visée subversive de la classe politique haïtienne ont toute leur signification politique et leur importance sociologique. En Haïti, on le sait, pour des raisons que le commun des mortels ne peut comprendre, le peuple ne peut pas avoir raison, sauf s'il agit sur commande. Nous avons été scandalisés d'entendre ceux qui, moins d'un mois après, félicitaient ce même peuple d'avoir tout fait pour chasser celui qu'ils appelaient le dictateur Jean-Bertrand Aristide en 2004, dire le lendemain des manifestations qu'on ne pouvait laisser la rue imposer sa loi suite à la décision des responsables du processus électoral de céder à la volonté populaire revendiquant sa victoire.

On a même lu çà et là de pseudo-intellectuels tenter désespérément de dire que les milliers de gens qui manifestaient, dont certains ont même perdu leur vie dans le seul but de faire respecter leur choix démocratique, n'étaient que de simples partisans du candidat de la plate-forme de l'*Espoir*, René Garcia Préval. De ce fait, ils ne représentaient pas la population haïtienne. C'est un exemple typique de ce que l'écrivain Jean Sévillia décrit dans son ouvrage intitulé *Le terrorisme intellectuel*. Il ne serait pas vain de faire un arrêt sur image avant de revenir sur ces cinq jours qui ont fait basculer l'Histoire ou sur la tentative flagrante d'escroquerie électorale dont le monde avait été le témoin. Acte 1, qui avait renversé en 1986 la dictature vieille de trente ans des Duvalier père et fils en Haïti ? Sinon, le peuple haïtien aux Gonaïves qui avait bravé, avant tout autre, le danger et la mort et fini par pousser le reste du pays au soulèvement contre le régime de Jean-Claude Duvalier pour qu'enfin les États-Unis et la France acceptent d'évacuer le président à vie et sa famille le 7 février 1986. Acte 2, qui était dans la rue de 2001 au 29 février 2004, à l'appel de plusieurs organisations politiques et principalement la *Convergence démocratique* puis le *Groupe des 184*, pour renverser le régime *Lavalas* du président Jean-Bertrand Aristide avant la fin de son mandat, ce qui finit par se faire avec l'aide des États-Unis, de la France et du Canada, si ce n'est ce même bon peuple haïtien ? Alors, pourquoi hier étaient-ils de bons Haïtiens, fils de Dessalines et de Pétion, et en 2006, on découvre soudain qu'ils ne sont pas dignes de revendiquer la patrie de Capois La Mort et de Christophe, et qu'ils sont tout simplement des mercenaires à la solde d'un candidat. Voilà, le concept de deux Haïti que certains, depuis plus de deux siècles, tentent d'imposer et ils tiennent à garder le pays dans ce système d'apartheid social et politique. Tout est bon et acceptable pour les nantis et leurs descendants ultra-minoritaires dès qu'il s'agit de leurs intérêts. À l'inverse, la grande masse de la population, elle, ne peut que subir et accepter l'inacceptable. Les gens aisés, la bourgeoisie et la classe moyenne peuvent tout se permettre, paralyser le pays pendant trois, quatre ans jusqu'à ce qu'ils obtiennent ce qu'ils cherchent, mais la classe défavorisée et pauvre n'a qu'à accepter son sort et souffrir en silence. Il suffit qu'elle revendique son heure de vérité comme elle l'a fait pendant les cinq jours qui ont changé la donne du résultat électoral pour qu'elle soit mise au banc des accusés et se voit reprocher qu'elle cherche à imposer la démocratie de la rue. Comme si la démocratie de la rue, qui s'était imposée un peu partout dans le monde les années précédentes, avait un sens, mais pour Haïti, elle devait être nulle et non avenue.

Essayons de voir ce qui s'était passé et pourquoi le peuple, la population, les Haïtiennes et les Haïtiens, les mêmes qui manifestaient contre le pouvoir *Lavalas* en 2003-2004, étaient descendus dans les rues, en février 2006, pour réclamer leur victoire qui, de toute évidence, à la vue des données qui étaient disponibles, chacun pouvait en témoigner, allait une fois encore finir à la poubelle. Comme à chaque moment de l'histoire, ce peuple tentait de dire à ses élites « attention ! » on a aussi droit à une part du gâteau de la richesse du pays. Si ces élections n'avaient pas été organisées dans la norme standardisée internationale, tout le monde néanmoins reconnaissait qu'elles avaient été plus ou moins acceptables. Participation massive de la population, des centaines d'observateurs internationaux, sans compter des milliers d'observateurs des différentes organisations locales, pas forcément pro-*Lavalas*. Bref, le résultat de ces scrutins devait être en théorie accepté par tous s'il n'y avait pas eu une volonté manifeste dès le départ de ne pas accepter la victoire du candidat de la plate-forme de l'*Espoir*, René Garcia Préval. Dès le mercredi 8 février 2006, le Conseil électoral provisoire avait commencé à donner le résultat partiel de la présidentielle.

Tous les chiffres donnaient le candidat de l'*Espoir* en tête avec des chiffres reflétant la participation de 83 % sur plus de trois millions d'Haïtiens inscrits sur les listes électorales. Tantôt Préval est à 65 % de voix, tantôt il passe à 61 %, tantôt il est à 58 %, etc., alors que le candidat du *RDNP*, Leslie F. Manigat, arrivé en seconde position, est loin derrière avec un peu plus de 11 % de voix. Avec ces chiffres, il ne faisait aucun doute, au nombre des bureaux de votes dépouillés, que René Garcia Préval avait remporté la présidentielle dès le premier tour. Certains candidats, et non des moindres, reconnaissaient leur défaite et acceptaient le résultat partiel tel qu'il apparaissait et était donné par les responsables du CEP. Le samedi 11 février 2006, une première manifestation avait eu lieu à Port-au-Prince, les manifestants réclamaient la proclamation immédiate et définitive des résultats que le CEP tardait à publier. D'autant plus que, du mercredi 8 au vendredi 10 février 2006, le candidat René Garcia Préval n'avait quasiment plus la majorité, il oscillait entre 50 et 51 % de voix, l'hypothèse d'un second tour n'était plus à exclure. La population commençait à flairer le coup tordu. Le dimanche 12 février, ils étaient encore plus nombreux à réclamer le résultat. Pendant ce temps, le CEP jouait la montre et le score du candidat de la plate-forme de l'*Espoir* s'amenuisait de jour en jour, il passa même en dessous de la barre de 50 %, il fut à 49 % et là, c'en fut trop, la population cria au scandale et à la fraude. Finalement, ce fut dans tout le pays qu'on manifesta, pour avoir le résultat final, mais surtout pour réclamer la victoire de René Garcia Préval.

La situation devenait de plus en plus compliquée et intenable pour les autorités électorales quand deux membres du CEP, Pierre Richard Duchemin et Patrick Féquière, se désolidarisèrent de l'Institution en mettant publiquement en cause les chiffres publiés et accusèrent le directeur général du CEP, Jacques Bernard, chargé du Centre de recueillement et de tabulation des votes, de fraude. Pire, le CEP pris dans son propre piège, modifia précipitamment sur son site officiel Internet les chiffres « erronés » qu'il avait entrés le soir même. Sur le site, d'un côté René Garcia Préval était à 49 %, de l'autre, toujours sur le même site, il était donné gagnant à 52 %, un cafouillage et flagrant délit dont la presse s'empara pour confirmer la volonté de certains au sein du CEP de voler la victoire de René Garcia Préval dès le premier tour. Pendant ce temps, Port-au-Prince était paralysée, les manifestants envahissaient l'hôtel Montana sur les hauteurs de Bourdon où le CEP distillait au compte-goutte un résultat partiel que personne ne croyait plus, et ils réclamaient purement et simplement la victoire de leur candidat. En pleine confusion et sous la pression de la population, un élément encore plus accablant allait être ajouté à charge au dossier prouvant sans équivoque que certains au CEP cherchaient sciemment à truquer le résultat au détriment du candidat de l'*Espoir*.

Ce sont les fameux bulletins blancs, près de 85000. Un record dans les annales électorales haïtiennes. Or, jamais dans une élection quelconque on attribue à un seul candidat l'ensemble des bulletins non exprimés. Comme par hasard, Jacques Bernard, lui, avait décidé de comptabiliser tous ces bulletins blancs uniquement à René Garcia Préval, ce qui avait pour effet de pénaliser naturellement celui bénéficiant du plus grand nombre de voix. Outre cette aberration, tout le monde criait au scandale devant autant de bulletins blancs pour une élection haïtienne et surtout pour une si forte mobilisation de la population. En effet, il était impensable que des gens qui s'étaient levés à 4h du matin pour aller voter, en arrivant dans l'isoloir, décident de ne pas choisir parmi 32 candidats. Très vite, l'affaire tourna au tragicomique, et le peuple cria à la « fraude » et à la « magouille ». Malgré tous ces subterfuges pour réduire les voix du candidat néo-*Lavalas*, l'écart entre le premier et le second suscitait de plus en plus de commentaires - entre 48 % et 12% - car même en additionnant les totaux de l'ensemble des 30 autres candidats en lice, on ne trouvait pas 50 % selon le secrétaire général de l'OEA, José Miguel Insulza, qui s'était précipité à Port-au-Prince qui s'acheminait vers un conflit électoral dont les conséquences restaient imprévisibles. D'où d'autres recherches de la presse et des partisans de René Garcia Préval qui allaient faire une découverte qui mit sans doute fin prématurément et heureusement à la crise électorale. En effet, ils se souvenaient que, dès lundi 13 février 2006, David Wimhurst, porte-parole de l'ONU en Haïti, avait déclaré à la presse qu'on avait retrouvé des procès-verbaux de résultats dans une poubelle de l'hôtel Montana où le CEP avait placé son centre de tabulation et de presse. Dans un premier temps, cette information était bizarrement passée totalement inaperçue, il aura fallu tous ces incidents et peut-être aussi des sources venant de certains diplomates pour relancer l'affaire des poubelles et permettre à des journalistes de creuser un peu plus pour découvrir la supercherie grandeur nature. Finalement, on a fini par découvrir, dans une décharge publique au nord de la capitale, des dizaines de milliers de bulletins de vote à moitié consumés.

Tous des bulletins validés au profit de René Garcia Préval. On a appris plus tard que ce sont neuf bureaux de vote qui avaient été vandalisés par des inconnus qui avaient emporté les urnes et les bulletins qui s'y trouvaient. Encore un hasard, tous ces bulletins venaient des centres où l'électorat était favorable à René Garcia Préval, puisque c'étaient essentiellement des quartiers populaires, les communes de Cité Soleil, Carrefour, etc. Avec la découverte de ces milliers de bulletins de vote que la télévision privée *Telemax* passait en boucle et que les manifestants exhibaient devant la presse du monde entier, une seule conclusion s'imposait : le candidat de la plate-forme de *l'Espoir*, René Garcia Préval, avait bel et bien gagné l'élection présidentielle dès le premier tour. Même en sachant qu'il était seul contre tous, le candidat René Garcia Préval ne se souciait guère de l'organisation des élections puisque, selon son état-major de campagne, la victoire de champion était déjà acquise. Une semaine avant le scrutin, il s'était réfugié dans sa bonne ville de Marmelade au nord du pays et s'était tu. C'est là qu'il avait rempli son devoir de citoyen. Du 7 février, jour du vote, au mardi 14, le candidat Préval se contenta d'observer les choses de loin. Au plus fort de la crise, avec des manifestations qui paralysaient la capitale en réclamant le résultat des élections, René Garcia Préval, depuis la place publique de Marmelade, rencontrait la presse nationale et internationale qui affluait de toutes parts afin de connaître sa position. Il ne disait pas grand-chose. Il n'était pas à l'origine des manifestations puisqu'il n'avait jamais pris la parole avant que les responsables de la MINUSTAH et les autorités intérimaires aient décidé d'aller le chercher, à Marmelade, en hélicoptère pour le ramener à Port-au-Prince afin de trouver un accord avec lui sur le résultat des élections et surtout pour lui demander d'appeler le peuple à rentrer chez lui. Débarqué le mardi 14 février au Palais national, les ambassadeurs de France, des États-Unis, du Canada, du Brésil en compagnie du Premier ministre intérimaire, Gérard Latortue, et du président provisoire, Boniface Alexandre, l'attendaient. Il arriva en compagnie du patron de la MINUSTAH, Juan Gabriel Valdés ; tous lui demandèrent de canaliser les manifestants et de leur demander d'accepter le résultat partiel qui le mettait en dessous de la barre des 50 % donc lui imposant un second tour. Le candidat avait décliné l'offre et quitté le Palais national aussi penaud qu'il était arrivé décontracté, tout juste s'il avait accepté de demander aux manifestants de respecter les biens et les propriétés privés. Il les appelait à continuer à manifester comme ils le faisaient depuis 4 jours pacifiquement pour faire respecter leur vote. Rappelons que le jour même, il y avait eu un mort et plusieurs blessés parmi les manifestants à Tabarre. Rentré chez lui, à Port-au-Prince, le candidat avait déclaré que ce n'était pas lui qui appelait les gens à manifester, qu'il ne pouvait pas leur demander d'arrêter et que, de toute façon, lui non plus n'acceptait pas ce résultat. Le mercredi 15 février, cinquième jour de manifestation à Port-au-Prince, aux Cayes, à Jacmel et dans d'autres villes du pays, comme sous Duvalier en 1986 et Aristide en 2004, dans la soirée du 15 au jeudi 16 février soit cinq jours après un soulèvement instantané, le peuple une fois encore eut le dernier mot et imposa son choix fait démocratiquement plus de huit jours auparavant de manière massive, claire et sans ambiguïté. C'est devant cette évidence que les autorités haïtiennes et étrangères impliquées dans le processus électoral en Haïti étaient parvenues à reconnaître la victoire de René Garcia Préval sur un compromis, en répartissant au prorata des voix obtenues par chacun des 32 candidats tous les bulletins blancs. Au final, René Garcia Préval s'était vu attribuer 51,15 % des voix et était donc proclamé vainqueur de l'élection du 7 février 2006 par le président du Conseil électoral provisoire, Max Mathurin, dans une courte déclaration.

Il était près d'une heure du matin. Naturellement, il fallait reconnaître le caractère exceptionnel de la décision, mais pouvait-on rendre Préval responsable de ce fait ? Ou, fallait-il, par cette décision, incriminer l'attitude de la population qui, avant, pendant et après le scrutin, garda un silence digne d'un cardinal. Les seuls responsables de cet enlisement, de cette confusion, étaient les organisateurs qui, pour des raisons historiques, sociales et politiques, étaient incapables d'accepter le verdict du peuple. Par leur comportement irresponsable, ils ont failli mettre le pays à feu et à sang et du même coup jeter un discrédit certain sur le résultat d'une élection reconnue par tous comme étant acceptable. Bien sûr, il y avait matière à contester la façon dont le résultat avait été défini, mais sauf mauvaise foi, il fallait admettre que même en faisant l'union sacrée derrière le professeur Leslie F. Manigat, celui-ci allait avoir du mal à remonter la pente. 12 % contre 49 %, ça faisait beaucoup pour le professeur à bout de souffle, ayant déjà épuisé la totalité de ses réserves de voix. Néanmoins, le professeur Leslie F. Manigat était dans son bon droit quand il persistait à son corps défendant à réclamer un second tour et contestait le

« deal » trouvé par les décideurs pour reconnaître la victoire de la plate-forme de l'*Espoir*. Et l'on peut comprendre sa frustration de se voir sortir du jeu politique et finir sa carrière politique de cette façon sans pouvoir dire « j'ai failli gagner puisque j'ai été au second tour ». Mais, s'il devait s'en prendre à quelqu'un, il devait le faire contre la bande de l'ancienne *Convergence démocratique* et celle du *Groupe des 184* qui n'avaient pas voulu appuyer une candidature unique dès le premier tour. En tant qu'historien et politologue, le professeur savait plus que quiconque en Haïti qu'il n'avait aucune chance dans ce contexte politique de battre Préval au premier tour avec ce carnaval de candidats à la présidence. Son sort était donc scellé d'avance. Quelle leçon peut-on tirer de cette semaine de folie pendant laquelle seule l'intelligence et la détermination de la population avaient pu sauver un choix qui paraissait pourtant évident pour tout le monde, sauf pour ceux qui, comme toujours, pensait que le peuple ne pouvait avoir le dernier mot ? Or, ce sont les mêmes, quand à Belgrade ou en Ukraine le peuple prenait la rue pour imposer sa victoire sur les forces conservatrices, qui parlaient de grand jour pour la démocratie. La première leçon de ce soulèvement est que le peuple haïtien avait démontré sa détermination de ne pas laisser défaire ce qu'il avait entrepris. C'était aussi un message à l'intention de la Communauté internationale qui n'était certainement pas innocente dans ce qui s'était passé en Haïti, entre l'organisation de ces élections et cette victoire au goût amer pour le camp de René Garcia Préval. Nous ne pouvons pas croire que la MINUSTAH et les milliers de membres d'ONG, qui ont pris une part active en amont et en aval de ce scrutin, n'aient pas de près ou de loin contribué à cette tentative de vol de la victoire de la majorité de la population au profit de cette minorité qui a fait la preuve à tous les échelons qu'elle n'était pas meilleure, sinon pire que les autres. Avec ce flagrant délit de ces piètres gestionnaires et cette tentative de voler une élection qu'elle ne pouvait gagner, l'élite haïtienne s'était disqualifiée davantage aux yeux de ce peuple malheureux qui était prêt à tout pour se démarquer d'une élite dont la seule référence restait la magouille, l'escroquerie, l'injustice et le mépris. Le retour de cet ancien Premier ministre de Jean-Bertrand Aristide à la présidence de la République, deux ans après la chute de celui-ci, signait incontestablement l'échec de cette élite politique qui, pendant des années, avait préféré mettre le pays en quarantaine avec son comportement irresponsable plutôt que de s'employer à sortir Haïti des bas-fonds où elle se trouvait depuis plus de deux siècles. C'était un véritable camouflet, sinon une gifle pour cette classe politique qui prétendait parler au nom du peuple. De quel peuple parle-t-elle ? Ce peuple qu'on a vu dans la rue durant ces cinq jours, le même qui, naïvement, croyait à un mieux-être le lendemain de la chute d'Aristide. C'est contre ce peuple que cette élite avait réclamé l'envoi des chars de la MINUSTAH pour l'écraser parce qu'il réclamait à boire et à manger. Oui, ne soyons pas étonné que ce peuple ait préféré celui qui ne disait pas un mot à celui qui le traitait comme une serviette jetable. Pendant les deux années du gouvernement intérimaire, vous responsables politiques, agissiez comme si vous n'aviez nullement besoin du vote de ce peuple pour accéder au pouvoir. Tout était calculé, défini et vous attendiez. Le peuple a besoin qu'on s'intéresse à lui, à son avenir, à ses enfants. Imaginer qu'en 2006, vous auriez pu gagner cette élection présidentielle, c'était faire preuve de naïveté, d'ignorance historique et d'une méconnaissance de la sociologie politique haïtienne. Si une majorité des électeurs avait voté Préval, elle ne l'avait pas fait pour le plaisir de voter Préval, non, elle l'avait fait d'abord, pour remettre les choses à leur place, c'était pour vous dire qu'il était urgent d'attendre votre tour.

L'alternance politique par la voie des urnes, c'est celle qui compte, c'est cela la démocratie, c'est cela le sérieux, la confiance en ses dirigeants. Le peuple ne saurait avoir confiance en des pseudo-leaders qui ne rêvent que de fomenter des coups d'État pour accéder au timon des affaires tout en restant toute l'année enfermés dans leurs salons des quartiers chics, plaçant leur espoir dans la Communauté internationale. Nous l'avons dit maintes fois, seule une élection crédible supervisée par la Communauté internationale pouvait distinguer les faux leaders déclarés et ceux qui ont une vraie popularité ou une vraie base électorale. La vérité sort toujours des urnes.

On comprenait la peur de certains et pourquoi ils avaient tout tenté pour empêcher le scrutin. Un homme, une voix, c'est le principe même de la démocratie. Personne ne peut accuser le chef de l'État, René Garcia Préval d'avoir volé sa victoire, et pour cause, il n'était ni demandeur ni organisateur de l'élection, au contraire, on avait même voulu le truander pour avoir été moins démagogique et peut-être plus réaliste face à l'ampleur de la tâche qui l'attendait. Parmi tous les candidats à la présidence, il était le seul à avoir voté en province ; tout ce petit monde des 31 candidats restait confiné dans la République de Port-au-Prince, attendant tranquillement qu'on le proclame vainqueur d'une élection organisée dans une conjoncture politique qu'aucun autre candidat sauf celui venu de la mouvance *Lavalas* ne pouvait gagner. Cette élection donnera certainement l'occasion à certains pays « amis » d'Haïti de réfléchir sur les soutiens qu'ils apportent à des politiciens qui ne représentent pas 1 % de la population, mais qui passent leur temps à demander qu'on vienne renverser les gouvernements à leur profit ou qui empêchent le pays de retrouver une stabilité nécessaire pour la relance de son économie.

Le peuple avait voulu, lors de cette élection, sanctionner cette Communauté internationale qui, décidément, refusait de le comprendre. Par ce vote massif en faveur du candidat René Garcia Préval, le peuple avait parlé, il voulait être compris et c'était une mise en garde pour l'avenir à la Communauté internationale qui prétend à chaque fois décider en son nom sans lui demander son avis. Le rejet sans équivoque de ces gérontes politiques sans base aucune était la réponse qu'il fallait afin de remettre tout le monde à sa place. Que tous ces leaders qui ne pesaient même pas 50 % de la population en 2006 donnent aujourd'hui une chance à ce pays de trouver la stabilité qui lui manque depuis plus de vingt ans. Enfin, après la démocratie de la rue, place à la démocratie institutionnelle.

4.2.- 19 février 2006, l' « exil » du directeur général du CEP, Jacques Bernard

Qui se souvient du rôle de catalyseur joué par le maître Léon Manus dans la crise politique haïtienne de mai 2000 ? Pas grand monde. Sauf ceux qui l'avaient poussé à remplir cette mission ingrate et antipatriotique de déstabilisation politique d'Haïti pendant des années. Pourtant, ce monsieur était l'une des personnalités clés d'un long processus ayant conduit à la chute du président Jean-Bertrand Aristide en février 2004. Étant président du Conseil électoral provisoire qui organisa l'élection par laquelle le scandale allait arriver, Léon Manus a été utilisé comme un jouet par l'opposition haïtienne de l'époque et par la Communauté internationale soutenant aveuglément cette opposition dont vous connaissez le but. Le cas de Manus est plus que révélateur. Il caractérise à la fois l'ambition, la naïveté, l'incompréhension, la complicité et la manipulation. Nous avons déjà largement évoqué l'attitude de l'ancien président du CEP et son comportement avant et après les joutes électorales du mois de mai 2000. Après avoir non seulement cautionné la bonne organisation des scrutins, publié les résultats, ensuite mené une polémique digne d'un grand polémiste du XIXe siècle avec les autorités de l'OEA, estimant qu'il n'y avait rien à dire sur le processus, il découvrait soudain, après son « exil », que tout ça n'était qu'un rêve. Tout ce qu'il racontait, il le faisait parce qu'il avait un couteau sous la gorge. Bref, c'était l'opposition et la Communauté internationale qui avaient raison, dans cette affaire, il n'était en fait qu'un pantin. Ce petit retour sur le comportement du maître Léon Manus était nécessaire pour comprendre la tentative d'« exil » de Jacques Bernard, directeur général du Conseil électoral provisoire en février 2006. Personnage central du processus électoral de février 2006, mais aussi de la mini-crise et de l'éclatement du CEP que Bernard avait cherché à obtenir en pleine confusion sur les résultats de l'élection présidentielle et la perspective du second tour des législatives. À l'inverse de Léon Manus, le directeur général du CEP 2006 n'était connu à Port-au-Prince que de ceux qui l'avaient nommé à ce poste après des controverses quotidiennes et des guerres intestines entre les membres du CEP. On sait seulement que l'ex-Premier ministre intérimaire, Gérard Latortue, avait été le chercher dans la diaspora. Peut-être sous les conseils amicaux de l'un des pays « amis » d'Haïti, la France, le Canada ou les États-Unis d'Amérique pour venir remplir deux missions. (1) Être le vrai patron du Conseil électoral provisoire. (2) Faire en sorte que les lavalassiens ne gagnent pas le scrutin présidentiel. Quitte à se ridiculiser aux yeux de l'opinion publique. Le rôle et le pouvoir de Jacques Bernard par rapport à son chef hiérarchique Max

Mathurin, le président du CEP, avaient été pour tout le monde une surprise puisque, selon toute vraisemblance, c'était Jacques Bernard qui avait la haute main sur toutes les grandes décisions de l'organisme électoral depuis son arrivée en tant que directeur général. Dès son arrivée à la tête des opérations électorales, Bernard ne fit pas l'unanimité et il entra en conflit avec certains membres de l'institution, comme Patrick Féquière. Celui-ci, le moins que l'on puisse dire, a tout fait pour donner l'impression - en tout cas, cela avait été perçu comme tel – qu'il était du côté de la population plutôt que du côté du CEP ou du gouvernement intérimaire. Patrick Féquière s'opposait à pratiquement toutes les décisions du CEP ou, du moins, il était le premier à prendre ses distances par rapport aux décisions dont il savait pertinemment qu'elles allaient être l'objet de critiques soit dans la presse, soit dans la population.

Du coup, ce conseiller était devenu non seulement le préféré de la grande majorité de la population opposée au gouvernement intérimaire, mais aussi une source d'informations confidentielles de première importance pour la presse. Ceci pour dire que lorsque la population soupçonnait et accusait Jacques Bernard, alors responsable du centre de tabulation des résultats, de fomenter des magouilles pour voler l'élection du président René Garcia Préval dès le premier tour, cette fronde avait commencé à prendre corps et était devenue crédible avec le soutien actif de Patrick Féquière d'abord et des deux autres conseillers, Louis Gerson Richemé et Pierre Richard Duchemin qui, eux aussi, avaient toujours su garder leurs distances avec ce directeur parachuté à la tête des opérations électorales. En pleine révolte populaire, dans le pays et principalement dans la capitale, contre Jacques Bernard avec ses tours de passe-passe concernant le graphique des résultats et les bulletins de vote trouvés dans une décharge publique et ayant constaté l'échec de ce qui était, peut-être, l'une de ses missions dans l'organisation des élections, le directeur exécutif avait monté un scénario médiatique annonçant qu'on avait mis le feu à son ranch à Thomazeau et qu'il devait quitter en catastrophe le pays dans la discrétion la plus absolue le dimanche 19 février 2006, soit trois jours après la proclamation de la victoire de René Garcia Préval.

Ce départ était précipité, selon lui, pour cause de *menace sur sa vie,* par les partisans du nouveau président élu. Naturellement, la grande presse haïtienne, toute acquise au camp anti-Préval, sans même prendre la peine d'aller vérifier sur place à Thomazeau si la ferme de Jacques Bernard avait bel et bien été incendiée, propageait l'information dans la tradition médiatique haïtienne, c'est-à-dire sans aucune retenue. Menace de mort sur le directeur général du CEP, après avoir été accusé de magouille pour faire perdre le mouvement néo-*Lavalas*, incendie dans son ranch au nord de la capitale, manifestation dans la capitale, il ne lui restait plus qu'à prendre l'exil pour sauver sa peau devant la horde sauvage lavalassienne et la dictature qui poignait à l'horizon avec l'arrivée d'un ancien Premier ministre d'Aristide, donc forcément un Chimère. Tout était bon pour monter le même scénario qui avait donné le film qui faisait le succès de l'ancienne *Convergence démocratique* et le tour du monde en 2000 avec en vedette américaine, un certain… maître Léon Manus. Si le premier film avait fort bien marché et que le monde entier avait cru bon de faire confiance à ces metteurs en scène, pourquoi ne pas utiliser le même stratagème pour salir d'abord l'élection du président élu et ensuite pousser la Communauté internationale à reconsidérer, comme ce fut le cas pour les élections de mai 2000, sa position sur le résultat de la présidentielle. Nous avons suivi le parcours et le programme de travail du directeur général du CEP pendant son « exil » américain. Dès son arrivée, il avait été pris en main par les mêmes institutions qui avaient accueilli maître Léon Manus aux États-Unis ; c'étaient ces mêmes institutions qui avaient mis en place tout un programme de rencontres avec la presse et de conférences dans des universités et institutions américaines comme cela fut le cas pour l'ancien président du CEP après son arrivée en « exil » pour cause de *menace sur sa vie*. Alors que tous les acteurs politiques de l'époque, donc les premiers concernés, paradaient tranquillement dans le pays et à travers les médias haïtiens pour dire tout le mal qu'ils pensaient du pouvoir du président René Garcia Préval I. En 2006, par un cruel concours de circonstances dont l'histoire a le secret, René Garcia Préval se trouvait être celui à qui on avait voulu barrer la route du pouvoir par les mêmes moyens qu'on lui reprochait d'avoir utilisés pour favoriser son ex-mentor Jean-Bertrand Aristide, à l'époque simple citoyen qui manipulait, disait-on, le Palais national, depuis son ranch de Tabarre, une banlieue de la capitale haïtienne.

De Miami en Floride, à Washington, la capitale fédérale américaine, Jacques Bernard, qui n'avait pas encore démissionné du CEP, comme d'ailleurs l'ancien président du CEP Léon Manus, qui ne l'a jamais fait, avait attaqué et accusé sans aucune preuve, lors du tapage médiatique aux USA, le président élu, ses partisans et les membres du CEP qui avaient dénoncé sa tentative de manipulation des chiffres du résultat de la présidentielle, d'être à l'origine de ce qui s'était passé pendant la semaine des manifestations populaires. Mais au fil des jours, les accusations de l'« exilé » volontaire avaient paru peu crédibles et n'avaient pas trouvé d'écho au sein de la diaspora haïtienne ni auprès des autorités américaines peu enclines à supporter une nouvelle crise politique en Haïti. Et Jacques Bernard avait fini par devenir totalement inaudible sur la terre américaine. Pire, même les organisations proches du *Parti républicain* qui avaient organisé son exfiltration d'Haïti et le soutenaient dans sa tentative de nouvelle croisade contre le président élu et contre le CEP qu'il voulait aussi voir dissoudre, histoire de bloquer la poursuite des opérations électorales, avaient dû jeter l'éponge face à l'unanimité de la population haïtienne, des chefs politiques haïtiens et de la Communauté internationale concernant la victoire de René Garcia Préval. Un malheur n'arrivant jamais seul, après avoir été largué par ses amis de Washington, la presse haïtienne et internationale avait fini par s'intéresser à son ranch qui aurait été incendié par les *ennemis de la démocratie*. Les journalistes avaient découvert, stupéfaits, que la ferme de Jacques Bernard était intacte, les vieilles charrues et autres engins agricoles n'avaient pas bougé depuis des lustres et le pauvre gérant de la ferme, Charles Fané, s'étonna que les journalistes vinssent le questionner sur un sabotage dont il avait entendu parler comme tout le monde à la radio. Charles Fané s'est fait photographier devant la villa, histoire de bien prouver qu'il était à son poste et qu'il veillait aux biens du directeur général Jacques Bernard. Après sa tentative de jouer au disciple du maître Léon Manus, sans succès, le dimanche 5 mars 2006, soit deux semaines après son « exil », Jacques Bernard rentra goguenard à Port-au-Prince et, dès le lendemain, le lundi 6 mars 2006, le directeur général du CEP reprit ses fonctions à l'organisme électoral. Avant son retour en Haïti et sa réintégration au CEP, le directeur général avait posé des conditions aux autorités de la MINUSTAH et aux autorités haïtiennes. Selon lui, il fallait virer les trois conseillers qu'il n'aimait pas et sans doute réciproquement, à savoir : la bête noire Patrick Féquière et les deux autres « larrons » Pierre Richard Duchemin et Louis Gerson Richemé.

Finalement, personne n'avait fait cas de cette exigence puisque les trois conseillers rebelles étaient toujours à leur poste de travail au sein du CEP lors de la première rencontre le lundi 6 mars 2006 au matin. Certes, la situation était tendue à la salle de conférences du CEP, lors de la première séance de travail, mais rien de bien méchant. Ce qui n'avait pas empêché Patrick Féquière, encore lui, qui n'avait pas sa langue dans sa poche, de dire à la presse : *Le retour de Bernard est apparu inopportun.* Mais un autre membre de l'institution avait été encore plus loin : *Il avait déclaré être parti pour cause de menaces de mort, voilà qu'il revient seulement 15 jours plus tard, les menaces n'existeraient-elles plus ?* s'était-il interrogé. Enfin, devant tant de contradictions et de non-sens, l'ancien directeur général du CEP avait retrouvé ses esprits pour dire la seule chose qui pouvait être vraie dans tout ce qu'il avait raconté lors de son aventure américaine durant ces quinze jours : *J'étais parti en vacances.* C'est la raison pour laquelle il avait sans doute pris la fuite en plein déroulement électoral sans avertir le président de l'organisme dans lequel il était censé être le numéro deux. L'atmosphère de Port-au-Prince et du Conseil électoral provisoire était devenue trop pesante pour Jacques Bernard, quelques mois après, il avait, cette fois-ci, présenté officiellement sa démission en bonne et due forme au président du CEP, Max Mathurin, et était reparti là où le gouvernement intérimaire avait été le chercher : la diaspora.

4.3.- La colère et le désarroi du professeur Leslie Manigat

Un mois après les joutes électorales du 7 février 2006, les choses étaient encore incertaines et la crise politique tournait au drame familial. C'est dire comment les mœurs et les traditions politiques dans ce pays sont déconcertantes. Ces élections comportaient trois volets distincts : la présidentielle, la sénatoriale et la députation. Bon gré mal gré et non sans douleur - on a frôlé une insurrection populaire -, les autorités en charge de ce processus avaient fini par consentir à donner le résultat de la présidentielle qui, le moins que l'on puisse dire, était loin de faire l'unanimité. L'organisation avait été chaotique et confuse, ces élections confirmaient néanmoins la pratique et les mœurs politiques néfastes qui caractérisaient la classe politique haïtienne qu'il fallait au plus vite abandonner si l'on voulait sauver ce pays de ces traditions négatives. Ces élections révélaient, en outre, la nature profonde de certains politiciens haïtiens et leur incapacité à donner priorité à la collectivité nationale plutôt qu'à leur ego personnel. Tout le monde pouvait comprendre la déception, la colère et le désarroi du patron du *RDNP*, le professeur Leslie F. Manigat, d'avoir perdu de cette façon sa dernière grande bataille politique. Il avait raison de dénoncer le non-respect des règles du jeu électoral en plein dépouillement des bulletins de vote. C'était aussi son droit s'il ne voulait pas reconnaître et féliciter celui qui lui avait ravi le fauteuil présidentiel. Mais à certains moments, un homme politique doit savoir faire la part des choses et ne pas chercher à tout gâcher. Bien que, entre le scénario de 2006 et le président élu, il n'y ait aucune comparaison possible avec les événements qu'a connus Haïti à la fin des années 1800 et au début des années 1900, un petit rappel historique permet de comprendre la malédiction des candidats réputés intellectuels en Haïti.

Le professeur Leslie F. Manigat, historien de formation, connaît naturellement l'épisode électoral du 1er mars 1847 où Faustin Soulouque alias Bonhomme Coachi fut désigné président de la République au détriment des généraux Jean-Paul et A. Souffrant à la demande du tout-puissant président du Sénat, Beaubrun Ardouin. Il connaît certainement l'histoire de la victoire du général Nord Alexis dit Tonton Nô sur le brillant et bouillant intellectuel Anténor Firmin en 1902. L'ex-secrétaire général du *RDNP* doit savoir qu'il fait partie de ces familles de politiciens intellectuels qui resteront à jamais des éternels incompris pour leurs compatriotes. Mais ce n'était nullement une raison pour les insulter ou les comparer à des animaux en employant des métaphores bibliques dans une conjoncture et un contexte politique qui ne s'y prêtait guère ; l'ignorance des uns et la mauvaise foi des autres pouvaient attiser la haine en semant la confusion. Le professeur Leslie F. Manigat, avec le statut qui était le sien en Haïti, n'aurait jamais dû se laisser emporter de cette manière et réagir ainsi après les élections, allant même jusqu'à priver non seulement son épouse, Mirlande Hyppolite Manigat, arrivée en deuxième position pour être élue au Sénat, mais tous les candidats de son parti, le *RNDP*, de second tour des législatives sous prétexte de ne pas cautionner la violation du « décret électoral » ou la « Constitution ». Quelle que soit l'amitié qu'on peut avoir pour le professeur, personne ne pouvait appuyer cette position radicale d'abandonner en rase campagne l'ensemble des électeurs qui avaient déjà porté leurs voix sur le professeur lui-même mais aussi sur tous les autres candidats de son parti. On doit le reconnaître, l'absence d'une constitutionnaliste de la pointure de Mirlande Manigat à l'Assemblée nationale haïtienne ne pouvait être que préjudiciable à cette institution en particulier, qui avait tellement besoin de compétences et de talents, et à Haïti en général. En interdisant à son épouse et à sa formation politique de continuer le processus électoral, le professeur Leslie F. Manigat avait déçu bon nombre de ses partisans, mais aussi des anciens élèves et des amis de longue date partout dans le monde qui avaient toujours cru et vu en lui un grand démocrate pour qui son pays, Haïti, passait avant tout.

4.4.- 22 février 2006, Gérard Latortue signe la mise sous tutelle de la police nationale avec l'ONU

Quinze jours après le premier tour des élections générales en Haïti, l'ex-Premier ministre intérimaire, Gérard Latortue, avait provoqué un énième scandale politique et diplomatique dans le pays. Alors même que le gouvernement intérimaire et le Conseil électoral provisoire s'empêtraient dans le processus électoral avec les difficultés qu'on a évoquées plus haut, le chef du gouvernement provisoire ne trouva rien de mieux à faire que d'aller presque en catimini à New York pour apposer sa signature, selon lui, sans même consulter le parchemin, sur un accord qui plaçait sans équivoque la police, la justice, voire toutes les autorités haïtiennes sous contrôle des Nations unies par le biais de la MINUSTAH (Mission des Nations Unies pour la Stabilisation en Haïti). Ce document, signé dans la plus parfaite illégalité entre les autorités de l'ONU et un Premier ministre de transition, donc n'ayant aucune autorité pour le faire, devait être opérationnel dans l'immédiat. Curieusement, le service de communication de la primature, prompt à communiquer sur les moindres faits et gestes du Premier ministre intérimaire, n'avait pipé mot sur l'affaire plusieurs jours après. Il aura fallu une fuite à Port-au-Prince, sans doute émanant d'un ministre du gouvernement intérimaire mis sur la touche dans le dossier, pour que la nouvelle parvienne jusqu'à la presse qui, immédiatement, s'en empara. Très vite, on avait appris que l'accord cosigné le 22 février 2006 par le Premier ministre intérimaire Gérard Latortue à New-York et le chef civil de la MINUSTAH, le diplomate chilien Juan Gabriel Valdés à l'ONU, avait été fait non seulement sans l'aval du gouvernement, mais même les ministres concernés n'avaient pas été mis au courant. À savoir le ministre des Affaires étrangères, Hérard Abraham, furieux quand il avait appris l'information par voie de presse, comme monsieur tout le monde. Alors que la moindre des choses eût été de l'informer, même après coup, sur un dossier le concernant au premier chef en tant que chef de la diplomatie du pays. D'autres membres du gouvernement avaient eux aussi été ignorés dans un accord mettant en première ligne leur champ de compétence, tel le ministre de la Justice, Henri Dorléans, puisque la police haïtienne, selon la Constitution de 1987, relève du ministère de la Justice, et pas seulement la police judiciaire. Toujours dans la très longue liste des dysfonctionnements concernant cette affaire : l'absence de la signature du commandant en chef de la police haïtienne, Mario Andrésol, qui avait immédiatement demandé à ses hommes de ne pas tenir compte de cet accord concernant le contrôle, la restructuration et la réforme de la police. C'était toujours par voie de presse qu'il avait entendu dire que l'institution qu'il dirigeait était passée sous le contrôle quasi direct de la MINUSTAH au vu de l'accord du 22 février 2006.

Enfin, et là c'était le summum de la gravité, du mépris et du dédain avec lequel Gérard Latortue traitait l'ensemble des institutions du pays : le Premier ministre n'avait pas jugé utile d'associer son gouvernement à un dossier mettant en cause la souveraineté nationale haïtienne. Que ce technocrate ne sût pas qu'on ne pouvait brader de la sorte la dignité des policiers haïtiens sans demander l'avis de leurs chefs hiérarchiques, de leur ministre et de leur commandant, soit, mais qu'un chef de gouvernement ne jugeât même pas utile de discuter avec son président de la République - même si celui-ci était un président fantoche - avant d'aller engager l'avenir du pays à l'extérieur, cela dépassait l'entendement. Le président provisoire, Boniface Alexandre, avait reconnu publiquement qu'il n'avait pas été consulté par son Premier ministre avant que l'affaire fît grand bruit dans le pays. Naturellement, à un tel niveau, il n'y a plus rien à dire. Surpris devant le tollé qu'avait suscité en Haïti et dans la diaspora la signature de la mise sous tutelle officielle de la police nationale et de la justice haïtienne, Gérard Latortue fut contraint de déclarer qu'il n'avait pas *compris l'ensemble du document*. Dès que la nouvelle avait été rendue publique par la presse, l'ensemble de la société s'était emparé du dossier et avait demandé des comptes au Premier ministre intérimaire en lui demandant de revenir bien évidemment sur cette épée de Damoclès qu'il avait suspendue sur certaines institutions publiques haïtiennes.

Le premier à être monté à la charge était le secrétaire général du *Comité des avocats pour le respect des libertés individuelles* (CARLI), Me Renan Hédouville. Dans sa charge du mercredi 8 mars 2006 contre ce qu'il appelait une *forfaiture*, Me Hédouville déclarait que *cet accord était également l'aboutissement d'une cascade d'actes illégaux commis par ces autorités*. Le secrétaire général du CARLI qualifiait de *grave scandale et de violation flagrante de la Constitution de 1987 la signature de l'accord avec l'ONU par Latortue*. Le désaveu fut encore plus significatif pour le chef du gouvernement lorsque son propre ministre de la Justice, Henri Dorléans, se désolidarisa de lui. Dans une lettre ouverte rendue publique le 7 mars 2006, on peut lire : *Le Garde des Sceaux demande à la police de ne pas mettre en application l'accord en question en attendant que des consultations internationales soient entreprises.* Enfin, le ministère des Affaires étrangères avait publiquement pris ses distances avec l'accord signé en tête-à-tête avec les autorités de l'ONU dont les ambitions demeuraient inchangées de placer Haïti sous tutelle. En effet, Hérard Abraham n'avait pas perdu de temps pour réagir. Vexé d'avoir été traité en quantité négligeable par son chef, celui-ci prit le contre-pied de l'accord en écrivant directement au secrétaire général des Nations unies, Kofi Annan, via l'ambassadeur d'Haïti de la Mission permanente haïtienne près de l'ONU. Lettre dans laquelle le chancelier haïtien dénonçait l'énoncé de l'accord et demandait que l'accord soit Renégocié. Selon lui, cette démarche avait été entreprise après avoir consulté le président provisoire qui était d'avis de tout revoir. *Cet accord porte atteinte à la Constitution de 1987 en mettant la police nationale d'Haïti sous tutelle,* avait reconnu Abraham. Selon le ministre des Affaires étrangères, *il y a deux possibilités : ou les modifications sont apportées avec les autorités intérimaires de concert avec l'équipe de transition du président élu René Préval, ou bien on les laisse pour le prochain gouvernement.* En lisant quelques extraits du document que Latortue avait signé sans l'avis de personne en Haïti, on avait de quoi se poser des questions sur la motivation réelle de ce Premier ministre en fin de course.

D'autant plus qu'il y était écrit qu'à compter du 7 février 2006 le gouvernement intérimaire haïtien ne devait poser aucun acte qui engagerait le pays sous aucune forme, même vis-à-vis de la Communauté internationale. Le Premier ministre de transition devait se contenter d'exécuter les affaires courantes. Or, en lisant ce bref extrait du texte de l'accord, cela nous donne le degré zéro du patriotisme de la plupart de nos politiciens et nous fait douter de leur parole donnée : *Un accès libre et immédiat et sans restriction à toutes sources d'information et à tous documents, fichiers, registres et archives qui pourraient se trouver sous contrôle, sous l'autorité et en la possession de la PNH ou d'autres autorités haïtiennes, y compris les autorités judiciaires, la police judiciaire et le parquet... Le gouvernement communiquera à la MINUSTAH une copie de tous les accords qu'il aura pu souscrire avant l'entrée en vigueur du présent accord complémentaire et qui serait encore valide. Si la MINUSTAH considère qu'un de ces accords pourrait être incompatible avec son mandat ou avec la bonne exécution du plan de réforme de la PNH, le gouvernement apportera à cet accord des aménagements que la MINUSTAH lui demandera afin d'éviter cette incompatibilité.* Et pour qu'il n'y ait aucune ambiguïté sur la finalité, le texte, précise en effet l'accord, e*ngage le gouvernement de transition et ses successeurs*.

Donc, il était clair qu'il ne s'agissait pas d'un accord transitoire qui prendrait fin dès l'investiture du nouveau président de la République. Le Premier ministre intérimaire, un homme du sérail des institutions internationales et de l'ONU en particulier, ne pouvait ignorer le sens, la portée et la responsabilité qu'incombait un tel document officiel. Gérard Latortue, spécialiste de ce genre d'accord dans son parcours professionnel, savait que sa signature en tant que Premier ministre de transition allait engager le pays. On peut penser qu'il avait agi en toute connaissance de cause et, de ce fait, il était responsable de ses actes. Il eut beau dénoncer l'accord après coup, il restera dans l'histoire comme celui qui a signé la mise sous tutelle de la police nationale d'Haïti. Il disait pourtant à ceux qui voulaient l'entendre qu'il se considérait démissionnaire et qu'il n'entreprendrait aucune décision qui engagerait l'État haïtien à partir du 7 février 2006.

4.5.- Report du second tour des élections législatives

Il fallait s'y attendre. Le second tour des élections législatives de 2006 n'avait pas pu avoir lieu à la date prévue. Le secrétaire général du Conseil électoral provisoire, Rosemond Pradel, l'avait annoncé sur *Radio Métropole* à Port-au-Prince le jeudi 2 mars 2006, lors d'un entretien qu'il avait accordé à cette station. Selon ce responsable électoral, le scrutin devait finalement avoir lieu début avril, en tenant compte des contestations et des dispositifs pour la mise en œuvre du scrutin. Ce report ne faisait que confirmer ce que certains redoutaient. Cette décision allait aussi dans le sens d'une institution électorale faisant preuve d'irresponsabilité et cautionnant l'idée selon laquelle elle n'était pas vraiment à la hauteur de la tâche qu'on lui avait confiée et qui ne prenait pas non plus la mesure de la valeur historique de ces scrutins. Dans la foulée, les responsables, qui avaient là la chance de leur vie de se distinguer de leurs prédécesseurs et de se laver des critiques qu'ils avaient subies tout au long de leur mandat, avaient tourné en ridicule le processus électoral et terni l'image des élus du Conseil électoral provisoire. En effet, plus de quinze jours après la proclamation de la victoire du candidat de la plate-forme de *Lespwa*, René Garcia Préval, le résultat définitif des deux autres scrutins n'était pas connu. Le Conseil électoral provisoire (CEP), qui était en pleine déchirure après le départ précipité de son directeur général Jacques Bernard, restait totalement indécis sur la poursuite du processus.

Au début de la semaine qui avait suivi la confusion du résultat présidentiel, l'institution avait commencé à donner sur son site Internet les résultats partiels pour la sénatoriale avant d'entamer le dépouillement pour les députés. Le samedi 25 février 2006, le CEP avait annoncé qu'aucun sénateur n'avait été élu au premier tour après le dépouillement de 95 % des bulletins de vote. Plus tard, on apprit qu'il s'agissait de résultats définitifs. Les candidats briguant les 99 sièges de la Chambre des députés étaient dans le même cas de figure, à l'exception d'un seul chanceux qui avait pu obtenir son sésame dès le premier tour, il s'agissait du candidat Francenet Dénéus, du parti de *l'Union* de Chavannes Jeune pour la circonscription de l'Azile dans le département des Nippes, après la publication des résultats définitifs communiqués par l'institution. Du coup, le patron du CEP, Max Mathurin, avait indiqué que seuls les deux candidats à la députation arrivant en tête par circonscription devraient prendre part au second tour. Le président du CEP précisait également que six candidats au Sénat par département étaient autorisés à aller au second tour. Il devenait urgent pour le Conseil électoral provisoire de proclamer ces résultats définitifs. D'une part, la population commençait à s'impatienter et l'on courait le risque d'une deuxième mobilisation populaire et d'autre part, il était devenu urgent de clarifier la place des candidats afin que celles et ceux se trouvant en ballottage puissent avoir le temps de retourner sur le terrain. Il avait donc fallu près d'un mois après le premier tour pour que le CEP reconnût que le second tour devenait impossible à la date du 19 mars.

Les explications données par les autorités électorales n'avaient pas de sens et n'avaient convaincu personne. Selon les responsables du CEP, cette décision était la conséquence des manifestations organisées par la population pour obtenir la publication des résultats définitifs de l'élection présidentielle du 7 février. Sauf que ces résultats avaient été proclamés depuis quinze jours. On n'avait pas compris qu'un organisme électoral ne pût pas organiser un second tour électoral un mois après la proclamation d'un premier tour. Du 16 février, date de la proclamation de la victoire du candidat de *Lespwa* au 19 mars, date initialement prévue pour l'organisation du second tour, on ne voyait pas très bien le rapport avec les manifestations des 11 et 15 février 2006. D'autre part, un porte-parole de la MINUSTAH, David Wimhurst, avait fait état, le même jour lors d'un point de presse, de *handicaps majeurs,* dont l'impression des bulletins de vote qui devait débuter à la fin des contestations et s'achever au moins trois semaines plus tard et la distribution des bulletins qui s'étendait sur une période de dix jours au moins. Rappelons que le CEP avait prévu d'organiser un second tour présidentiel dans la foulée des législatives du 19 mars, dans l'hypothèse où aucun candidat ne serait élu dès le premier tour. Certes, il y avait eu des manifestants dans les rues, mais depuis le 16 février, tout était redevenu normal dans le pays et même l'insécurité avait disparu ; il était donc inconcevable d'imputer le report du second tour des joutes électorales encore une fois au peuple.

En fait, ce n'était pas l'organisation du second tour qui posait problème aux membres de l'organisme électoral, c'était la date de la passation de pouvoir une semaine après le second tour qui s'était révélée impossible à tenir, comme nous l'avions signalé dès la publication du calendrier officiel des dates électorales. Il était prévisible que les deux événements - second tour et passation de pouvoir - ne pussent pas avoir lieu à une semaine d'intervalle. Même dans les pays organisés où toutes les institutions sont déjà en place, il se passe près d'un, voire deux mois avant la passation de pouvoir. Ce délai est en fait nécessaire, afin que la nouvelle équipe et l'équipe sortante puissent accorder leurs violons sur les modalités des cérémonies. En général, le président élu constitue une équipe qui doit travailler en commun accord avec l'ancienne équipe afin de prendre connaissance des différents dossiers de l'État pendant la période de transition. Dans le cas d'Haïti en 2006, là où la quasi-totalité des institutions était en veilleuse, y compris d'ailleurs la présidence de la République qui était une présidence provisoire, où l'Assemblée nationale n'existait pas, on ne voyait pas comment le pouvoir pouvait changer de mains de manière ordonnée, seulement une semaine après l'organisation d'un second tour d'élection, qu'elle fût législative ou présidentielle. En réalité, le report, par les autorités électorales, politiques et, bien entendu, internationales, ne s'accordait pas avec cet alibi de cinq jours de manifestations datant d'un mois plus tôt, cette décision relevait de la logistique et du timing. Sans parler de l'irresponsabilité des organisateurs n'ayant jamais pris en compte cet aspect des choses. Avec l'annonce officielle du report du second tour du scrutin, quelle alternative s'offrait aux autorités concernées pour l'investiture du président élu ? Soit elles maintenaient la passation des pouvoirs pour le 29 mars comme prévu et dans ce cas, en l'absence de l'Assemblée nationale qui ne pouvait être constituée logiquement qu'après les élections du mois d'avril 2006, soit elles reculaient la date en attendant la constitution de l'Assemblée nationale qui devait avoir lieu naturellement après le second tour des scrutins législatifs en avril. Sachant qu'entre-temps, le président élu avait déjà reçu les félicitations de la totalité de la Communauté internationale, entre autres le président français Jacques Chirac qui l'avait même invité à venir à Paris.

Ce même président élu avait commencé à effectuer des visites à l'étranger en République dominicaine - sa première sortie officielle - puis il avait enchaîné avec le Brésil, le Chili, l'Argentine et le Venezuela. Tout ceci après avoir reçu les félicitations de tous ses adversaires malheureux à la présidentielle, à l'exception notable du professeur Leslie F. Manigat qui, longtemps après, avait continué à faire la « gueule » dans sa villa de La Closerie des Palmiers à Marin-en-Plaine. Il avait également entamé les consultations avec les différents acteurs nationaux et internationaux du jeu politique, économique et financier d'Haïti en perspective de son intronisation officielle le 29 mars 2006 si le CEP arrivait à respecter le délai initial.

Le problème était que si le deuxième tour des législatives ne pouvait pas avoir lieu le 19 mars, faute de temps, le nouveau chef de l'État ne pourrait, lui, prendre ses fonctions à la date prévue sans, là encore, entacher sa prise de fonctions d'un manquement grave à la Constitution de 1987 qui stipule dans son art. 135-1 : *Avant d'entrer en fonction, le président de la République prête devant l'Assemblée nationale, le serment suivant : Je jure, devant Dieu et devant la Nation, d'observer et de faire observer fidèlement la Constitution et les Lois de la République, de respecter et de faire respecter les droits du peuple haïtien, de travailler à la grandeur de la Patrie, de maintenir l'Indépendance Nationale et l'intégrité du Territoire.* Lorsque le secrétaire général du Conseil électoral provisoire, Rosemond Pradel, avait indiqué, le 2 mars, que le second tour des élections législatives ne pouvait se tenir le 19 mars, il avait pris la peine d'ajouter que cela ne serait pas sans conséquence sur la date initialement prévue pour la cérémonie d'investiture du nouveau président élu. En terminant sa déclaration ainsi : *Ce ne sera pas la fin du monde.* En fait, la seule semaine séparant les deux événements était déjà un mauvais calcul prévisionnel dans le calendrier des autorités gouvernementales et électorales dans l'hypothèse où les choses se passeraient normalement. Les quatre parties : gouvernement intérimaire, MINUSTAH, CEP et le cabinet du président élu, avaient juste un mois pour trouver la bonne marche et le bon timing afin de sortir le pays de ce suspens et d'un provisoire ne faisant que retarder le retour à l'ordre constitutionnel, autrement dit, à la légalité institutionnelle. Mais le pari était loin d'être gagné.

Chapitre 5

La Commission d'État sur la nationalité des candidats refait surface

2e tour des législatives, faible participation

5.1.- 31 mars 2006, report de l'investiture du président élu

C'est comme un jeu de dominos, il suffit qu'une seule pièce se détache de l'ensemble pour que toute la construction se disloque et s'effondre sur elle-même. Dans le cadre du processus électoral haïtien en 2005 et 2006, nous étions dans ce cas de figure. La machine électorale mise en branle difficilement après maintes péripéties finit par déboucher sur le scrutin du 7 février 2006. Elle devait continuer sa route pour aboutir au 19 mars avec le second tour des législatives. Mais comme on le redoutait, elle est restée grippée quelque part jusqu'à ce qu'on nous annonçât la reprise de l'opération pour le 21 avril 2006. Du coup, l'allure devenait encore plus lente et le moins qu'on puisse dire, dans cette affaire électorale, c'est qu'on roulait vraiment au ralenti, puisqu'en mars 2007 le processus n'était toujours pas terminé. Si ces retards et le dysfonctionnement dans la machine du Conseil électoral provisoire - comme le disait le secrétaire général de l'institution à l'annonce du report du deuxième tour des législatives - n'étaient pas la fin du monde, ces problèmes avaient pour conséquence de désorganiser totalement les prévisions ou les agendas des personnalités et autres officiels devant être invités à la cérémonie d'investiture du nouveau chef de l'État. Puisqu'une date d'entrée en fonction avait bien été fixée pour le 29 mars 2006, en bougeant les dates de plus d'un mois, toute la belle architecture s'était effondrée. En effet, en repoussant pour le 21 avril 2006 le second tour des élections législatives, on avait vu le dilemme auquel les acteurs avaient à faire face avec la passation du pouvoir. Après des semaines de négociations entre le gouvernement intérimaire, le CEP et l'équipe du président élu, un consensus avait été trouvé le 31 mars 2006, en fixant la date de l'investiture au 14 mai 2006, soit trois semaines après le scrutin. Un délai qui avait permis au président élu d'avoir suffisamment de temps pour parcourir les capitales d'un certain nombre de pays qui se disaient prêts à aider Haïti dans la stratégie du nouveau pouvoir d'en finir avec la misère.

Ces voyages servaient aussi à consolider l'assise internationale du nouveau chef de l'État dans les instances internationales, comme ce fut le cas lors de sa visite du 26 au 30 mars 2006 aux États-Unis. Le président élu avait eu un calendrier de travail très chargé pendant son séjour de trois jours. Comme ce fut le cas lors de sa première sortie en République dominicaine, le président élu était accompagné d'une forte délégation d'hommes d'affaires haïtiens et américains incluant l'industriel haitiano-américain, Dumarsais Mécène Siméus, et les présidents des associations patronales haïtiennes. Pendant sa visite aux États-Unis, le président élu, René Garcia Préval, était intervenu le lundi 27 mars 2006 devant le Conseil de sécurité des Nations unies à New York. Le chef de l'État s'était entretenu en tête-à-tête le même jour avec Kofi Annan, secrétaire général des Nations unies, au moment de son élection. Ensuite, il avait eu une réunion de travail avec des membres du Conseil économique et social

(ECOSOC) de l'ONU. Le mardi 28 mars 2006, deuxième journée de son séjour américain, le président élu, Préval, avait rencontré des membres du Congrès américain, avant d'être reçu à la Maison Blanche par le président George W. Bush. À Washington, René Garcia Préval effectua aussi une tournée des institutions internationales de financement et eut des entretiens avec des responsables de la Banque interaméricaine de développement, du Fonds monétaire international et de la Banque mondiale. Enfin, il avait clôturé sa tournée dans la capitale américaine par une intervention devant le Conseil permanent de l'Organisation des États américains (OEA). Pendant ce temps, en Haïti, la campagne pour le second tour des législatives reprenait sur le terrain.

Car, après la victoire du candidat de *Lespwa* (l'Espoir) à la présidentielle, les partis politiques et les adversaires du président élu ne tenaient pas à laisser le Parlement leur échapper. Sur ce plan, ils avaient raison puisque le vrai pouvoir se trouvait en effet à l'Assemblée nationale avec les deux Chambres séparément : Sénat et Chambre des députés. Un Parlement qui profitait de cette période d'accalmie et de report des dates pour se refaire une beauté ou du moins pour sauver son apparence. Environ 10 millions de gourdes avaient été décaissées par le gouvernement provisoire pour la réalisation de travaux et l'achat de meubles. Turène Lapomarède, responsable des travaux, expliquait : *Sept projets parallèles ne faisant pas partie du plan de réaménagement, dont le système de climatisation de la bibliothèque et de la cafétéria du Parlement, ont été pris en charge par la MINUSTAH, pour un montant total de 40000 dollars américains. Interrogé sur les raisons pour lesquelles les locaux du Parlement se trouvent toujours en piteux état à la fin de chaque législature, M. Turène Lapomarède a lié ce problème au fait que des travaux de réparation en profondeur n'ont jamais été envisagés par les responsables. Il avait cité en exemple les faux plafonds qui se détériorent toujours par les eaux de pluie. Ce problème est maintenant résolu,* assurait-il. Le responsable des travaux avait suggéré à l'État haïtien la construction d'un Parlement moderne puisque, disait-il : *il n'y a pas assez d'espace pour les parlementaires et les 300 employés de l'institution. La construction d'un nouveau bâtiment pour loger le Parlement doit nécessairement faire partie du plan de l'État haïtien.* Insistant sur le fait que ce bâtiment, construit sous la présidence de M. Dumarsais Estimé dans le cadre de l'exposition universelle en 1949 pour le bicentenaire de la fondation de la ville de Port-au-Prince, ne pouvait plus tenir. *Les parlementaires n'ont pas de bureaux, il n'y a pas d'espace aménagé pour les différentes commissions du Parlement, déplorait-il. Les vrais problèmes d'un pays se discutent au cours des rencontres en commission et non en séances plénières*, faisait remarquer M. Turène Lapomarède, soulignant *que plusieurs des bureaux logeant les employés du parlement n'appartiennent pas au Parlement.* (Source AHP mars 2006). En tout cas, tout était fin prêt au Parlement pour accueillir la 48e législature à la date prévue, c'est-à-dire fin avril. Le report de la date d'investiture du président élu devenait donc inévitable en ce sens que même le bâtiment du Parlement, aux environs de la fin du mois de mars 2006, n'était pas prêt. Une preuve supplémentaire que le gouvernement intérimaire, maître d'œuvre des travaux de réhabilitation du bâtiment, ne l'avait pas envisagé à temps, et que le CEP ne se souciait pas de cette partie importante dans le processus de mise en place de l'arrivée d'un nouveau pouvoir constitutionnel en Haïti en 2006, dont le Parlement était l'un des éléments moteurs du dispositif institutionnel. Selon les mauvaises langues, la date du 29 mars, préalablement prévue pour l'investiture du nouveau pouvoir, n'était qu'un leurre ; en réalité, les autorités intérimaires ne s'attendaient pas du tout à un changement de gouvernement, pensant que le processus électoral allait déboucher comme d'habitude sur une nouvelle crise politico-électorale, comme cela était bien parti avec l'affaire de Jacques Bernard. Néanmoins, le président élu, en plus de ses voyages à l'étranger, avait mis à profit ces reports de date pour poursuivre les discussions avec les acteurs sociaux et politiques à travers le pays, en vue de conclure une paix des braves pour le bien du pays pendant son quinquennat tout au moins. Lors de ses premières déclarations publiques en tant que président élu, en février 2006, René Garcia Préval avait proposé à tous les secteurs du pays, sans exclusion ni favoritisme, ce qu'il appelait un « pacte de gouvernabilité » pour 25 ans. Cette offre consistait à ce que l'opposition laissât les gouvernements gouverner sans pour autant se mettre à la solde des pouvoirs, en oubliant sa mission qui était de contrôler les actions gouvernementales et en retour, les gouvernements avaient pour devoir de favoriser l'émergence d'une vraie opposition démocratique et constructive pour le bien de la démocratie et de la collectivité nationale. Mais ce « pacte de stabilité et de gouvernabilité » de vingt-cinq ans avait-il une chance de fonctionner dans la durée dans un pays où l'opposition stérile, anti-patriote servait de fonds de commerce à des apprentis politiciens sans vision et sans réelle assise populaire dans le pays, comme on l'avait vu depuis 2001 jusqu'à l'effondrement total de l'État entre 2004 et 2006 ; arrivé à un point où même une élection n'arrivait pas à organiser cet État vieux de plus de deux siècles sans l'aide et le concours de l'extérieur.

Avant et après le 21 avril, date du second tour des législatives, l'objectif du président élu était de négocier avec des partenaires politiques plus ou moins fiables mais aussi, dans le cadre de son pari de « 25 ans de gouvernabilité », de trouver un *modus vivendi* avec les autres, ceux qu'on appelait les « tombeurs d'Aristide », afin de constituer cette majorité introuvable à l'Assemblée nationale. N'ayant pas présenté des candidats sur tout le territoire, le parti du président élu, *Lespwa* ne pouvait avoir une majorité à lui seul à l'Assemblée nationale, même avec l'énorme popularité de son président. Alors, profitant du report de son investiture, il avait continué ses consultations en vue de dégager une majorité cohérente sur la base de son projet de « pacte de gouvernabilité sur 25 ans ». C'était tout au moins le côté positif des reports du second tour du scrutin du 19 mars au 21 avril et de l'investiture du 29 mars au 14 mai 2006.

5.2.- A une semaine du 2e tour des législatives, la Commission d'État sur la nationalité des candidats refait surface

Deux semaines avant le second tour des élections législatives haïtiennes, le Conseil électoral provisoire, la MINUSTAH, les partis politiques et leurs candidats engagés dans le processus s'activaient comme ils le pouvaient. Quelques jours plus tôt, le 6 avril 2006, le Conseil électoral provisoire avait annoncé que les bulletins de vote pour les élections législatives étaient arrivés en Haïti en provenance de la République dominicaine où ils étaient imprimés. Le président du CEP, Max Mathurin, avait indiqué que les bulletins étaient acheminés vers les chefs-lieux des différents départements pour être distribués aux centres de vote. Le transport ainsi que la sécurisation des bulletins étaient assurés par la MINUSTAH. Déclinant ainsi toutes responsabilités sur les incidents qui auraient pu survenir lors du transfert des bulletins à travers le pays. Après les déclarations du directeur général du CEP, Jacques Bernard, chargé des opérations de vote, déclarations dans lesquelles il rassurait la population et tous les acteurs en affirmant que l'institution avait tiré les leçons du premier tour afin d'éviter les cafouillages et les erreurs qu'on avait connues. Jacques Bernard estimait que toutes les mesures avaient été prises pour que ce second tour se déroulât plus ou moins bien, en tout cas, mieux que le premier tour sur le plan logistique. Mais le numéro deux du CEP s'avançait trop vite puisque, la semaine précédant le scrutin, la *Commission d'État sur la nationalité des candidats* (CENC), mise en place pour barrer la route de la présidence de la République aux candidats possédant la double nationalité, refaisait surface, après avoir été mise en sommeil pendant trois mois. Le mercredi 12 avril 2006, dans une note de presse rendue publique à Port-au-Prince, la CENC, présidée par le ministre intérimaire de la Justice et de la Sécurité publique, Henri Dorléans, faisait injonction à l'un des deux seuls députés déjà élus, celui de la circonscription de La Gonâve, Saint-Louis Fleuriné, et à cinq autres candidats en ballottage, un au Sénat et quatre à la députation, de se présenter avec leurs pièces d'identité au Palais national, le lundi 17 avril 2006, à dix heures du matin en vue de clarifier leur situation.

Outre l'élu du *Parti Fusion des sociaux-démocrates*, les candidats suivants étaient convoqués le même jour : Ultimo Compère de la plate-forme *Lespwa* (Espoir) qui briguait un poste de sénateur dans le Plateau Central (Centre), Urguintz Louis d'*Action démocratique pour bâtir Haïti* (ADHEBA) dans la circonscription de Boucan-Carré (Centre), Gluck Théophile à Limonade (Nord) sous la bannière du *Mouvement pour la reconstruction nationale* (MRN), Demond Dorméus du *Rassemblement des démocrates nationaux progressistes* (RDNP) dans la circonscription de Terre-Neuve (Artibonite) et Audate Antoine du *Parti Konbit Pou Bati Ayiti* (KONBA) qui visait, lui, un siège dans la circonscription de Vallière-Carice (Nord-Est). Le ministre intérimaire de la Justice, Henri Dorléans, invitait les partis respectifs du député et des candidats à : *les encourager à répondre à cette convocation, munis de tous les documents pouvant établir de façon non équivoque leur éligibilité sur la base de la nationalité, conformément à la Constitution et à la loi.* En cas de refus de se plier à cette exigence, l'invalidation de mandat et le retrait forcé de candidature devaient être prononcés, selon les cas. Car, selon la *Commission d'État sur la nationalité des candidats*, « ils tomberont sous le coup de l'article 5 du décret du 27 octobre 2005 ». Certains se demandaient pourquoi la CENC avait attendu jusqu'au dernier moment pour intervenir sur un dossier aussi sensible que polémique, alors que le résultat du premier tour était connu depuis plus d'un mois. D'autres s'interrogeaient sur ce retour soudain de la CENC à huit jours du second tour, d'autant plus que, pendant la période des vérifications des documents d'identité des candidats à tel ou tel poste électif, la Commission ne s'intéressait qu'aux candidats à la présidence de la République. Déplacer l'enquête à une semaine du second tour des législatives sur les candidats au Sénat et à la députation, c'était vouloir retarder l'échéance ou tout simplement bloquer le processus. Pour sa défense, le ministre de la Justice, Henri Dorléans, répondait que la Commission n'avait pas eu le temps de tout vérifier ; n'eût été l'accusation d'un mauvais perdant, il n'y aurait pas eu de vérification de nationalité.

Sur ce plan, le ministre de la Justice avait raison. En effet, le député de La Gonâve, Saint-Louis Fleuriné, avait été accusé par ses rivaux malheureux, notamment par Ganette Galiotte de l'*Alyans Demokratik*, d'avoir acquis la nationalité américaine. Quant aux cinq candidats, pris dans la tourmente des contestations, ils avaient aussi été dénoncés auprès de la *Commission d'État sur la nationalité des candidats* par des rivaux malchanceux pour leur naturalisation présumée. Finalement, faute de preuves, il n'y avait pas eu de suite puisque les candidats concernés avaient poursuivi la course jusqu'au bout. Le député élu, quant à lui, n'avait pas été non plus inquiété pour sa double nationalité supposée. D'autre part, le Conseil électoral provisoire parcourait le tout Port-au-Prince à la recherche d'un lieu pour héberger son centre de presse et surtout son centre de tabulation.

Après la confusion et la tentative de fraude lors du premier tour dans ce fameux centre de tabulation installé à l'hôtel Montana à Pétion-Ville et les incidents survenus avec l'envahissement de cet hôtel quatre étoiles par la population après plusieurs jours de manifestations, la direction avait purement et simplement résilié le contrat qui la liait avec l'organisme électoral. De fait, le centre de presse du CEP se retrouvait donc SDF (sans domicile fixe). La municipalité de Port-au-Prince ne possédant pas de palais des congrès ni aucun autre endroit raisonnable pouvant accueillir un centre de presse, les grands hôtels et les centres d'affaires privés refusaient, eux aussi, de courir le risque de se faire envahir par la population en cas de répétition des incidents du premier tour. Tous, donnaient un non poli, mais ferme, au CEP dans sa recherche désespérée de pouvoir loger son centre de résultat électoral. Finalement, c'est le gouvernement et la MINUSTAH qui avaient pu voler au secours du CEP en acceptant de l'héberger dans la banlieue de Tabarre, le fief de... Aristide lui-même. Mieux, dans son université de la paix qui servait, depuis le coup du 29 février 2004, de quartier général aux militaires brésiliens de la Mission des Nations unies pour la stabilisation en Haïti. Dans un bref communiqué, en effet, le Conseil électoral provisoire, annonça : *le centre de diffusion sera hébergé dans les locaux de l'université de la paix à Tabarre*. Par ailleurs, le CEP avait annoncé que les bureaux de vote qui avaient été utilisés lors de l'élection présidentielle et des législatives du 7 février 2006 étaient maintenus pour le second tour du scrutin. Le Conseil électoral provisoire demandait du même coup à tous les managers et superviseurs de rester à leurs centres de vote respectifs pour le 21 avril 2006.

5.3.- Les « grands travaux » de Gérard Latortue et le tollé contre la création du conseil supérieur du pouvoir judiciaire

En France, on a l'habitude de dire qu'en politique, les promesses n'engagent que ceux qui les croient. On était loin de penser que ces propos attribués à l'ancien président français, Jacques Chirac, et qu'on prenait pour une bonne vieille blague politique, allaient traverser l'Atlantique pour faire école en Haïti auprès de Gérard Latortue, alors Premier ministre, durant la transition politique après le renversement du président Jean-Bertrand Aristide en 2004. En tout cas, les adversaires de Gérard Latortue pensaient que celui-ci avait été à bonne école lorsqu'en pleine campagne électorale fin 2005 et début 2006, le chef du gouvernement provisoire annonça à tous ses interlocuteurs qu'à partir du 7 février 2006, il ne prendrait aucune décision qui engagerait l'État haïtien, il ne signerait aucun acte au nom du gouvernement qui fût susceptible d'embarrasser les nouvelles autorités issues des élections du 7 février 2006. Or, quelle ne fut pas la surprise de tous de constater que non seulement le Premier ministre intérimaire n'avait pas respecté sa parole, mais que, dans la période allant du 7 février 2006 jusqu'à l'investiture du président René Garcia Préval le 14 mai 2006, le Premier ministre intérimaire n'avait jamais signé autant de documents officiels durant ces deux années passées à la primature (résidence officielle du Premier ministre). Le chef du gouvernement était pris d'une soudaine envie de bâtir Haïti, en s'imaginant jeter des ponts sur toutes les rivières du pays en l'espace d'un mois, temps qui lui restait à passer à la tête du pays. Gérard Latortue posait à tour de bras les premières pierres : tantôt c'était la route nationale numéro 1, Cap-Port-au-Prince dont on attaquait pour la énième fois la réparation, tantôt c'était à un stade de province qu'on donnait un coup de peinture, histoire de trouver un alibi au Premier ministre pour faire un déplacement médiatisé dans la région et ainsi faire un discours fleuve et mille et une promesses pour l'avenir. D'autre part, un grand mouvement de personnel plus que suspect s'opérait dans les différents ministères, les directions et administrations publiques et un remplissage douteux des délégations diplomatiques haïtiennes à l'étranger. Une gestion au pas de charge du pouvoir en fin de mandat qui poussait le Comité de transition du président élu à sonner l'alarme auprès de Gérard Latortue qui craignait de se retrouver le lendemain du 14 mai 2006 avec une administration publique pléthorique sans budget pour la financer. Ainsi, le débat faisait rage dans les milieux politiques et diplomatiques en Haïti comme dans la diaspora haïtienne. Sur Internet, où les anti-Préval s'évertuaient à démolir virtuellement le président élu, certaines voix plus raisonnables ou des personnes plus sereines, même si elles ne partagent pas la position du président élu, s'interrogeaient sur ce brusque appétit du Premier ministre intérimaire à se lancer dans ce qui ressemblait à une politique de grands travaux digne d'un gouvernement fraîchement formé. C'était le cas de l'ingénieur Jean Erich René dans un long article sur le net intitulé : *ôte-moi d'un doute* ! dans lequel cet excellent observateur et analyste pluridisciplinaire se demandait à quel jeu jouait le Premier ministre intérimaire à quelques jours de son départ de la primature. Jean Erich René craignait que Gérard Latortue et la Communauté internationale cachassent quelque chose aux Haïtiens.

Car, comme tout le monde, cet Haïtien ne comprenait pas que quelqu'un qui s'apprêtait à quitter le pouvoir pût entreprendre des démarches engageant l'État d'autant plus que ce responsable devait seulement expédier les affaires courantes en attendant l'arrivée de son successeur. Outre ces projets de grands travaux : routes, ponts, complexes touristiques, complexes administratifs, hôpitaux et autres infrastructures sportives que Gérard Latortue semblait vouloir réaliser en un peu plus d'un mois - ce qui faisait dire à certains que c'était à la fin de son mandat que Gérard Latortue découvre qu'il était Premier ministre -, c'était la création d'un *Conseil supérieur du pouvoir judiciaire* (CSPJ) sans aucune consultation qui faisait planer le doute sur les motivations réelles du Premier ministre en fin de mandat. La création de cette nouvelle institution, sans l'accord de personne d'autre que la seule autorité de Gérard Latortue elle-même, faisait courir les rumeurs les plus folles en Haïti sur un éventuel accord qui aurait été trouvé avec la Communauté internationale pour que Gérard Latortue gardât sa fonction de Premier ministre sous la présidence de René Garcia Préval.

D'autres avançaient l'hypothèse d'un autre pacte secret entre le pouvoir intérimaire et l'internationale pour saboter le second tour des législatives, afin de proroger le mandat du locataire de la Primature. Enfin, ce *Conseil supérieur du pouvoir judiciaire,* créé de toutes pièces, n'était-il pas un autre stratagème ou chausse-trape de l'équipe de transition afin de contrôler la justice après son départ du gouvernement ? Personne, en effet, même les gens les plus proches du pouvoir intérimaire, n'arrivait à saisir le sens de cette soudaine envie de réforme judiciaire du gouvernement à trente jours de son départ, sinon pour placer des hommes sûrs dans des positions clés d'une institution qui devait être l'une des premières touchées par les réformes nécessaires du nouveau gouvernement. D'autant plus que la nouvelle administration avait des décisions de justice à prendre dès son entrée en fonction au sujet des prisonniers politiques notoires incarcérés depuis la chute du président Jean-Bertrand Aristide en 2004, entre autres l'ancien président du Parlement et ancien Premier ministre, Yvon Neptune, et l'ancien ministre de l'Intérieur Jocelerme Privert. Le lundi 10 avril 2006, six des huit membres du *Conseil supérieur du pouvoir judiciaire* avaient été installés à l'École de la magistrature sans avoir prêté serment devant une quelconque instance. Selon le décret du gouvernement intérimaire qui l'avait créé : *Ce conseil aura pour mission de veiller au bon fonctionnement de l'appareil judiciaire et de garantir son indépendance.* La cérémonie d'installation s'était déroulée en l'absence du président provisoire, Boniface Alexandre, pourtant désigné clairement par le ministère de la Justice pour être le président du Conseil. Le ministre de la Justice, Henri Dorléans, qui était un ancien membre du cabinet de Boniface Alexandre, faisait savoir que, celui-ci étant empêché, il n'avait pu entrer en fonction. *Il est tout à fait normal qu'il y ait un conseil supérieur pour contrôler ou s'assurer de la gestion du pouvoir judiciaire. Cette instance servira de tribunal pour se pencher sur les dossiers des juges accusés d'implication dans des cas de corruption et aidera certainement à garantir l'indépendance des pouvoirs dans le pays*, avait estimé le ministre intérimaire de la Justice, Henri Dorléans, qui n'avait toutefois pas expliqué pourquoi un gouvernement provisoire en fin de règne avait jugé opportun de prendre une telle décision.

Le vice-président du *Conseil supérieur du pouvoir judiciaire,* Me Stephen Moïse, quant à lui, promettait de faire de son mieux pour accomplir fidèlement sa mission au sein de cette instance judiciaire. Il avait toutefois *regretté l'existence de failles grossières dans le contenu du document.* Figuraient aussi, parmi les membres *du Conseil supérieur du pouvoir judiciaire*, Me Rockefeller Vincent, commissaire du gouvernement du Cap-Haïtien, et l'ancien ministre intérimaire de la Justice et prédécesseur de Henri Dorléans, Me Bernard Gousse. Comme pour toute décision prise sans concertation et dans la précipitation, - les membres du CSPJ n'étaient même pas encore sortis de l'École de la magistrature -, les contestations fusaient de toutes parts. Plus significatif, c'étaient les juges et les avocats qui étaient en première ligne. Le premier à avoir tiré à boulets rouges sur le CSPJ était le bâtonnier de l'ordre des avocats de Port-au-Prince, Me Gervais Charles, faisant savoir que le décret relatif à la création *du Conseil supérieur du pouvoir judiciaire* était contraire aux revendications des juges. *Nous avions toujours pensé à un conseil élargi à d'autres secteurs,* a-t-il fait savoir, *il s'agit là d'un club d'amis de l'appareil judiciaire qui n'apportera aucune amélioration au système.* Me Gervais Charles avait d'autre part déclaré ne *pas comprendre tout cet empressement du régime en place à installer son conseil, alors qu'un nouveau gouvernement doit bientôt prendre charge.* Quant au secrétaire général du Comité des avocats pour le respect des libertés individuelles (CARLI), Me Renan Hédouville, il avait qualifié de scandale la mise en place de ce que le gouvernement intérimaire appelait un *Conseil supérieur du pouvoir judiciaire.* Selon cet avocat à la dent dure, *cette instance n'a aucune légalité étant donné que le gouvernement de transition est en fin de mandat et qu'un nouveau président a été élu à la tête du pays en février 2006. Les autorités intérimaires croient pouvoir prendre pour des imbéciles tous les professionnels du droit dans le pays, en commettant cette nouvelle forfaiture,* martelait-il. Selon Me Hédouville, l'objectif du gouvernement de transition, via son ministre de la Justice, Henri Dorléans, était de faire en sorte qu'il eût toujours une mainmise sur le système judiciaire, même après son départ le 14 mai 2006. Interrogé sur une possibilité pour le prochain gouvernement de remettre en question l'existence de ce conseil, l'avocat déclarait que : *cette soi-disant instance judiciaire n'est pas effective, ayant été créée nettement en dehors de la loi.* Selon lui, *il est tout à fait logique que le nouveau président de la République René Garcia Préval, de concert avec ses conseillers, vérifie le contenu de ce document en vue de son rejet dès son investiture.* Pour sa part, la Coordination du Forum citoyen pour la réforme de la justice et la Fédération des barreaux d'Haïti avaient elles aussi regretté l'installation du *Conseil supérieur du pouvoir judiciaire* par le gouvernement intérimaire.

Ces organisations estimaient que le décret sur la création du CSPJ, qui n'avait pas fait l'objet d'une concertation, révélait *une tendance vers un État autoritaire et non pas vers un État démocratique.* Pour la Coordination du Forum citoyen et la Fédération des barreaux d'Haïti, le *Conseil supérieur du pouvoir judiciaire* ainsi constitué ne garantissait pas la mise en place d'un pouvoir judiciaire indépendant. *La composition de ce Conseil institutionnalise la dépendance du pouvoir judiciaire envers le pouvoir exécutif en contradiction ouverte avec la demande citoyenne de justice,* avaient expliqué le Forum citoyen et la Fédération des barreaux. Comme alternative, la Coordination du Forum citoyen et la Fédération des barreaux d'Haïti proposaient à la population et à l'ensemble des acteurs intéressés à la réforme de la justice une concertation participative et rationnelle pour la mise en place d'un système de justice démocratique garantissant l'État de droit en Haïti. À travers tous ces débats politico-judiciaires, le président élu, quant à lui, continuait, en attendant ce fameux 14 mai 2006 pour son investiture officielle, à faire comme s'il dirigeait déjà le pays. Avant de s'envoler pour un 4e voyage à l'étranger, à Cuba, chez son vieil ami Fidel Castro, le chef de l'État s'était rendu une seconde fois à l'usine sucrière Jean Dominique de Darbonne, le mardi 11 avril 2006, pour s'assurer que l'usine avait bien repris ses activités. Accompagné de l'ambassadeur brésilien, Andrade Paolo Pinto, du représentant adjoint du secrétaire général des Nations unies en Haïti, Larry Rossin, et du ministre intérimaire de l'Agriculture, Philippe Mathieu, le président élu se félicitait de la remise en activité de l'usine, un mois seulement après sa première visite. Il s'était également félicité du lancement des travaux de réhabilitation du tronçon de route Léogane-Darbonne, par des ingénieurs brésiliens de la MINUSTAH. *Nous avions promis que les routes qui mènent à l'usine seraient réparées, et l'on a commencé à le faire*, avait-il déclaré. Le lendemain, 12 avril 2006, le chef de l'État avait pris l'avion en direction de Santiago de Cuba par où devait commencer son voyage officiel de cinq jours sur les terres cubaines. Le chef de l'État était accompagné d'une importante délégation composée de plusieurs personnalités dont le ministre intérimaire de l'Agriculture, Philippe Mathieu, de plusieurs artistes, de futurs étudiants et d'une cinquantaine d'aveugles qui devaient bénéficier d'un traitement dans les services spécialisés cubains dans le cadre de l'*opération Miracle*. Après avoir rencontré les autorités locales et visité toute une série de domaines scientifique, médical, agricole et sportif, le président élu avait eu une longue rencontre avec des étudiants haïtiens de l'université de médecine de Santiago de Cuba. Ensuite, c'était à La Havane qu'il avait rencontré son homologue Fidel Castro où ils avaient travaillé de longues heures. Grand ami d'Haïti, le vieux lion, qui était encore aux commandes, déployait, comme à son habitude quand il recevait les autorités haïtiennes, tous les fastes du pouvoir révolutionnaire. Pendant son périple cubain, le président élu avait plaidé dans la capitale cubaine, le jeudi 13 avril 2006, en faveur de l'intégration d'Haïti à la Caraïbe et à l'Amérique latine. *Si nous ne nous intégrons pas à la région, nous aurons de grandes difficultés pour nous développer... Nous allons faire de notre mieux pour nous intégrer au niveau politique, économique et culturel*, précisait-il. À Cuba, René Garcia Préval était chez lui pour l'avoir visité à maintes occasions, soit pour des visites officielles ou privées, soit encore pour se faire soigner. Après son retour de Cuba le mardi 18 avril 2006, le président élu pensait déjà à son 5e déplacement officiel à l'étranger avant même son investiture au Palais national. Ce fut le Canada.

5.4.- 21 avril 2006, 2e tour des législatives, faible participation

Le vendredi 21 avril 2006, 3,6 millions d'Haïtiens en âge de voter étaient appelés à aller accomplir leur devoir civique. En fait, à peine 15 à 20% des électeurs, selon les différents centres d'observation, avaient fait le déplacement. Pourtant, les conditions d'organisation aux dires de tous, s'étaient nettement améliorées. Mais ce fut le grand vide dans la plupart des bureaux de vote. L'engouement du premier tour n'était qu'un lointain souvenir. Les grands centres de vote du centre-ville de Port-au-Prince, où l'on comptait jusqu'à 30 à 40 bureaux de vote contrairement au premier tour où les électeurs tentaient de se frayer un chemin, constituaient cette fois-ci un boulevard qui s'ouvrait devant ceux qui prenaient la peine de venir déposer leur bulletin dans l'urne. Ce peu d'intérêt des électeurs pour ce second tour a été constaté dans l'ensemble du pays. Dans toutes les grandes villes, du Cap-Haïtien à Hinche ou des Cayes aux Gonaïves, les Haïtiens avaient préféré rester chez eux, estimant peut-être qu'ils avaient fait le plus important le 7 février en élisant René Garcia Préval dès le premier tour. Le chef de la mission d'observation de l'Union européenne, le député européen Johan Van Hecke, qui présidait la Mission européenne d'observation estimait, pour sa part, que *le manque de sensibilisation des électeurs peut être considéré comme l'un des facteurs pouvant expliquer l'absence de mobilisation des électeurs. Le faible taux de participation est une responsabilité collective des partis politiques, du CEP et des secteurs de la vie nationale.* Il avait par ailleurs noté une grande amélioration dans l'organisation du scrutin qui s'était déroulé dans le « calme ». Les grands centres de vote de la région métropolitaine, tels l'ONA, le stade Sylvio Cator, l'école nationale de Thor où l'on se bousculait pour voter le 7 février, étaient ce vendredi 21 avril 2006 très peu fréquentés par les électeurs. À la fin de la journée, c'était une première en Haïti, tout le monde se mit d'accord - les journalistes et les membres du CEP, voire les leaders des partis politiques - pour constater dans les urnes en plastique transparent un nombre peu élevé de bulletins. Les observateurs avaient néanmoins constaté quelques irrégularités dans certains bureaux et centres de vote comme au Building 2004 qui hébergeait 54 bureaux de vote à Cité Soleil.

Selon ces observateurs et un membre du CEP, Patrick Féquière, *la situation était chaotique* dans ce super-centre. Pour d'autres, c'était la *confusion et l'impuissance*, voire le désarroi, puisque c'étaient les mandataires des partis politiques qui orientaient les choix des électeurs. Quant au *Collectif des citoyens de Cité Soleil*, il qualifiait les responsables de ces actions de *gang électoral*. Selon les responsables de ce Collectif qui dénonçaient des cas de fraude, *certaines personnes ont voté plus de 40 fois*. En province, plus exactement dans le département de l'Artibonite où il devait y avoir dans certaines circonscriptions le déroulement du premier tour (13 circonscriptions) qui avait été annulé pour plusieurs raisons : fraudes, irrégularités, manque de matériels, le processus n'avait pu, là encore, aboutir ce 21 avril 2006. À Grande Saline, les mêmes causes produisant les mêmes effets, des groupes d'opposants s'étaient querellés et le conflit avait dégénéré en bagarre, causant la mort d'un responsable de bureau de vote du nom de Berthin Désir, un quadragénaire, tué par balle. Au moins trois autres personnes avaient été blessées dans cette commune de Grande Saline, lors d'échauffourées opposant des groupes en conflit sur la question électorale.

La police nationale haïtienne (PNH) et les éléments de la MINUSTAH étaient intervenus pour ramener le calme. La tension et le climat mouvementé qui régnaient avec ces incidents avaient poussé les responsables du CEP à annuler une nouvelle fois les élections dans cette localité, ainsi que dans la commune de Beaumont, dans le département de la Grande Anse. Au total, trois centres de vote avaient dû fermer leurs portes. D'autres petits incidents sans grande importance avaient été signalés du côté de Léogane où un mandataire d'un parti politique indiquait *que des membres de bureaux de vote avaient mis fin au processus de vote peu avant 16 h, ce qui a provoqué une vive tension au niveau du centre de vote.* Les gens faisaient remarquer aux responsables des bureaux de vote que le CEP avait prévu la fermeture des bureaux de vote au-delà de 16 h, au cas où les électeurs déjà sur place n'auraient pas encore accompli leur devoir civique. C'était une situation électorale paradoxale, ce vendredi 21 avril en Haïti. En effet, pendant que certains bureaux de vote vides attendaient désespérément les électeurs, soit à Port-au-Prince, soit dans la plupart des grandes villes du pays, au même moment, dans d'autres centres de vote, les électeurs cherchaient vainement leur nom sur les listes électorales et naturellement se voyaient empêcher de voter alors qu'ils détenaient leur carte électorale en bonne et due forme. Une situation qui avait été critiquée par certains partis politiques estimant que la faute ne dépendait pas des électeurs, mais des autorités électorales. *C'est très paradoxal de parler de faible taux de participation, pendant que des gens qui voulaient voter ont été refoulés par des membres de bureaux de vote sous les yeux des observateurs européens, à la demande de la direction générale du CEP.* Les responsables du CEP avaient tenté d'expliquer leur refus de laisser voter dans n'importe quel bureau les électeurs qui n'avaient pas retrouvé leur nom là où ils avaient voté le 7 février par le fait qu'ils avaient été appelés à consulter le site Internet de l'organisme électoral ou à passer consulter les listes électorales avant les élections. *Combien de gens ont accès à Internet en Haïti et combien peuvent arriver à découvrir leur nom dans l'imbroglio des listes du CEP,* s'étaient interrogés des votants qui estimaient que le Conseil électoral avait tout fait pour diminuer la participation. À part ces anomalies, dans l'ensemble, tout s'était plus ou moins bien passé. Le patron de la force multinationale en Haïti, l'ambassadeur Juan Gabriel Valdés, s'était même félicité du bon déroulement du scrutin tout en déplorant les incidents et quelques difficultés rencontrées par certains électeurs pour localiser leur centre de vote : *le second tour des élections s'est déroulé calmement à travers le pays, grâce notamment à l'amélioration de la formation et des procédures mises en place par le CEP avec le soutien de la MINUSTAH. Je suis très satisfait de la façon dont ces élections se sont tenues,* déclarait Juan Gabriel Valdés, représentant spécial du secrétaire général des Nations unies à l'époque. Par crainte d'un flop électoral, le gouvernement avait décrété le vendredi 21 avril 2006 jour chômé et le président du Conseil électoral provisoire, Max Mathurin, dans une ultime allocution radiotélévisée, le jeudi 20 avril 2006, disait souhaiter avoir un taux de participation d'au moins 50%, tout en annonçant que le CEP mettait à la disposition des électeurs cette série de numéros de téléphone : *468-4841, 468-4842, 468-4845, 468-4846, 448-4851, 448-4845, 246-0974*. Les électeurs étaient appelés une seconde fois aux urnes pour élire quatre-vingt-dix-sept députés sur cent quatre-vingt-quatorze candidats et trente-sept sénateurs sur soixante postulants retenus pour le second tour du scrutin, en vue de la formation de l'Assemblée nationale avant l'investiture du président élu René Garcia Préval. Lors du premier tour, le 7 février, seulement deux candidats avaient été élus à la Chambre des députés. Le peu d'enthousiasme des électeurs à ce scrutin ne doit étonner personne dans la mesure où les Haïtiens font peu de cas du pouvoir législatif en Haïti, en tout cas, jusqu'à maintenant. Pour eux, le président de la République détient la totalité du pouvoir. Ils ne comprennent ou ils ne savent pas encore que, depuis la Constitution de mars 1987, le pouvoir du chef de l'État est limité et que le véritable maître d'œuvre en la matière, c'est le Premier ministre issu du Parlement qui dispose d'une partie importante du pouvoir exécutif. Le désintéressement de la population pour le second tour résultait non seulement du comportement des autorités électorales qui, certes, avaient leur part de responsabilité dans cet échec, mais surtout des candidats et des partis politiques qui, une fois la victoire du président de la République proclamée, s'étaient comportés comme si le reste n'avait plus d'importance. Aucune campagne n'avait été vraiment menée pour le second tour. Il n'y avait pas eu de débats entre les candidats dans les régions.

À Port-au-Prince même, la campagne avait été plus que terne. Parce qu'il n'y avait pas eu de grands candidats connus et influents politiquement ou médiatiquement. C'était une leçon à tirer pour que, lors des prochaines joutes électorales, des femmes et des hommes connus de la scène politique se lançassent à l'assaut du Parlement où l'on dessine véritablement la politique de la nation. Le mépris avec lequel les partis politiques et les hommes politiques connus traitent le Sénat et la Chambre des députés en Haïti étonne encore les observateurs politiques haïtiens et étrangers, quand on sait que le chef du gouvernement, selon le vœu de la Constitution, est issu, sauf exception, du Parlement. Puisque le Premier ministre est nommé parmi la majorité parlementaire. Le seul côté positif de la transition politique de 2004 était que Gérard Latortue avait su, dès sa nomination à la Primature, se comporter en véritable chef de gouvernement. N'ayant pas de Parlement, il aurait dû partager le pouvoir avec le président provisoire. Mais tout le monde avait constaté que le vrai chef, c'était lui. C'était en tant que Premier ministre qu'il avait défini la ligne politique du gouvernement intérimaire.

Il suffit de lire la presse de cette époque pour comprendre que Boniface Alexandre se contentait d'apposer sa signature sur les ordonnances et les décrets du gouvernement quand la Constitution l'obligeait à le faire. Mais tout était décidé et mis en œuvre à la Primature par le Premier ministre intérimaire.

Certes, Gérard Latortue avait profité de l'absence de Parlement et des circonstances exceptionnelles qui l'avaient conduit au pouvoir, il n'empêche, à partir du moment où il avait accepté le pouvoir dans ces conditions, il n'avait pas eu tort d'assumer de manière pleine et entière la charge et le pouvoir que lui conférait la Charte fondamentale, même si cette Charte avait été mise entre parenthèses entre le 29 février 2004 et le 14 mai 2006. Le scrutin du 21 avril 2006 était un test grandeur nature démontrant de manière éloquente la méconnaissance et l'ignorance des hommes politiques haïtiens et des électeurs concernant l'importance et le rôle que joue le Parlement dans la vie politique haïtienne en tant qu'institution. Tant que les formations politiques, les sénateurs et les députés ne s'approprieront pas ce pilier institutionnel qu'est l'Assemblée nationale, ils auront du mal à se faire un nom et à se faire respecter par le pouvoir exécutif qui, dans la grande tradition politique haïtienne, continuera à empiéter sur les plates-bandes du pouvoir législatif. Cette faible mobilisation des électeurs était le résultat de ce mépris pour l'une des institutions clés du pays. Cela aurait dû être une priorité pour le président René Garcia Préval qui, dans son ambition d'instaurer définitivement la démocratie en Haïti, devait encourager les gens compétents ayant le sens de l'État et le souci du bon fonctionnement des institutions à se lancer dans les postes électifs au niveau des conseils municipaux et régionaux jusqu'à l'Assemblée nationale. Car c'est à partir de ces institutions locales et nationales que commencera le véritable changement dans la pratique de gestion des affaires publiques haïtiennes.

5.5.- Nouveau parlement, une situation d'équilibriste

Les résultats du second tour des élections législatives du vendredi 21 avril 2006 étaient conformes aux prévisions de la plupart des observateurs politiques : aucun parti n'avait obtenu la majorité absolue dans l'une des deux Chambres. Mais il y avait quand même une surprise. La surprise, c'était que le parti du président élu, la plate-forme de *Lespwa*, était arrivé en tête devant toutes les autres formations politiques. Avec un total de 11 sénateurs sur 27, sans compter les alliés, le nouveau président était majoritaire au Sénat. En revanche, à la Chambre des députés, c'était beaucoup plus compliqué, car il ne disposait que de 20 représentants sur 60 élus. Il n'empêche, là encore, il faisait mieux que ses concurrents qui étaient tous réunis en coalitions de plusieurs groupuscules. Cette avancée électorale était d'autant plus significative que le *parti Lespwa* n'avait pas présenté de candidat sur l'ensemble du territoire. Autre surprise, c'était la très faible mobilisation des électeurs ce 21 avril. En général, une très faible participation de l'électorat profite le plus souvent aux différents petits partis dont l'objectif est de sanctionner les grandes formations. Or, avec une participation de 25 à 28 %, selon les chiffres officiels du CEP, il y avait eu un effet Préval. Le peu de gens qui avaient fait le déplacement pour aller voter avaient préféré faire confiance au *parti Lespwa* avec le souci sans doute d'empêcher le blocage de l'Assemblée nationale comme ce fut le cas lors de la première présidence de René Garcia Préval entre 1995 et 2001. Pourtant, on ne peut pas dire que le message du président élu avait été entendu. Puisque dans certaines régions, le vote avait été quasi nul. Le plus rassurant pour ce deuxième tour des législatives était que, à part quelques contestations légitimes de certains candidats se plaignant d'avoir été victimes de fraudes, tous les partis qui avaient pris part à ces joutes électorales acceptaient sans faire de vagues le verdict populaire. Il est vrai que, quand on obtient 3 % ou 2 %, voire 0,1 % de voix dans une présidentielle, l'on n'a pas vraiment les moyens de contester une élection législative. Avec cette configuration très morcelée au Parlement (Sénat et Chambre des députés), on pouvait estimer qu'il n'y avait eu ni vainqueur ni vaincu. Néanmoins, si le président élu n'avait pas forcément les mains libres, c'étaient les anciens partis d'opposition qui avaient quasiment tout perdu : la présidence et la Primature. Après l'échec de la présidentielle en effet, certains leaders politiques rêvaient de prendre leur revanche sur le président élu et se voyaient majoritaires à l'Assemblée nationale pour ainsi se saisir du poste clé de Premier ministre.

Si ce souhait avait été réalisé, le nouveau président se serait vu confiné dans son Palais comme cela avait été le cas pour le président provisoire, Boniface Alexandre. Le Premier ministre de transition, Gérard Latortue, avait donné l'exemple. Le Premier ministre, s'il avait été issu de l'ancienne opposition, n'aurait eu aucun mal à s'imposer devant le chef de l'État. Mais ce second échec avait anéanti l'espoir des tombeurs d'Aristide de s'accaparer l'une ou l'autre des deux têtes du pouvoir exécutif. N'étant majoritaires dans aucune des deux Chambres, ils étaient contraints, voire forcés, de négocier leur entrée dans le nouveau gouvernement s'ils ne voulaient pas tout perdre. Certes, le parti du nouveau chef de l'État non plus ne pouvait à lui seul constituer une majorité à l'Assemblée nationale et, de ce fait, il devait créer une dynamique de victoire, ce qui lui permettrait de forger une majorité relative pour le président de la République. Mais par le fait que le parti du président élu était arrivé avec une majorité relative au Sénat, cela lui avait donné un avantage psychologique et politique pour pouvoir discuter avec des partis qui avaient toujours combattu le nouveau chef de l'État.

Le jeu politique, voire la donne, avait diamétralement changé pour les deux parties en présence : l'ex-opposition et le chef de l'État. Placées, toutes les deux, sous la haute surveillance de la Communauté internationale, aucune d'entre elles ne pouvait se permettre de faire des actions dilatoires comme cela avait été le cas pendant la première présidence de René Garcia Préval. Certains opposants du président élu remettaient toujours en cause le comportement de celui-ci pendant sa première présidence face aux parlementaires de l'*OPL* (Organisation du Peuple en Lutte), omettant d'invoquer l'irresponsabilité de ces élus dans le bras de fer qui les opposait au pouvoir exécutif d'alors.

Naturellement, en 2006, nous étions dans un autre contexte et les rôles, on peut le dire sans risque de se tromper, étaient inversés. L'écrasante majorité de la population qui avait voté en sa faveur le 7 février 2006 et sa majorité relative au Sénat étaient pour lui des garanties qu'aucun autre dirigeant ou formation politique représentée au Parlement ne pouvait contester. Ainsi, dans l'ordre de faisabilité des choses et de sa légitimité politique, René Garcia Préval devenait le seul vrai bénéficiaire et patron légitime incontestable du paysage politique haïtien de l'après-29 février 2004. Les autres leaders et partis politiques, tous, étaient les grands perdants de la chute de l'ex-président Jean-Bertrand Aristide. Après les élections de 2006, ils n'avaient plus le choix. Ou bien ils acceptaient la main tendue du nouveau chef de la majorité pour participer au nouveau cabinet ministériel et ce, pour appliquer sa politique, ou ils se réfugiaient dans une opposition stérile et sans lendemain au Parlement, en attendant les prochaines élections sénatoriales partielles. Dans tous les cas de figure, le nouveau président de la République avait les mains libres. Il n'avait pas à désigner un chef du gouvernement issu de l'ancienne opposition. Aucun parti n'ayant la majorité à l'Assemblée nationale, selon l'article 137 de la Constitution de 1987, *le président de la République choisit son Premier ministre en consultation avec le président du Sénat et celui de la Chambre des députés*. Tel était le cas de la 48e législature issue des élections du 21 avril 2006. Les consultations entamées bien avant le second tour entre le président élu et les principaux partis allaient comporter quelques changements. N'étant plus en position d'imposer, l'ancienne opposition devait seulement monnayer au Parlement son soutien à la politique du Premier ministre qui allait être désigné quelques jours plus tard contre quelques ministères et des directions générales. Au vu de la représentation nationale dans les deux Chambres, aucun groupe parlementaire ne pouvait renverser, à lui seul, le gouvernement par un vote de censure (art. 129-3). Sauf avec des alliances inattendues et contre nature. Une situation politique d'équilibre qui, dans le contexte de la politique d'ouverture mise en place, était paradoxalement un bon moyen pour chacun des acteurs de respecter l'accord conclu entre eux en vue de réussir le fameux pacte de gouvernabilité de 25 ans proposé par le nouveau locataire du Palais du Champ de Mars, à Port-au-Prince.

Chapitre 6

Investiture du président élu René Garcia Préval

Le pacte de gouvernabilité de 25 ans

6.1.- Jour j-8 pour l'investiture du président René Garcia Préval

À huit jours de l'investiture du nouveau président de la République, tous les regards étaient tournés vers le nouveau Parlement. Car le suspens continuait sur la formation du nouveau Parlement devant être constitué le lundi 8 mai 2006. C'est ce que le président du CEP Max Mathurin avait annoncé depuis plusieurs semaines. Les résultats définitifs du second tour des élections législatives devaient être connus le vendredi 5 mai, mais cela n'avait pas été possible. L'annulation des votes du méga-centre du fameux Building 2004, dans la commune de Cité Soleil, suite aux contestations de la candidate du *parti Fusion des sociaux-démocrates*, Marie-Denise Claude, venait de compliquer les choses. Dans la même semaine, on apprenait qu'en lieu et place des proclamations officielles des résultats, les autorités électorales n'entendaient délivrer que des certificats provisoires aux élus du 21 avril, leur permettant seulement de faire leur entrée à l'Assemblée nationale, le temps pour le CEP de clarifier les multiples imbroglios se traduisant par des demandes en annulation, des contestations et le rejet des résultats par certains candidats malheureux. Une décision, naturellement, qui fut contestée par une partie de la classe politique et certains élus ne voyant pas d'un bon œil cette affaire d'autorisation provisoire qui, selon eux, était synonyme de conflit ultérieur. Une radio de la capitale, *Radio Métropole*, avait rapporté les propos de deux parlementaires opposés à cette décision du Conseil électoral provisoire : *L'un des sénateurs élus du Nord-Ouest, Evalière Beauplan, s'est prononcé contre la remise de certificat partiel estimant que l'institution électorale doit achever le traitement des dossiers de contestation avant de livrer les certificats aux élus. De son côté, Gabriel Fortuné, sénateur élu du Sud, croit que les détenteurs de certificat sont automatiquement confirmés comme élus.* (RM 4/5/06).

Au nombre de 27 sénateurs élus sur 30 et 85 députés élus sur 99 prévus, ces parlementaires s'impatientaient et voulaient connaître à quel titre ils allaient faire leur entrée dans les deux Chambres du Palais législatif le 8 mai 2006. Car, en dépit de ces atermoiements et de l'indécision des dirigeants du CEP, ils n'oubliaient pas, eux, qu'il y avait trois impératifs à tenir dans un délai extrêmement court : constitution du Parlement, élection des présidents des deux Chambres et préparation de l'accueil du chef de l'État pour son investiture le dimanche 14 mai. Pendant ce temps, à Port-au-Prince, les spéculations allaient bon train sur le nom du futur président de l'Assemblée nationale. Plusieurs noms, parmi les sénateurs élus, avaient été évoqués dont ceux des deux anciens de la précédente législature, médecins de profession tous les deux : Kelly Bastien et Rudy Hérivaux. Mais, pour ce dernier, le doute allait s'installer, compte tenu de l'annulation du vote du Building 2004 qui se trouvait dans la circonscription électorale à laquelle il appartenait. D'ailleurs, ni l'un ni l'autre ne sera élu président de l'Assemblée nationale à l'ouverture de la séance inaugurale du Parlement le lundi 8 mai 2006, ce qu'on verra plus loin. En tout cas, à 8 jours de l'investiture du président élu, même si quelques incertitudes planaient encore, il devenait évident qu'on marchait enfin vers la fin de cette double transition. Les mesures de sécurité d'un point à l'autre de la capitale haïtienne avaient été arrêtées par les autorités gouvernementales et la MINUSTAH en prévision de l'événement. Plusieurs périmètres autour de certains bâtiments publics : Palais national, Parlement, cathédrale de Port-au-Prince et certaines voies d'accès étaient placés depuis plusieurs jours sous haute surveillance par la police nationale haïtienne (PNH), conjointement avec les forces de la MINUSTAH, en vue de parer à toute éventualité. C'était la dernière ligne droite pour les deux équipes de transition, celle du gouvernement provisoire qui comptait ses dernières heures et celle du président élu piaffant d'impatience de prendre possession des palais de la République et des commandes du pays après plus de trois mois d'attente.

Le président René Garcia Préval venait de boucler son sixième voyage à l'étranger après un séjour de quatre jours, du 29 avril au 3 mai 2006, au Canada où d'Ottawa à Montréal il avait appelé le gouvernement canadien à renforcer sa coopération avec Haïti. Lui aussi mettait les bouchées doubles en vue de terminer à temps les négociations entamées depuis le lendemain de son élection avec les principaux partis politiques dans la perspective de la formation d'un gouvernement de coalition. De *Fusion des sociaux-démocrates* de Serge Gilles à *OPL* de Paul Denis en passant par *Alyans* d'Evans Paul et *Union* du pasteur Chavannes Jeune, tous se disaient prêts pour un gouvernement de coalition avec l'homme fort du moment. Afin de sauver, selon eux, la démocratie. *Nous devons tout faire pour permettre à Haïti d'aller de l'avant sur le chemin de la démocratie et du progrès. Pour cela, la stabilité politique est nécessaire*, avait estimé Paul Denis de l'*OPL*. (HPN 5/5/06). *Ces rencontres se sont très bien passées*, avait souligné pour sa part Serge Gilles, candidat malheureux de la *Fusion* à la présidentielle. *Nous sommes prêts à participer à un gouvernement de coalition pour mettre en œuvre un plan de développement à long terme*, disait-il. Même écho à l'*OPL* qui reprenait en chœur : *Nous sommes ouverts à une participation au gouvernement*, disait Rosny Smart, qui fut Premier ministre de René Garcia Préval lors de son premier mandat présidentiel (1996-2001) (RM 5/5/06). Mais le président Préval ne voulait donner aucun nom de celle ou de celui qui allait devenir son Premier ministre. Préférant attendre la proclamation officielle des résultats du second tour avant de se prononcer, tout en ayant la liberté de son choix.

6.2.- 14 mai 2006, investiture du président élu René Garcia Préval

À 63 ans, René Garcia Préval avait retrouvé, le dimanche 14 mai 2006, le Palais national d'Haïti qu'il avait quitté six ans plus tôt. Quelques jours auparavant, mercredi 11 et jeudi 12 mai 2006, le Parlement haïtien avait de son côté fait son entrée en fonction, assez difficilement, avec l'élection des deux présidents des deux Chambres : Joseph Lambert, sénateur de la plate-forme de *Lespwa* du Sud-Est, pour le Sénat de la République et, à ce titre, devenu le président de l'Assemblée nationale. Pierre Éric Jean-Jacques, député de la plate-forme de *Lespwa* de Delmas-Tabarre avait, pour sa part, été élu président de la Chambre des députés et vice-président de l'Assemblée nationale. Le chef de l'État haïtien avait été officiellement investi pour un mandat de cinq ans devant les parlementaires haïtiens, en présence de plusieurs personnalités étrangères. Celui-ci s'était présenté comme le président de tous les Haïtiens et avait prêté serment en créole, l'une des deux langues officielles du pays. Une main sur la Constitution, il avait déclaré : *Je jure d'obéir à la Constitution, de respecter et de faire respecter les lois haïtiennes, de veiller à la souveraineté de la Nation et veiller à ce que le pays ne cède aucune parcelle de son territoire.* René Garcia Préval est le seul président élu d'Haïti à avoir mené à son terme un mandat complet, depuis le renversement de la dictature des Duvalier en 1986. Il avait promis de créer des emplois et d'attirer les investisseurs. Une tâche colossale l'attendait, surtout, ramener la paix sociale dans un pays foncièrement inégalitaire où une minorité de riches possédait la quasi-totalité des richesses du pays.

Le nouveau président, qui bénéficiait d'une relative unanimité de la classe politique, devait très vite faire preuve de sa bonne foi pour réduire l'écart entre cette société à deux vitesses et l'inégalité criante qui favorisait la corruption avec un système judiciaire totalement déficient et une économie en ruine depuis deux décennies. *Haïtiens, la solution aux problèmes du pays est entre nos mains*, avait déclaré le président de la République. *Nous avons à faire la paix à travers un dialogue permanent. Si nous faisons la paix, nous allons parvenir à ouvrir la porte des investissements, de la création d'emplois, du travail, du développement du tourisme et de l'éducation*, disait-il. Après la prestation de serment, le président du Sénat, Joseph Lambert, avait remis au nouveau président de la République l'écharpe présidentielle bleue et rouge qu'il avait récupérée des mains du maître Boniface Alexandre, le président provisoire. Par tradition, c'est le président sortant qui passe l'écharpe présidentielle à son successeur, mais compte tenu du caractère de cette passation de pouvoir, le protocole avait été modifié. Les nouvelles autorités légitimes voulaient marquer le caractère constitutionnel en introduisant le président élu René Garcia Préval. Ce symbolisme signifiait aussi que les anciennes autorités étaient *de facto*. Après l'officialisation du pouvoir, le tout nouveau président de la République s'était levé et avait salué de la main les personnalités présentes qui lui avaient fait une *standing ovation*. Dans l'assistance, figuraient les corps constitués de l'État et des personnalités étrangères. Entre autres, Michaëlle Jean, Gouverneure générale du Canada, une Haïtienne d'origine, exilée avec sa famille dans ce pays dès son plus jeune âge.

Ancienne journaliste à *Radio Canada*, la représentante de la reine Elisabeth d'Angleterre avait assisté, au Palais législatif et au Palais national, avec émotion, comme elle disait, à l'investiture de René Garcia Préval. D'autres personnalités de haut rang avaient honoré par leur présence cette investiture. Jeb Bush, gouverneur de la Floride et frère du président américain, George W. Bush, Philippe Douste-Blazy, ministre français des Affaires étrangères, et l'acteur afro-américain, passionné de l'histoire de l'indépendance haïtienne, Danny Glover. Sans oublier les différentes délégations des États émergents de l'Amérique latine : Brésil, Argentine, Chili et Venezuela. Enfin, l'on avait constaté le grand retour des pays de la CARICOM sur la scène haïtienne, fâchés depuis deux ans avec le régime issu du coup de force de février 2004. Durant la cérémonie d'investiture, plusieurs milliers de partisans du nouveau président étaient rassemblés dans les rues, devant le Parlement, devant la Basilique Notre-Dame de Port-au-Prince et sur la grande place du Champ de Mars, et tenaient des drapeaux haïtiens, ce symbole identitaire, face à des centaines de casques bleus de l'ONU et de la police nationale haïtienne (PNH). Une atmosphère de fête régnait à Port-au-Prince ce dimanche 14 mai 2006. Devant un Palais national gardé par les militaires de la MINUSTAH, des centaines de milliers d'Haïtiennes et d'Haïtiens en liesse, vêtus des couleurs nationales haïtiennes et arborant des t-shirts à l'effigie de René Garcia Préval et de Jean-Bertrand Aristide, jouaient de la musique et chantaient en créole : *Préval, tu as le pouvoir, donne-nous Aristide. Qu'on le veuille ou non, Aristide va revenir.* Tous les quartiers populaires, les fameux et horribles bidonvilles, où s'entassaient les éternelles victimes des différents régimes politiques qui s'étaient succédé depuis plus de deux siècles à la tête du pays, étaient de la partie pour l'occasion.

De nombreuses maisons avaient été décorées de fleurs, de drapeaux et de portraits du nouveau président démocratiquement élu, succédant à l'ancien président Jean-Bertrand Aristide, renversé en février 2004 par une coalition d'opposants alliés à un groupe armé financé par l'extérieur. La population voulait marquer son contentement et sa joie avant les revendications qui n'allaient pas tarder à remonter jusqu'au Palais et le retour au timon des affaires de celui qu'elle considérait à tort comme le véritable héritier politique de Jean-Bertrand Aristide. À la cathédrale de Port-au-Prince, Mgr Louis Kébreau, président de la Conférence épiscopale d'Haïti, avait célébré le traditionnel *Te Deum* en présence de tous les dignitaires nationaux et internationaux. Il avait appelé à *sortir du fatalisme et à donner à Haïti de nouvelles assises*. La journée d'investiture avait été placée sous l'étroite surveillance de plus de 4000 hommes de la PNH et de la MINUSTAH. Une force multinationale dont le nouveau président de la République n'était pas près de réclamer le départ. En effet, le président n'avait pas manqué de souligner l'importance de la présence de cette force des Nations unies lors de son allocution. Selon lui, le travail de la MINUSTAH n'était *pas encore fini* et, saluant son travail, il avait jugé que la mission de l'ONU devait rester, notamment *pour aider à la professionnalisation de la police haïtienne.*

6.3.- Retour à l'ordre constitutionnel et à la légalité républicaine

Dans les pays où la démocratie à du mal à s'imposer en tant que système politique, un débat séculaire sur les notions de « légitimité » et de « légalité » taraude la société entre les partisans du respect des principes dans toute leur plénitude et leur rigueur et ceux pour qui la démocratie reste un système abstrait où un gouvernement peut être tantôt légitime, tantôt légal ou les deux à la fois, pourvu qu'on soit au pouvoir, donc aux commandes de l'État. En ce sens, Haïti a battu tous les records dans ce débat sans fin, pendant et après chaque coup d'État. Ce pays est en somme un laboratoire dans lequel les politiciens ont déjà tout essayé. Mais ils ne sont jamais parvenus à faire la démonstration positive prouvant qu'un gouvernement peut être légitime sans pour autant être légal et vice-versa. C'est-à-dire que, pour le besoin d'une ambition personnelle ou pour rendre service à un pays « ami », l'on peut départager ces deux faisceaux que constituent « légitimité et légalité », selon lesquels le système démocratique tel qu'il se pratique dans tous les pays du monde peut être autrement sous le soleil haïtien. Nos dirigeants commettent toujours les mêmes erreurs depuis des lustres. Ils pratiquent l'amalgame et la confusion entre un régime antidémocratique et celui qui est illégitime et illégal. Aussi troublant que cela puisse paraître, les deux régimes n'ont pas la même caractéristique. Un gouvernement issu d'une élection démocratique ayant le soutien des citoyens peut à tout moment basculer dans l'autoritarisme et devenir *ipso facto* antidémocratique. Faut-il le renverser ? La réponse est naturellement oui. Mais devient-il pour autant illégitime et illégal tant qu'il n'a pas terminé son mandat constitutionnel ? Pas forcément. Sinon, aucun chef d'État au monde ne terminerait son mandat. D'autant plus que, si le pouvoir qui s'ensuit ne bénéficie d'aucun soutien populaire, il ne peut justifier légalement la prise du pouvoir par la force. C'est là toute l'ambiguïté du système démocratique comme nous le connaissons en Occident. En effet, un régime politique issu d'un coup d'État, qu'il soit de nature militaire ou civile, s'il n'est pas porté par la population à la suite d'une révolte, voire d'une révolution populaire, part obligatoirement dans le sens inverse de la démocratie ou de l'image qu'il souhaite donner. Et pour cause, ce régime, bien qu'il prétende remplacer le pouvoir ancien, se place dans la plus parfaite « illégalité » des lois du pays

(Constitution) mais aussi, il sera considéré comme « illégitime », ne bénéficiant justement d'aucun appui ni soutien de la population dont il est censé être la voix. La démocratie n'est-elle pas selon le dictionnaire : le pouvoir du peuple et par le peuple ? Avec cette vérité, le nouveau régime est vite mis devant ses contradictions et, pour durer, le pouvoir n'a d'autre choix que de tomber dans les excès d'abus de pouvoir, voire reproduire les actes arbitraires qu'il reprochait à ses prédécesseurs. En Haïti, les partis politiques ou les mouvements qui revendiquent ce statut n'ont jamais tiré les leçons de cette contradiction qui, il est vrai, n'est pas si simple pour des hommes politiques dont les références restent les régimes des baïonnettes. C'est-à-dire la prise du pouvoir par la force.

Cette complexité entre pouvoir « illégitime et illégal » et un pouvoir découlant du renversement par la force, d'un régime « légitime et légal», mais de nature dictatoriale et autoritaire, n'est pas facile à définir. Certains spécialistes du droit constitutionnel admettent que cela peut porter à confusion. Il faut être, comme ils disent, un vrai démocrate imbu du rôle qu'un système démocratique peut apporter à une société pour saisir le sens et l'importance d'une autorité dont la politique consiste à réparer les torts. Mais le plus important, pour un pouvoir issu de cette confusion, reste un régime *de facto*, cherchant une « légitimité » auprès de la population en apportant des actions qui prouvent le bien fondé du changement de régime et d'autre part, il faut arriver à « légaliser » l'acte par les procédures prévues par la loi. Ceci consiste à procéder dans un délai raccourci à des élections libres, pluralistes et honnêtes. C'est le sacro-saint retour à l'ordre constitutionnel ou à la légalité républicaine. Lorsqu'en février 2004, l'opposition haïtienne de l'époque et la Communauté internationale ont précipité la chute de l'ex-président Jean-Bertrand Aristide, l'on est passé d'un régime « légitime et légal », selon la Constitution haïtienne, mais contesté par une minorité de la population - l'élection présidentielle du 7 février 2006 est là pour en témoigner -, à un régime *de facto*, c'est-à-dire qui n'est assis sur aucune base légale. Ni « légitime », donc populaire, les deux ans de résistance qui se sont transformés en deux années de cauchemar avec une insécurité extrême, du jamais vu en Haïti. Ni « légal », donc constitutionnel, la situation de chaos, de vide institutionnel et d'improvisation politique qui Prévalait le démontre.

Reste le plus frappant de cette période : On avait l'impression qu'à aucun moment les autorités de transition n'avaient cherché à expliquer le pourquoi de leur présence au timon des affaires publiques alors qu'elles n'avaient été ni élues ni nommées par le peuple haïtien. On était en plein dans le surréaliste haïtien. Le gouvernement intérimaire parlait du respect de la Constitution, alors même qu'il était anticonstitutionnel et violait tous les jours cette même Constitution. Il prenait et publiait des décrets ; pourtant il n'était soutenu que par ses amis politiques, donc par une extrême minorité. Le gouvernement remplissait les prisons de prisonniers d'opinion sous prétexte que ces gens étaient accusés par la clameur publique. Légalement, il n'était pas habilité à le faire. Bref, cela devenait cocasse. C'était la première erreur de l'équipe de transition dirigée par un technocrate venu de loin. Pire, cette « chevauchée sauvage », pour citer un diplomate vénézuélien, arrivée à la tête du pays dans les conditions que l'on sait, faisait exactement l'inverse de ce qu'il fallait faire, se faisant passer pour les héros d'une grande victoire révolutionnaire. Le nouveau régime avait tenté d'écraser toute résistance, en utilisant la Constitution comme bouc émissaire afin de mener à bien son projet qui consistait à favoriser ses amis politiques. À aucun moment, le gouvernement de fait ne se soucia de son « illégalité et de son illégitimité », ce qui l'aurait contraint à se comporter plus discrètement sur certains dossiers politiques et actes posés engageant le pays tout entier.

C'est la preuve de l'insouciance politique et du peu de cas que se font les hommes politiques haïtiens et les élites haïtiennes des principes du système démocratique qu'ils disent vouloir pour le peuple haïtien et qu'ils prétendent même défendre. Finalement, la leçon de sagesse était venue de la grande majorité silencieuse, que certains continuaient d'ignorer en mettant en doute son choix politique ou en caricaturant son vote. Que s'était-il passé au lendemain des élections et principalement du scrutin présidentiel ? Dès que le résultat avait été proclamé, donnant René Garcia Préval victorieux, l'insécurité qu'on croyait chronique en Haïti avait baissé d'un cran comme par enchantement. Confirmant ainsi ce que certains observateurs et analystes politiques haïtiens lucides disaient dès le début du mouvement : que cette insécurité était en partie une forme de résistance politique au gouvernement issu du coup de force du 29 février 2004. C'était un acte de désapprobation du renversement du régime précédent. Cette résistance avait trouvé son épilogue lorsque la population avait fait le constat qu'Haïti était sur la voie de retrouver le fonctionnement normal des institutions du pays, c'est-à-dire la fin du régime d'exception. Dès la proclamation de l'élection de Préval à la présidence de la République, ceux qui n'avaient jamais douté de l'intelligence de ce peuple avaient compris que les Haïtiens allaient pouvoir vaquer plus tranquillement à leurs occupations et que tout allait redevenir plus ou moins normal. En tout cas, sur ce qui avait trait à la sécurité publique.

Un pays où les régimes sont issus de coups d'État, qu'ils soient militaires, civils ou fomentés par des « pays amis », dans l'avenir, l'on aura le plus grand mal à les considérer comme des régimes normaux et acceptés par tous. L'investiture du nouveau chef de l'État le dimanche 14 mai 2004, en présence d'une cohorte de délégations internationales, régionales et de plusieurs centaines de milliers d'Haïtiens, avait marqué la fin de l'inconstitutionnalité dans laquelle fonctionnait le pays depuis plus de deux ans. Le dimanche 14 mai 2006 ne marquait pas seulement le retour d'un président de la République « légitime et légal ». Haïti avait retrouvé aussi son Parlement quelques jours plus tôt. Devant l'Assemblée nationale, le serment constitutionnel suivant avait été prononcé par le chef de l'État : *Je jure, devant Dieu et devant la Nation, d'observer fidèlement la Constitution et les lois de la République, de respecter et de faire respecter les droits du peuple haïtien, de travailler à la grandeur de la Patrie, de maintenir l'indépendance nationale et l'intégrité du territoire* (art 135-1). Par cet acte solennel, le président René Garcia Préval entrait pour la deuxième fois dans l'histoire de son pays. D'abord, il était le deuxième chef d'État haïtien réélu au suffrage universel direct pour un second mandat de cinq ans après avoir terminé un premier quinquennat. Ensuite, il était celui qui devait boucler la boucle d'une transition chaotique d'une vingtaine d'années (1986-2006), celle de l'après-Duvalier. Cette nouvelle investiture présidentielle marquait enfin la fin du long processus électoral de deux ans, jalonné de rebondissements pendant cette deuxième transition politique dont les principaux tenants s'étaient fait piéger par le retour au pouvoir de celui qui avait été massivement désigné par la population pour être le successeur démocratiquement élu du chef de l'État renversé en violation flagrante de la Constitution de 1987 (art 134-1). Une performance politique et démocratique, en dépit de tout ce que l'on avait entendu dire de cette population et du nouveau président de la République, méritant d'être saluée comme le signe d'une grande maturité politique. Car c'était la meilleure façon de sortir du provisoire dont on ne voyait point la fin. Cette alternance politique, claire, nette et sans contestation de l'un ou l'autre des protagonistes de toujours (haïtiens ou étrangers) était peut-être l'ultime moment pour sortir le pays de ces conflits perpétuels, de ces luttes intestines sans grande valeur.

Enfin, c'était le moment pour chacun d'apporter sa contribution en fonction de ses connaissances et de ses compétences pour participer, là où cela était possible et nécessaire, à ce grand « kombite » (rassemblement) pour sortir Haïti de sa torpeur et participer à la bataille de la modernité à laquelle Haïti et les Haïtiens ne pouvaient se soustraire s'ils voulaient être reconnus et respectés en tant que peuple. Le chantier était suffisamment grand et la tâche était énorme, il devait y avoir de la place pour tous. À ceux de l'intérieur de se montrer ouverts pour travailler avec leurs compatriotes de l'extérieur et à ces derniers de se montrer humbles et simples pour apporter leur expérience et leur savoir-faire pour le bien de la collectivité nationale, régionale ou locale, selon le champ d'activité et le domaine de compétence. Ce pays nous appartient à tous, que l'on soit en Haïti ou dans la diaspora. Cette opportunité de fin de crise politique et de vingt ans de transition confuse et improductive est l'occasion pour chacun de nous : gouvernants et gouvernés, élites politiques, intellectuels, Société civile, partis politiques de réfléchir clairement à la façon de mettre un terme à cette ancienne société archaïque et dépassée, afin d'exiger la naissance d'une nouvelle société haïtienne moderne, plus solidaire, plus humaine où le partage du bien collectif deviendra une réalité. Les compétences ne manquent pas en Haïti et dans la diaspora, il suffit juste de bonne volonté, d'un objectif et d'un projet.

6.4.- Retour de Jacques-Édouard Alexis à la primature

Il aura fallu moins de huit jours après la désignation de Jacques-Édouard Alexis par le président René Garcia Préval comme nouveau chef de gouvernement pour qu'il passât de Premier ministre désigné au statut de Premier ministre officiel. En effet, en moins de quarante-huit heures, les deux Chambres avaient procédé séparément à sa ratification. Un record ! Le plus curieux, sinon le plus surprenant, c'était le nombre de voix obtenues dans chacune des deux Chambres. Certes, au Sénat où le parti présidentiel disposait d'une majorité relative, le doute n'était pas permis, d'ailleurs, Jacques-Édouard Alexis avait fait le plein de voix : 22 sur 24 présents dont une abstention. Le président du Sénat, selon les règlements internes de cette institution, ne participait pas au vote. Le plus inattendu, c'était le vote à la Chambre basse. Là encore, le nouveau Premier ministre avait fait un sans-faute. Presque un vote historique puisque, sur 82 députés, il avait obtenu 79 voix dont 2 abstentions. Curieusement, aucun vote contre. Comme on dit en France, celui qui devait présenter son discours de politique générale une semaine plus tard devant les deux Chambres réunies en Assemblée nationale avait fait le grand chelem. Naturellement, le vote à la Chambre des députés mérite un flash-back pour comprendre ce qui s'était passé puisque, comme nous le faisions remarquer plus haut, le *parti Lespwa* ne disposait pas de la majorité. Selon toute vraisemblance, le Président de la République avait bel et bien négocié avec les chefs des autres partis représentés à l'Assemblée avant la désignation de son fidèle ami Jacques-Édouard Alexis. Le plus intéressant encore dans ce qu'on pouvait appeler un nouveau départ, c'était que les parlementaires de toutes les formations politiques des deux Chambres avaient joué le jeu et que les consignes de vote avaient été respectées à la lettre.

C'était quasiment historique depuis vingt ans dans un Parlement où les parlementaires avaient pris l'habitude de n'en faire qu'à leur tête. Faisant fi des recommandations de leurs partis. Ces votes unanimes pour le nouveau chef du gouvernement confirmaient aussi que tous les chefs de partis avaient donné leur accord au chef de l'État pour une participation au gouvernement de coalition. Bien que, dans un premier temps, les chefs de l'*Organisation du peuple en lutte* (OPL) fussent plus réticents, voire hostiles, vis-à-vis de Jacques-Édouard Alexis. En faisant voter à l'unanimité pour quelqu'un dont le choix ne paraissait pas évident dans tous les milieux et surtout pour les leaders politiques, le président René Garcia Préval continuait à marquer des points dans son parcours de politique intérieure. Il faut dire aussi que les responsables des partis démontraient qu'ils comprenaient que le moment était venu de baisser les armes pour que le pays redémarrât. Après la ratification de Jacques-Édouard Alexis, c'était au chef de l'État de tenir parole en fonction de ce qui avait été négocié et des promesses qui avaient été faites afin d'avoir le soutien politique nécessaire pour son Premier ministre à l'Assemblée nationale. Alors, le choix de Jacques-

Édouard Alexis pour diriger le gouvernement était-il opportun dans ce contexte ? Deux analyses s'imposent en guise de réponse. Tout d'abord, la réponse est non. Le choix de Jacques-Édouard Alexis pour être de nouveau chef du gouvernement pouvait paraître à première vue un retour en arrière. Cela renvoie l'image d'une Haïti en manque de souffle et d'un nouveau régime en manque de nouveauté et de cadres. Ayant été aux affaires publiques avec ce même président, le souvenir laissé par l'ancien Premier ministre est peu flatteur si on ne le met pas dans son contexte de guérilla politique qui avait en quelque sorte terni l'image de tous les acteurs de l'époque. Sachant qu'il fonctionnait presque dans l'inconstitutionnalité, Jacques-Édouard Alexis s'occupait du strict minimum. Pratiquant plus la politique de l'autruche que gouvernant réellement le pays, par peur de se faire rappeler à l'ordre par la Communauté internationale, mais surtout par la classe politique qui ne ratait pas une occasion de lui rappeler qu'il était illégitime et qu'il ne bénéficiait pas de l'aval de l'Assemblée nationale, son retour à la Primature en 2006 en laissait certains sceptiques et avait provoqué des inquiétudes dans certains milieux. Mais en comparant la conjoncture politique de 1999-2001 à celle de 2006, l'on remarquera qu'il n'y a pas photo. En 2006, tout paraissait favorable au nouveau chef du gouvernement, à condition naturellement de savoir ce qu'il voulait faire et où il voulait aller. Ensuite, Jacques-Édouard Alexis était-il l'homme du moment pour prendre la tête du gouvernement ? La réponse est oui. Ancien compagnon de route du chef de l'État, ils avaient fait ensemble la traversée du désert.

Tout le monde connaît l'adage selon lequel on ne gouverne qu'avec ses amis. D'autant plus s'ils sont compétents et sincères. Personne ne peut mettre en doute la compétence du Premier ministre et la parfaite connaissance des dossiers de tous les problèmes du pays qui l'attendaient. Ancien ministre et ancien chef du gouvernement, c'était un habitué des rouages de l'État. Il était parfaitement au courant des difficultés et de la complexité d'une telle fonction. En harmonie politique, voire idéologique, avec le président de la République, Jacques-Édouard Alexis pensait qu'à eux d'eux, ils pouvaient réussir. D'autant plus qu'il fallait un tandem ayant la même vision des choses pour faire décoller Haïti de la catapulte qui n'attendait que le coup de sifflet. L'avantage et l'inconvénient pour Jacques-Édouard Alexis, c'était qu'il n'était pas un politique. C'était un homme de dossiers, un technicien, d'où sans doute ce qui avait motivé le choix du président Préval pour cet homme qui ne faisait jamais de vagues. Pour réussir son pari, Jacques-Édouard Alexis ne pouvait s'y prendre seul. En ce sens, le gouvernement d'ouverture, impulsé par le chef de l'État, était un signe d'encouragement. La population espérait aussi que cela allait ramener de nouvelles compétences avec une vision d'ensemble cohérente. Rien n'est plus détestable pour un gouvernement que la cacophonie où chacun y va avec sa rhétorique. Retourné aux responsabilités publiques au moment où tout le monde l'attendait au tournant, Jacques-Édouard Alexis aurait dû faire la démonstration qu'il n'était pas seulement l'ami de trente ans du président, mais quelqu'un qui avait aussi le sens de l'État, un meneur d'hommes qui avait l'étoffe d'un homme d'État dans un contexte difficile.

6.5.- Vide gouvernemental, fuite de Gérard Latortue

Si, en politique, on n'est jamais sûr de rien, en Haïti, cet adage est encore plus vrai. Après la ratification, comme une lettre à la Poste, du Premier ministre désigné, Jacques Édouard Alexis, en un temps record, l'on aurait pu croire que tout allait se dérouler très vite pour la formation du gouvernement. Erreur ! On avait en effet oublié qu'en Haïti rien ne se passe comme ailleurs. Qu'est-ce qui avait pu retarder ce qui paraissait pour tout le monde une banalité : la mise en place d'un cabinet ministériel dont le Premier ministre avait été ratifié par les deux Chambres du Parlement ? Certes, la formation d'un cabinet ministériel nourrit toujours les rumeurs les plus folles sur telle ou telle personnalité devant entrer ou pas dans le gouvernement. Certains candidats distillent allègrement à la presse leurs noms pour tel ou tel ministère au cas où les faiseurs de ministres auraient l'intention de les oublier. Du coup, et avant même la publication officielle de la liste des personnes retenues, plusieurs listes faisaient le tour des différentes rédactions. Tout le monde appelait tout le monde, histoire de croiser les listes et le suspense était à son comble. Mais une fois encore, dans le cas d'Haïti, cela pouvait vite déboucher sur des interprétations qui ne faisaient pas forcément l'affaire du pouvoir et pouvaient même dégénérer en crise politique. C'était une aberration pour un pays, dont le président était officiellement en fonction depuis plus de trois semaines, que le Premier ministre, désigné et ratifié par les deux Chambres séparément depuis deux semaines, ne pût présenter son gouvernement devant la nation. D'où venait le problème causant ce retard à l'allumage, alors que le peuple souffrait et attendait de voir quelle direction allait prendre le nouveau régime ? Le Premier ministre Jacques-Édouard Alexis devait faire sa déclaration de politique générale devant le Parlement réuni en Assemblée nationale et, en même temps, présenter son gouvernement.

De toute évidence, le président de la République et son Premier ministre avaient rencontré plus de difficultés que prévu dans la constitution du gouvernement. Était-ce le signe d'un premier affrontement avec les parlementaires, y compris ceux de leur parti ? N'empêche que le tandem Palais national et Primature, après avoir fait un parcours sans faute depuis le 7 avril, avait buté sur un os ou un petit grain de sable qui enrayait la machine. Ce premier couac était inquiétant pour le pays et alimentait en même temps les rumeurs selon lesquelles les opposants à l'élection du président de la République s'apprêtaient à reprendre du service pour déstabiliser au plus vite le nouveau pouvoir. Même si tous les partis voulaient participer au futur gouvernement, les chefs de l'ancienne opposition n'avaient toujours pas digéré l'échec de la présidentielle. Or, le seul endroit où ils pouvaient manigancer l'échec de la nouvelle équipe, c'était le Parlement. Tout le monde avait en mémoire le bras de fer qui opposait les parlementaires de l'*OPL* à ce même président Préval. Certains redoutaient un affrontement entre les pouvoirs législatif et exécutif, après seulement une semaine de ratification obtenue haut la main, ce qui annonçait des relations conflictuelles pour l'avenir. D'où l'idée de créer un ministère chargé des Relations avec le Parlement. Ce ministère, dans certains pays comme la France, joue le rôle de pompier ou, plus précisément, sert de passerelle institutionnelle entre l'exécutif et les deux Chambres du Parlement afin de négocier en amont tout ce qui est en rapport avec les deux institutions. Une façon démocratique d'éviter les crises qui pourraient arriver entre les co-gestionnaires des affaires de l'État. En effet, faute de majorité claire, le gouvernement avait besoin du soutien des parlementaires, mais aussi des partis politiques, pour gouverner sereinement. En dépit des accords qui avaient été trouvés ou négociés avec les parlementaires ou avec des chefs de parti pour faire voter sans problème la ratification de Jacques-Édouard Alexis, le chef de l'État avait quand même buté sur un quasi-refus de voter la confiance au Premier ministre, faute de se mettre d'accord sur la liste du gouvernement.

Finalement, l'on s'interrogeait sur la nature des négociations et des accords qui avaient été menés et négociés. Et surtout, avec qui le président de la République avait-il mené ces négociations ? Était-ce avec les parlementaires ou avec les chefs des partis représentés au Parlement ? Dans les deux cas, la nature de ces négociations restait diamétralement différente, tout comme les approches. Car il était tout de même surprenant que ceux qui avaient voté une semaine avant pour Jacques-Édouard Alexis le menaçassent d'une motion de censure sans avoir une raison valable. Était-ce les chefs des partis qui voulaient revenir sur leurs positions ou le président de la République qui ne respectait pas sa parole ? Des questions qui n'étaient pas anodines dans un pays où les hommes politiques ne tiennent pas du tout compte des équilibres des forces en présence. Aucun parti n'ayant la majorité à l'Assemblée nationale, y compris celui du président, le premier objectif des uns et des autres était de constituer des groupes parlementaires sur les bases politiques et les intérêts propres de chacun en vue de dégager une majorité, même relative, soit de l'opposition soit présidentielle. Tout ce processus aurait dû être terminé avant même la désignation du Premier ministre par le chef de l'État. Une procédure qui aurait facilité le choix sans équivoque du Premier ministre qui n'aurait pas eu à craindre pour sa ratification devant les deux Chambres, mais aussi pour la présentation de sa politique générale et de son équipe gouvernementale devant tous les parlementaires réunis en Assemblée nationale. Si tout cela avait été fait, jamais on n'aurait eu tout ce temps perdu même avec, dans un premier temps, l'hypothèse d'un rejet de Jacques-Édouard Alexis, alors que celui-ci avait été ratifié à l'unanimité par les deux Chambres. Dans le projet d'amendement ou d'abrogation de la Constitution, il ne serait pas vain de penser aussi à simplifier la procédure de ratification d'un Premier ministre et de son gouvernement. Au moment où nous écrivons ces textes, il faut trois présentations devant les parlementaires du même Premier ministre désigné avant que celui-ci soit vraiment sûr qu'il est enfin accepté pour être le chef du gouvernement. C'est une aberration ! Dans tous les pays du monde, quand quelqu'un a été choisi pour diriger le gouvernement, en suivant la procédure, il forme son gouvernement et se présente devant les élus de la nation avec ses ministres et fait son discours de politique générale ; soit il essuie un refus par un vote de censure des parlementaires, soit il se voit confirmé dans sa fonction par un vote de confiance. Il n'a pas à prendre des semaines, voire des mois, pour savoir si oui ou non il va être accepté. Le résultat de toutes ces procédures inutiles faisant perdre un temps fou au pays, c'était que, à l'exception du président René Garcia Préval et des parlementaires bien sûr, Haïti n'avait pas d'autres dirigeants légitimes pour la représenter dans les forums internationaux. Ainsi, à la 36e Assemblée générale de l'Organisation des États américains (OEA), qui débutait la même semaine à Santo Domingo, où des discussions de fond devaient porter sur les efforts déployés par cette organisation en vue de l'aboutissement du processus de transition démocratique en Haïti, c'était le ministre des Affaires étrangères, du gouvernement de Gérard Latortue, l'ancien général Hérard Abraham, qui représentait Haïti. C'était une absurdité, non pas à cause de Hérard Abraham, mais parce que cela faisait deux semaines qu'un Premier ministre avait été désigné et qu'il n'y avait toujours pas de nouveau gouvernement haïtien. Alors que l'ancien Premier ministre intérimaire, Gérard Latortue, était déjà en fuite laissant derrière lui sa lettre de démission dans un tiroir de la Villa d'accueil, et que certains ministres eux aussi avaient quitté le pays sans laisser d'adresse. Enfin, ceux qui étaient restés fonctionnaient sans aucune directive. Longtemps après la formation du gouvernement, on avait appris que le problème venait des dirigeants des partis politiques qui n'arrivaient pas à se mettre d'accord entre eux sur les noms de leurs représentants devant entrer dans le gouvernement de coalition de M. Jacques-Édouard Alexis.

6.6.- Le gouvernement de réconciliation nationale

Jamais la formation d'un cabinet ministériel n'aura suscité autant d'intérêt tant en Haïti que dans la diaspora haïtienne. Était-ce une envie réelle de changement des Haïtiens ou une simple curiosité de nos compatriotes, impatients de voir la liste des femmes et des hommes devant constituer ce gouvernement de la dernière chance comme certains l'appelaient ? On ne le saura peut-être jamais. Il n'en restait pas moins que depuis plus de vingt ans, c'était la première fois que le chef de l'État et son Premier ministre avaient mis si longtemps et avaient eu tant de difficultés pour constituer un gouvernement. Était-ce pour le bien de la collectivité nationale ? Mystère ! Car la durée des négociations laissait planer le doute que cela déboucherait sur un échec. En effet, l'accouchement était plus difficile que prévu, mais fort heureusement pour le pays, le résultat était au-delà de l'espérance de tous ceux pour qui il fallait coûte que coûte sauver la République. Une fois le doute dissipé sur la composition du gouvernement, non pas pluriel, mais d'une très large ouverture, il est important de revenir sur ces conciliabules qui ont débouché sur ce gouvernement de consensus national. En premier lieu, il faut saluer le courage politique des deux parties - pouvoir et ex-opposition - qui avaient compris qu'il y avait un moment pour faire la guerre et un autre pour faire la paix. Et qu'en faisant la guerre, dans le cas de notre chère Haïti, il n'y aurait jamais de gagnant. L'exemple le plus flagrant de cette affirmation ce sont indubitablement les deux années du régime *de facto* des technocrates de l'ex-Premier ministre, Gérard Latortue. Son départ en catimini et précipité pour son confort floridien symbolise l'ampleur de l'échec de la « victoire », en 2004, de l'ex-opposition sur l'ex-président Jean-Bertrand Aristide. N'est-ce pas paradoxal ! Vingt ans après la famille Duvalier, il fallait évidemment rompre avec le passé. D'où ce que nous appelions avant la lettre, c'est-à-dire à partir de l'élection du président René Garcia Préval, le nouveau départ.

Il était donc nécessaire qu'à partir du moment où le peuple avait mis les points sur les I, en sanctionnant de manière démocratique tous les fauteurs des crises politiques dans ce pays, le président de tous les Haïtiens appelât à la réconciliation et au calme. C'était à lui de faire les premiers pas en rassembleur de la nation. Il n'aurait pas été digne de sa fonction de président de la République en cette période où la société tout entière avait éclaté en mille morceaux s'il s'était comporté en ultime conquérant et, de ce fait, avait formé un gouvernement avec sa seule famille politique. Connaissant l'histoire politique de ce pays, il pouvait le faire même en n'ayant pas de majorité à l'Assemblée nationale. Comment ? En achetant tout simplement chaque voix dans l'auguste Assemblée. Il faut rendre aussi un hommage aux dirigeants des partis politiques représentés au Parlement qui avaient su saisir la main tendue du président de la République. Certains pourraient dire qu'ils n'avaient pas vraiment le choix s'ils voulaient rester dans la compétition politique.

D'autres ne souhaitaient pas que l'ex-opposition allât dans le gouvernement, voyant là une belle occasion pour le président d'éliminer toute opposition au gouvernement de son Premier ministre, Jacques-Édouard Alexis. En fait, les deux thèses s'accordent. Et personne ne peut vraiment écarter d'un revers de la main ces points de vue. Néanmoins, il faut prendre l'appel du président René Garcia Préval et le fait que tous les dirigeants de l'ex-opposition avaient accepté de participer au gouvernement de consensus comme un signe d'apaisement. Il est trop tôt pour parler de maturité politique de la part des politiciens haïtiens. Ce qui est sûr, c'est que les partis politiques représentés à l'Assemblée nationale auraient pu ne pas accepter d'entrer dans le gouvernement sans pour autant se livrer dès le premier jour à une opposition systématique contre la politique du gouvernement de Jacques-Édouard Alexis. D'ailleurs, cela aurait été mieux, non pas pour le pouvoir, mais pour les leaders des partis. Ce soutien sans participation leur aurait permis de mieux reconstituer une vraie force d'opposition démocratique. Mais en Haïti, comme nous l'écrivons fort souvent, il y a des traditions politiques qui ont la vie dure. Soit tous les partis sont au gouvernement soit ils n'y sont pas. Il reste dans ce domaine beaucoup de travail à faire. Souhaitons qu'un vrai débat s'organise sur ce sujet dans le cadre de la réforme des institutions, car les partis politiques, il ne faut pas l'oublier, font partie intégrante des institutions pour le bon fonctionnement de la démocratie. Le Premier ministre Jacques-Édouard Alexis, dans son énoncé de politique générale, avait parlé de financement des partis, cela est plus que nécessaire, néanmoins, nous espérons que ce souhait entre dans son projet global de réformes et de modernisation de la vie politique nationale. En tout cas, l'on devrait applaudir la présence, dans un gouvernement issu d'élections démocratiques, de la quasi-totalité des partis ayant des élus au Parlement. Pour le pouvoir exécutif, c'était une garantie supplémentaire de stabilité pour le pays. Faisant partie de l'équipe gouvernementale, les partis politiques et leurs chefs sont, eux aussi, comptables de l'échec ou de la réussite collective du gouvernement.

Leur solidarité à l'ensemble de l'action du gouvernement et à la gestion des affaires de l'État ne pouvait être qu'un excellent signe d'encouragement envoyé à l'ensemble de la population dans le cadre de la politique de réconciliation de la présidence. Le seul danger qu'on pouvait craindre avec la présence de ces partis à la tête de certains départements ministériels était que ces ministères ne se transformassent en de véritables bastions, sortes de caciquats d'opposants au cœur même du pouvoir central. Avec le risque évident que ces ministères ne devinssent des centres d'embauche pour des partisans ou des pompes à finance pour ces partis politiques, au détriment du Trésor public. De toute manière, c'était le prix à payer si l'on voulait ramener la paix et la sécurité dans un pays au bord de l'explosion sociale et relancer au plus vite l'économie à travers l'investissement de la diaspora et de l'international. Pour mener à bien cette politique d'ouverture, le président René Garcia Préval avait fait appel à une vieille connaissance : Jacques-Édouard Alexis, avant de le lâcher en plein mouvement de contestation contre la vie chère deux ans plus tard. Bien sûr, cela apparaissait comme du déjà vu. Sorte de vieux couple inséparable, pour ne pas dire de jumeaux. Mais il n'y avait rien à inventer, la politique, c'est aussi cela : la cohérence et la constance dans ses démarches. Dommage que Jacques-Édouard Alexis n'ait pas eu le temps nécessaire pour réformer les institutions et apporter la modernisation à la société haïtienne. La lecture de son discours de politique générale devant l'Assemblée nationale faisait apparaître que l'homme avait, tout au moins, des idées. Avait-il la volonté et les moyens de sa politique ?

6.7.- Le président René Garcia Préval et le pacte de gouvernabilité de 25 ans

La dictature des Duvalier, père et fils (François et Jean-Claude), s'est effondrée en Haïti suite à un soulèvement populaire en 1986. La dernière Constitution haïtienne a été promulguée en 1987. Depuis, ces deux événements rythment la vie politique et sociale des Haïtiens. Tous les coups d'État et les crises politiques aiguës qu'a connus Haïti en l'espace de ce quart de siècle descendent directement de ces deux faits marquants de l'histoire récente de ce pays fonctionnant bizarrement par cycles historiques événementiels et politiques. Le 14 mai 2006, René Garcia Préval devait être investi à la présidence de la République d'Haïti pour un quinquennat allant jusqu'au 7 février 2011. L'on osait espérer que le cycle d'instabilité politique et d'ingouvernabilité de ce pays serait enfin refermé, et ce, pour donner naissance à une nouvelle ère de l'homme haïtien. En mars 2007, le chef de l'État avait déjà lancé un grand débat avec les partis politiques, les intellectuels, les parlementaires et la Société civile où il était question de l'amendement de la Constitution de 1987 ou de propositions pour une nouvelle Constitution pour ce pays. Leurs promoteurs proposaient aux Haïtiens ce qu'ils appelaient : la IIIe République, en transformant Haïti en une République fédérale divisée en régions et en provinces. République unitaire ou fédéralisme qu'importe, l'histoire d'Haïti, on le sait, n'est pas récurrente, c'est-à-dire qu'elle ne revient pas à chaque période. Cette histoire est constante, elle chemine depuis 1804 en ligne continue, naturellement avec ces fameux cycles historiques d'instabilité et de stabilité, de gouvernabilité et d'ingouvernabilité.

De la dictature absolue à l'insurrection incontrôlée, de l'anarchie à la bamboche démocratique et ainsi de suite. La roue tourne sans jamais déboucher sur un système démocratique où les gouvernants et les gouvernés se comprennent afin de donner corps à un État moderne, démocratique et à une société progressiste, développée. Naturellement, en Haïti, la confusion maintenue volontairement ou involontairement par les tenants du *statu quo*, entre toutes ces formes de politique néfaste, ne fait qu'empêcher toute autre approche plus consensuelle, allant dans le sens, non pas d'un compromis, mais d'un consensus pragmatique pouvant déboucher sur cette manière de faire de la politique autrement. Depuis ces dernières années, il n'y a que ce mot dans la bouche de tous les acteurs politiques et sociaux en Haïti : faire de la politique autrement. Mais à aucun moment, ces acteurs ne prennent le temps de comprendre le sens et de prendre le poids de ces mots, le choc et l'impact de cette nouvelle vision des choses publiques auprès de la société. Le résultat est donc sans appel. Plus de vingt ans de politique du pire. Depuis la chute du régime de Jean-Claude Duvalier, en 1986, tous les gouvernements qui se sont succédé aux responsabilités publiques à Port-au-Prince ont prétendu vouloir instaurer la démocratie en Haïti, ce qui implique une gestion politique en concertation avec son opposition, en prenant les Haïtiens à témoin, sans pour autant que ce soit une forme de cogestion. Mais la tradition de passer en force à toujours été la plus forte, y compris pour l'opposition qui, elle non plus, n'a jamais voulu jouer ou rester dans son rôle d'opposition qui consiste à s'opposer démocratiquement et à proposer positivement. La conséquence de cette politique que certains qualifieraient de politique de terre brûlée, on la connaît, c'est la fin de l'État en tant qu'autorité constituée en Haïti où aujourd'hui, même avec des moyens humains et financiers conséquents, nos dirigeants politiques et l'ensemble des acteurs ne peuvent, à eux seuls, organiser un scrutin relevant de la souveraineté d'un État officiellement reconnu sans le concours express de l'étranger.

Devant cette extrême dégradation de la puissance publique et la perte quasi totale du contrôle des Haïtiens sur leur propre pays, un sursaut qui n'a rien d'un nationalisme primaire est nécessaire afin de reprendre en main au moins tout ce qui relève des pouvoirs et des droits régaliens de l'État haïtien. Certains verront là un vœu pieux, tout en refusant d'accepter la mainmise de l'international sur la moindre décision des dirigeants haïtiens. Pour y parvenir, il n'y a qu'un seul chemin : que tous les acteurs haïtiens se réunissent autour d'une table et établissent une feuille de route. Pas de façon démagogique, symbolique, encore moins paternaliste, comme cela a été suggéré dans le temps. Plusieurs options existent et ont même été proposées : états généraux de la nation, dialogue national, etc. Mais il manquait le principal pour que ces offres de service puissent être acceptées : un consensus entre les différents partenaires et surtout un vrai chef reconnu et ayant l'autorité pour mener à bien cet état des lieux au nom de la collectivité nationale. Après l'élection du 7 février 2006 et la victoire de René Garcia Préval, une nouvelle opportunité s'offrait aux acteurs pour reprendre le dossier. La reconnaissance unanime que celui-ci avait eue en Haïti et auprès de la Communauté internationale après le scrutin devait faciliter la mise en place de ce dialogue national nécessaire pour redresser le pays. Il revenait donc au président de la République de prendre l'initiative en s'adressant à tous les acteurs sans aucune discrimination ni préjugé et sans aucun préalable, en leur offrant un « pacte de gouvernabilité » pour les vingt-cinq années à venir.

On pense qu'il est préférable de parler de « pacte de stabilité ». *Pour ma part, je me sens prêt et j'y crois*, avait dit le président élu, affirmant avoir déjà *commencé à discuter avec différents secteurs de la vie nationale en vue d'arriver à un pacte de gouvernabilité pour les 25 prochaines années. C'est ma conviction qu'une telle concorde favorisera une bonne gouvernance sans laquelle les meilleures initiatives peuvent rester improductives. Les solutions identifiées et mises en œuvre, parce que discutées, peuvent produire des résultats nettement plus durables,* avait-il assuré. Depuis plus de vingt ans, c'était une première. Bien qu'on ne connût pas vraiment le contenu de ce « pacte de gouvernabilité ». L'essentiel était que cette proposition de « Pacte de gouvernabilité », qui n'était pas défini ni vraiment négocié, était déjà positive en soi, car non seulement elle n'était contestée par aucun des acteurs, mais elle avait aussi le mérite d'exister en tant que proposition à long terme venue de la part de celui qui parlait au nom de tous les Haïtiens. Nous disions plus haut qu'il fallait une feuille de route pour lancer les négociations ; cette feuille de route, c'était l'élection incontestable de M. Préval qui lui donnait la légitimité et l'autorité nécessaires pour inviter à la table des négociations, l'ensemble des acteurs pour qu'il définît devant eux ce qu'il entendait par « pacte de gouvernabilité » pour les 25 prochaines années. Le consensus qu'il avait obtenu pour lancer, sous l'autorité du constitutionnaliste Claude Moïse, les travaux relatifs à l'amendement de la Constitution était un exemple encourageant pour la suite. L'originalité de cette proposition de « pacte » résidait dans sa durée. Vingt-cinq ans équivaudraient à cinq présidents de la République, donc on pouvait en déduire qu'il s'agissait d'un pacte qu'il souhaitait signer avec tous les acteurs politiques et sociaux, sans oublier la Société civile. Bref, le représentant de toutes les franges de la nation ne concernait pas seulement sa présidence, mais aussi ses successeurs. Autrement dit, pour la première fois en Haïti, on pensait politique et gouvernabilité à long terme, sans que ce fussent les prémices d'une dictature ou d'une présidence à vie. Un changement fondamental dans la conception politique de nos dirigeants limitant en général leurs actions politiques à la durée de leur mandat et de l'autoritarisme. Le président de la République, René Garcia Préval, avait peut-être compris que la gestion d'un pays ne se fait pas à court terme, comme c'est la tradition avec nos dirigeants politiques.

Qu'importe ce qu'on pense de lui aujourd'hui, cette proposition faite en 2006 était quand même un exemple de la politique « autrement ». Quand on est chef de l'État ou que l'on aspire à le devenir, on doit penser à l'avenir, aux générations futures, à la continuité de l'État. Ce concept de « pacte de gouvernabilité » de 25 ans n'avait suscité aucun grand débat au sein de la classe politique et dans les médias, peut-être parce que son concepteur était resté assez flou. Dommage ! Car tous les Haïtiens doivent avoir à l'idée que cette proposition, si elle devait être concrétisée un jour, n'appartient pas uniquement à un président, mais à tous, à tout le pays. La stabilité et la bonne gouvernance d'Haïti en dépendent. Mais on sait aussi qu'il faut être deux pour faire la paix. Ce « pacte » sera-t-il compris, accepté et respecté par tous ? On ne l'écrira jamais assez, de 1986 à 2006, après bien des illusions, déceptions, amours et désamours, jamais l'arrivée d'un homme au pouvoir en Haïti n'aura suscité autant d'espoir et de scepticisme que celle de René Garcia Préval II. Ce « pacte de gouvernabilité de 25 ans », ce que nous, nous appelons « pacte de

stabilité », sera-t-il à l'origine de l'arrivée de cette nouvelle République que ses initiateurs voient en un État fédéral ou décentralisé, moderne, développé, souverain et démocratique ? La réponse appartient à l'histoire.

Épilogue

Plaidoyer pour une vraie démocratie haïtienne

1. De la souveraineté nationale

Le long cheminement de la notion de souveraineté nationale, idée suprême dans le corps politique d'une nation, est étroitement lié à la construction de l'État. Plus il renforce son assise et précise ses contours, mieux il fonde la légitimité et la continuité de son pouvoir. Mieux aussi il assure la suprématie de ceux qui sont appelés à gouverner. Ainsi, dans tout système politique institutionnalisé, pour que les gouvernements puissent imposer leur volonté, ils doivent toujours prendre grand soin d'agir au nom de cet attribut supérieur qu'est la souveraineté nationale, et il est indispensable qu'ils puissent, à tout moment, justifier son origine. En Haïti, la souveraineté nationale est d'origine révolutionnaire (1804). Le monopole du commandement, la généralité des compétences et la primauté des fonctions supposent un État organisé, un État de droit aussi, qui rejette systématiquement tout autre élément justificatif pour servir de base à une action et faire en sorte qu'elle soit perçue comme légitime. Dans cette optique, la souveraineté devient à la fois fondatrice, créatrice et justificatrice du pouvoir. Haïti a des qualités subtiles acquises lentement depuis son indépendance qui font qu'elle est le fruit d'une longue invention. Contrairement à ce que disent certains, la souveraineté d'Haïti est ponctuée de remarquables avancées : membre fondateur de la Société des nations (SDN), aujourd'hui l'Organisation des Nations unies (ONU), membre fondateur de l'Organisation des États américains (OEA), contribution à l'indépendance des États sud-américains, de la Libye, d'Israël, membre de la CARICOM, etc.

Mais aussi de difficiles temps de recul : trop longue période de dictature, manque de démocratie et persistance des pratiques de fraudes électorales, crises politiques endémiques. La souveraineté d'Haïti fait corps avec l'histoire de l'Occident, d'autant plus qu'elle fait partie de ces rares États qui se sont libérés du joug colonial par une guerre de libération chèrement acquise contre une puissance occidentale. Amorcée dès le lendemain de la victoire des forces indigènes le 18 novembre 1803, à Vertières, la réflexion s'amorçant autour de la notion de souveraineté nationale n'a jamais cessé de stimuler tous les grands hommes politiques haïtiens du XIXe et du début du XXe siècle. Dès théoriciens, des juristes, des historiens, des journalistes et, bien sûr, des hommes politiques, tout au long des siècles derniers, n'ont pas cessé d'imposer la souveraineté d'Haïti sur la scène internationale. Même au plus fort des périodes les plus noires de l'histoire nationale : l'occupation américaine de 1915 à 1934, en 1994 avec le retour de 50000 marines américains sollicité par le pouvoir légitime pour rétablir l'ordre constitutionnel. Même avec la présence de 9000 hommes de la Mission des Nations unies pour la stabilisation en Haïti (MINUSTAH) au lendemain du renversement de l'ex-président Jean-Bertrand Aristide en 2004, la République d'Haïti n'a pas perdu toute sa souveraineté. C'est sûrement à Charlemagne Péralte et à Benoît Batraville sur le plan intérieur et à Anténor Firmin et à Dantesque Bellegarde sur le plan international que revient le mérite d'avoir le plus défendu la souveraineté d'Haïti sur la scène diplomatique face aux visées hégémoniques des États-Unis d'Amérique sur Haïti. Le droit de légiférer, de battre de la monnaie, de juger, de lever les impôts, de protéger ses concitoyens et de signer les traités, tels sont en priorité les points d'ancrage d'une vision globale de la notion de souveraineté. Que les Haïtiens se rassurent, même avec des inquiétudes légitimes et la présence de la MINUSTAH, ces notions restent pour le moment les attributs du pouvoir souverain de l'État d'Haïti. Aux gouvernements légitimes et constitutionnels haïtiens, aux élites politiques et intellectuelles et à la jeunesse de ce pays de travailler à retrouver en vrais patriotes la souveraineté totale de leur pays et d'assumer leurs responsabilités devant l'histoire.

2. De l'alternance politique

L'alternance politique est une nécessité absolue pour la démocratie. À ce titre, la Constitution haïtienne de 1987, si elle comporte certainement beaucoup de faiblesses, ne manque pas non plus de richesses. On lui reproche de n'offrir aucune solution à l'affrontement des pouvoirs ou dans un conflit entre le pouvoir et son opposition. Il est plus légitime de regretter le trop-plein de solutions prévues par les législateurs de 1987. Mais, s'il y a un domaine dans lequel la Constitution de 1987 est tout à fait claire, c'est sur l'alternance politique dans le pays. En effet, le point fort de la loi fondamentale de 1987, c'est que les constituants ont fait preuve d'une grande maîtrise politique en plaçant l'alternance politique au cœur du système démocratique haïtien. Dans ce dessein, ces constitutionnalistes font appel à un vieil adage bien connu en science politique : *Il est impossible, en politique, de repartir à zéro et tout échec d'un circuit enclenché par un pouvoir en place signifie le renforcement de l'opposition dans son combat.* De ce fait, l'alternance devient possible à condition que l'opposition sache utiliser les faiblesses de la majorité au pouvoir. L'alternance est une quasi-obligation pour une démocratie, son absence inplique forcément des conséquences nuisibles, voire néfastes, pour tout État se réclamant de ce principe. Mais l'alternance voulue, souhaitée, nécessaire pour Haïti, est-elle possible sans coup d'État, crise politique ou pression populaire comme cela a été le cas après l'élection à la présidence de René Garcia Préval le 7 février 2006 ? On l'a vu, depuis la première élection démocratique de toute l'histoire de ce pays, en 1990, jusqu'à aujourd'hui, personne ne peut vraiment dire qu'Haïti a connu une alternance politique normale, sans aucune tentative de manipulation politique ou fraude électorale. Pourtant, plusieurs élections ont été organisées. Sauf que, pour être acceptable, le changement de régime qui s'opère au profit d'un parti ne doit pas exclure pour l'avenir la possibilité d'un changement inverse. Il n'y a pas d'alternance possible si le pouvoir ne change pas de camp, c'est le fondement même du débat partisan. Le propre de l'alternance, c'est d'être un mouvement qui ne se fait pas une fois pour toutes, mais à tour de rôle. En 1990, Haïti a élu le père Jean-Bertrand Aristide, de la mouvance *Lavalas*, président de la République. Cinq ans plus tard, en 1995, c'est son ancien Premier ministre, René Garcia Préval, toujours de la mouvance *Lavalas*, qui lui a succédé à la présidence. Dix ans après, en novembre 2000, Jean-Bertrand Aristide a de nouveau été élu président d'Haïti. Vingt ans après l'élection de 1990, en février 2006, suite à la crise politique qu'a connue le pays, c'est encore René Garcia Préval qui a succédé officiellement et démocratiquement à l'ancien président Jean-Bertrand Aristide exilé en Afrique du Sud. Peut-on considérer tout ce processus comme une avancée démocratique, sans pour autant mettre en cause la légitimité du pouvoir ? Ce tour de passe-passe politique, digne de certaines dynasties, peut-il être considéré comme de l'alternance politique ? C'est au peuple que revient naturellement le dernier mot et à lui d'en décider. Tant que cela se passe dans la légalité constitutionnelle, nous ne pouvons que prendre acte. Mais le pouvoir public, en tant que régulateur des institutions, ne peut se contenter de ce qui devient une anomalie dans une démocratie. L'accession au pouvoir des partis ou des coalitions de partis permet d'ajouter du sang neuf au cœur des services de l'État et des institutions qui en ont besoin pour leur évolution et leur adaptation à l'évolution de la société. L'alternance politique contribuera en outre à rassurer la société en lui faisant constater que la continuité de l'État et les libertés publiques survivent même aux changements de gouvernement. Quel que soit le verdict d'une élection, le devoir d'une opposition est de se battre, si minoritaire qu'elle puisse être, de manière démocratique, en respectant les lois de la République pour empêcher l'assassinat des libertés et aussi de jouer son rôle de garde-fou face au pouvoir légalement et légitimement constitué.

3. De la réforme des partis politiques

Lors de l'élection présidentielle organisée en 2006, en Haïti, tout le monde a compris, à commencer par les chefs des partis politiques eux-mêmes, qu'il y avait un problème. Trop de partis politiques. Certes, la démocratie a besoin de partis politiques pour fonctionner. Mais l'on sait aussi que trop de démocratie tue la démocratie. D'où la nécessaire urgence de réorganiser les partis politiques en Haïti et l'importance d'une clarification idéologique des myriades de mouvements politiques de ce pays. Car la crise politique sans précédent qu'a connue le pays entre les années 2000 et 2006 fait partie de cette problématique. Haïti est le seul pays où la gauche et la droite se confondent pêle-mêle, faisant régner ainsi un imbroglio idéologique auquel personne ne comprend rien. Curieusement, ce sont les hommes politiques eux-mêmes qui perpétuent cette anomalie, rendant impossible tout débat idéologique, donc contradictoire, et installant ainsi un rideau de fer face à toute tentative d'implantation d'une vraie démocratie dans cette République vieille de plus de deux siècles. De même qu'il n'y a pas de pluralisme sans partis politiques, de même, il ne saurait y avoir de démocratie sans divergences idéologiques et théoriques. Les électeurs sont en droit de savoir quand ils iront aux urnes pour quelle couleur politique ils vont voter : gauche ou droite, extrême droite ou extrême gauche. Nous ne pouvons pas croire que le peuple haïtien soit plus nul que les autres ou qu'il soit incapable de faire la différence entre ces notions. La pagaille régnant dans la mouvance politique haïtienne ne peut plus durer. Sinon un homme ou un seul parti pourrait monopoliser le pouvoir pour longtemps, et nous ne sommes pas sûrs que ce serait une bonne chose pour la démocratie en général et pour les Haïtiens en particulier. Si les dirigeants d'Haïti et les leaders politiques s'intéressent vraiment à l'avenir de ce pays, ils doivent entamer sans plus attendre le processus de la modernisation de la vie politique haïtienne. Cela passerait déjà par le regroupement des partis politiques en fonction de leur tendance idéologique et de leur affinité politique : trois raisons imposent cette alternative. Premièrement, la clarification nette et définitive de l'appartenance politique des uns et des autres constituera un atout majeur pour le parti politique qui gagnera une élection, car il disposera d'une majorité parlementaire claire face au président de la République qui, lui, doit respecter à la lettre la Constitution, l'obligeant à choisir le Premier ministre parmi le parti majoritaire à l'Assemblée nationale. Sans que tous les partis soient obligés d'intégrer un gouvernement dont ils ne partagent pas forcément le programme. Deuxièmement, ce processus donnera naissance à une vraie opposition cohérente représentant, face au pouvoir quel qu'il soit, une force d'alternance pouvant servir à tout moment d'alternative en cas de conflits institutionnels ou politiques aigus, comme ce fut le cas pendant ces vingt dernières années en Haïti. Troisièmement, cela évitera au pays et au peuple haïtien de vivre un dilemme, cette politicaillerie suicidaire qu'a vécue le pays : l'écrasante puissance du pouvoir de l'époque et la faiblesse prouvée de l'opposition haïtienne. Il est plus que jamais temps pour les partis politiques haïtiens d'assumer leurs responsabilités en affichant leur différence de fond et de forme dans leurs discours politiques et d'expliquer clairement aux Haïtiens l'abîme séparant un progressiste d'un conservateur. En Haïti, on est dans la logique du système politique occidental, alors, il faudra aller jusqu'au bout de cette logique. Il n'y a pas une démocratie occidentale à l'haïtienne et une démocratie occidentale à la française ou à la canadienne. Ceux qui tentent de propager cette thèse le font à dessein. En fait, il y a la démocratie occidentale, adaptée évidemment à la culture de chaque peuple, mais les grandes lignes de ce système politique restent identiques pour tous les pays qui en font usage. Il ne peut y avoir de démocratie sans de vrais partis politiques forts et structurés. À charge pour l'État de les financer afin que ces partis ne deviennent pas un commerce pour leurs responsables, comme c'est malheureusement le cas à Port-au-Prince depuis toujours. Il faudra donner un statut à ces partis, comme il en existe dans certaines grandes démocraties (Allemagne, France, États-Unis), et les responsabiliser devant la nation. Les partis politiques ont des droits, ils doivent aussi avoir des devoirs. Personne ne doit accepter qu'un ou deux partis, sous couvert de la démocratie, puissent mettre en péril le devenir d'un pays tout entier. En laissant proliférer une myriade de groupuscules qui fomentent des coups totalement contraires à la loi, les puissances publiques se rendent ainsi coupables de ces actes antidémocratiques. En fait, cela devient un alibi commercial en Haïti. Certains sont en fait des associations de malfaiteurs qui jettent ainsi le discrédit sur les authentiques partis politiques qui font un travail considérable au sein de la population. Il est urgent donc de sauver les vrais partis politiques en Haïti et, au-delà, de favoriser la naissance d'une vraie opposition politique, sinon il n'y aura point d'alternance politique viable et l'on pourra faire une croix sur la démocratie dans ce pays. Il n'y a pas, en effet, de perspectives politiques concrètes de changement, de démocratisation réelle, hors de l'action globale des partis politiques. Il n'est pas inutile de rappeler que, si la démocratie est inséparable du consensus et du travail collectif, les partis politiques restent un lieu, sinon le lieu privilégié, de l'élaboration d'une ligne politique qui fait vraiment défaut en Haïti. Encourager la « balkanisation » des partis ou prôner la parcellisation du champ politique et sublimer les luttes ponctuelles, c'est peut-être tout simplement lâcher la proie pour l'ombre. Sans doute, il faudra démocratiser le fonctionnement des partis politiques, en commençant par instituer une loi sur le financement des partis, afin de parer aux dangers du clientélisme et de la corruption qui sont les premiers objectifs de la plupart des patrons politiques de ce pays. De toute façon, il faudrait trouver un moyen de permettre aux partis politiques d'être les principaux acteurs du jeu politique et de la démocratie en Haïti et non pas des forces de déstabilisation du pays, comme ils l'ont fait pendant de longues années. C'est pourquoi il ne nous paraît pas contradictoire de croire que la transformation de la société haïtienne et les réformes des partis politiques passent malheureusement par des lois contraignant les groupuscules politiques à se regrouper. Ils le feront selon leur convergence idéologique et cela permettra de dégager des partis politiques assez forts pour être les vecteurs, auteurs et promoteurs de cette transformation dont rêve tout Haïtien. Démocratie, liberté, pluralisme, mais aussi responsabilité et efficacité, appuyés sur une dynamique populaire, voilà les directions dans lesquelles les gouvernants d'aujourd'hui doivent aborder la question de la réforme des institutions. Parler des partis politiques, dans le cadre de la modernisation des institutions du pays, ne signifie pas que nous résumons le problème à un affrontement mécanique entre le pouvoir public et les partis politiques, mais cela doit être l'un des points majeurs de cette réforme institutionnelle. Il s'agit de préciser le cadre dans lequel doit évoluer chaque acteur de cette réforme étatique qui ne saurait être l'affaire exclusive d'un président de la République, bien que, constitutionnellement, il en soit le personnage central, c'est-à-dire celui qui détient l'autorité suprême et donc le pouvoir d'initiative.

4. Du syndicalisme haïtien

Lorsqu'on évoque les rapports des centrales syndicales haïtiennes avec la politique, on pense d'abord aux relations entre les syndicats et les partis politiques, voire avec les pouvoirs publics. Mais se limiter à cet aspect consiste à ne traiter qu'un aspect de l'intervention des syndicats dans la vie politique haïtienne, alors qu'il convient d'abord de s'interroger sur la légitimité de cette intervention, c'est-à-dire sur le rôle que les centrales syndicales doivent ou peuvent jouer dans une démocratie naissante et plus particulièrement en Haïti. Certains dirigeants syndicaux du début du XXe siècle pensaient que la liberté syndicale ne pourrait s'exercer pleinement que lorsqu'une société nouvelle aurait succédé à la société bourgeoise et capitaliste. Même si ces illusions se sont largement dissipées, une partie des syndicats ouvriers de certains pays à régime démocratique, tout en consacrant l'essentiel de leurs luttes à l'amélioration du sort des salariés, n'ont pas tout à fait renoncé à leur vieux rêve d'une transformation profonde de la société. C'est dire, pour ces syndicats, que la tentation de jouer un rôle en politique est forte. D'où l'éternelle interrogation sur la nature du syndicalisme. Le pouvoir des syndicats est-il de nature essentiellement corporatiste ou peut-il avoir, comme le souhaitent certains dirigeants syndicaux haïtiens, un fondement plus large qui lui confère un caractère politique ?

On l'a vu, depuis la chute de la dictature duvaliériste en 1986, le syndicalisme haïtien, après trente ans de silence forcé, refait surface dans la vie sociale et politique haïtienne. Les syndicats tiennent tribune dans les médias, ils sont aujourd'hui dans les couloirs des ministères, ils négocient, ils gèrent des activités et évidemment ils occupent le béton de Port-au-Prince, de manifestation en manifestation. Mais ces syndicats ne se contentent pas seulement de revendiquer, on les retrouve en plein débat politique, prenant des positions ou sortant des communiqués sur certaines décisions du gouvernement relatives au rôle régalien de l'État. Ils critiquent ou contestent certaines mesures d'ordre politique prises soit par le pouvoir public, soit par un organisme indépendant. De ce fait, ces syndicats deviennent des acteurs non sociaux, et en sortant du champ de leurs compétences, ils exercent le rôle des acteurs politiques ou assimilés. Cette dérive n'est pas le seul fait des syndicats. Le pouvoir public est en grande partie responsable de la montée en puissance du syndicalisme haïtien dans la politique. La tendance qui consiste pour les pouvoirs publics à traiter les syndicats comme des interlocuteurs politiques à part entière ne date pas d'aujourd'hui, elle s'est accentuée ces vingt dernières années. On les retrouve membres des Conseils électoraux provisoires, ils sont convoqués par le président de la République ou le Premier ministre au même titre que les partis politiques, les centrales syndicales sont membres des organismes publics, etc. ; sous prétexte de trouver des solutions aux crises politiques et institutionnelles du pays. La politisation des syndicats, surtout pour un pays comme Haïti, n'est pas le meilleur service qu'on puisse rendre à la classe ouvrière. D'une part, c'est une illusion de croire que les grandes réformes sociales naissent du bon rapport entre les responsables politiques et les dirigeants syndicaux. L'histoire d'ailleurs démontre que, sauf circonstances exceptionnelles, les réformes sociales se fondent sur des luttes acharnées contre le patronat et des revendications constantes des salariés et des ouvriers sur les gouvernants. Pour toutes les grandes mesures ou réformes, les décisions restent en réalité liées au gouvernement qui, en fonction de sa conception idéologique et de ses intérêts politiques propres, valide ou pas ces propositions. L'exemple le plus significatif reste le refus catégorique du président René Garcia Préval de promulguer la loi votée par l'Assemblée nationale en mai 2009, portant le salaire minimum à 200 gourdes par jour, prétextant que cela entraînerait des licenciements selon l'association patronale.

Certes, les centrales syndicales disposent d'un certain pouvoir pour faire modifier le contenu des mesures envisagées et vis-à-vis desquelles elles indiquent leur désaccord ou leur aval. En revanche, il est inutile de croire que les syndicats haïtiens sont capables aujourd'hui plus qu'hier d'arbitrer entre l'intérêt général et les intérêts catégoriels contradictoires qui se manifestent. La démarche syndicale reste avant toute chose une démarche corporatiste, car aucun syndicat ne peut se couper de la base qui le soutient et qui fait en théorie sa force. Le plus grand danger aujourd'hui pour le mouvement syndical haïtien consiste à vouloir transposer à la vie professionnelle les mécanismes de la vie politique, alors que les fins poursuivies ne sont pas les mêmes. Il ne s'agit évidemment pas ici d'inciter les syndicats à se cantonner aux revendications catégorielles. Dans la période plus que difficile que connaît Haïti, et qui est appelée sans doute à durer, il faut au contraire aider les syndicats haïtiens à surmonter les contradictions et les confusions dans leur champ de compétence en tant que mouvement syndical. Toutefois, les centrales syndicales haïtiennes ne peuvent espérer trouver une solution à leurs problèmes et aux problèmes généraux qu'affronte la société haïtienne par une fuite en avant qui les conduirait à vouloir exercer un pouvoir politique dont ils ne pourraient pas assumer les responsabilités. À chacun son métier. Aux politiques les négociations politiques et les grands desseins pour le développement national, aux syndicats les revendications sociales et les négociations syndicales en vue de l'amélioration des conditions de travail de leurs adhérents.

Annexes

Annexe 1

L'arrêté de convocation électorale appelant le peuple en ses comices

Liberté Egalité Fraternité
République d'Haïti

ARRÊTÉ

Me Boniface Alexandre

Président provisoire de la République

Vu les articles 11, 12-1, 15, 16, 16-1, 16-2, 17, 28, 31, 31-1, 31-2, 31-3, 52-1, 52-2, 58, 59, 59-1, 88, 89, 90, 90-1, 91, 92, 94, 94-1, 94-2, 95, 95-3, 96, 130, 132, 133, 134, 134-1, 134-2, 134-3, 135, 136 et 191 de la Constitution ;

Vu l'entente intervenue entre la Communauté internationale, les organisations de la Société civile et les partis politiques portant création de la commission tripartite et du Conseil des sages ;

Vu le consensus de transition politique adopté le 4 avril 2004 ;

Vu la loi du 18 septembre 1978 sur les délimitations territoriales ;

Vu le décret du 30 juillet 1986 réglementant le fonctionnement des partis politiques ;

Vu la loi du 11 avril 2002 élargissant le nombre des communes et quartiers de la République ;

Vu la loi du 4 septembre 2003 portant création du département des Nippes ;

Vu l'arrêté du 4 avril 2004 créant un Conseil Électoral Provisoire ;

Vu le décret électoral du 3 février 2005 amendé par les décrets du 26 juillet et du 12 octobre 2005 ;

Vu l'arrêté du 3 septembre 2005 convoquant le peuple en ses comices ;

Vu la lettre du 24 novembre 2005 du Conseil Électoral Provisoire demandant au Gouvernement de la République de convoquer le peuple en ses comices ;

Considérant qu'il convient, sur demande du Conseil Électoral Provisoire, de convoquer le peuple en ses comices, en vue d'élire le Président de la République, les Sénateurs à raison de trois (3) Sénateurs par département, pour des mandats respectifs de six (6) ans, de quatre (4) ans et de deux (2) ans, les Députés, les Conseils municipaux, les Conseils d'administration des sections communales, les Assemblées des sections communales, les Délégués de ville ;

Considérant qu'il convient également d'élire les membres des Assemblées municipales, les membres des Assemblées départementales, les membres des Conseils départementaux et les membres du Conseil interdépartemental ;

Sur le rapport du ministre de la justice et de la sécurité publique et du ministre de l'intérieur et des collectivités territoriales ;

Et après délibération en Conseil des ministres :

ARRÊTÉ

Article 1.- Les Assemblées primaires sont convoquées le dimanche 8 janvier 2006 de six heures a.m. à quatre heures p.m. aux fins d'élire :

a. Le Président de la République ;

b. Les Sénateurs, à raison de trois (3) Sénateurs par département, pour des mandats respectifs de six (6) ans, de quatre (4) ans et de deux (2) ans, conformément au décret électoral ;

c. Les Députés.

Article 1-1.- Le cas échéant, un second tour aura lieu le mercredi 15 février 2006.

Article 1-2.- Le Président élu entrera en fonction le 24 février 2006.

Article 2.- Les Assemblées primaires sont convoquées le dimanche 5 mars 2006 de six heures a.m. à quatre heures p.m. aux fins d'élire :

a) Les Conseils municipaux ;

b) Les Conseils d'administration des sections communales ;

c) Les Assemblées des sections communales ;

d) Les Délégués de ville ;

Article 2-1.- Les élections indirectes en vue de l'élection des membres des Assemblées municipales, des membres des Assemblées départementales, des membres des Conseils départementaux et des membres du Conseil interdépartemental, seront tenues suivant les dates publiées par le Conseil Électoral Provisoire.

Article 3.- Les dates de début et de fermeture de la campagne électorale sont fixées par publication du Conseil Électoral Provisoire.

Article 4.- Le présent Arrêté, rapportant l'Arrêté du 3 septembre 2005, sera imprimé, publié et exécuté aux fins de droit à la diligence du ministre de la justice et de la sécurité publique et du ministre de l'intérieur et des collectivités territoriales, chacun en ce qui le concerne.

Donné au Palais National, à Port-au-Prince, le 25 novembre 2005, an 202ᵉ de l'indépendance.

Par le Président Me Boniface Alexandre

Le Premier ministre Gérard Latortue

Le ministre de la justice et de la sécurité publique Henri Marge Dorléans

Le ministre de l'intérieur et des collectivités territoriales Paul Gustave Magloire.

Annexe 2

République d'Haïti
Le Conseil Électoral Provisoire

Liste des 54 candidats à la candidature à la présidence de la Republique d'Haïti en 2005-2006

1- Alexandre Paul / Indépendant
2- Nicolas Jose Jacques / Indépendant
3- Charles Henri Baker / Indépendant
4- Luc Mesadieu / MOCHRENA
5- Leslie F. Manigat / RDNP
6- Guy Philippe / FRN
7- Joseph Rigaud Duplan / IPN
8- Franck François Romain / PAKAPALA
9- René Julien / ADHEBA
10- Gérard Gourgue / MUP
11- Hubert de Ronceray / GFCD
12- Samir Mourra / MPH
13- Serge Gilles / Fusion
14- Jean Chavannes Jeune / UNCRH
15- Dany Toussaint / MODEREH
16- Charles Poisset Romain / FRONTCIP
17- Marc Antoine Destin / MADIH
18- Jacques Ronald Belot / Indépendant
19- Guerrier Calixte / Indépendant
20- Dominique Joseph / Indépendant
21- Dumarsais Simeus / Tet Ansanm
22- Serge Joël Borgella / OLA

23- Evans Paul / Alyans
24- Paul Denis / OPL
25- Déjean Belizaire / MNP 28
26- Jean-Jacques Sylvain / PITACH
27- Francœur Bazile / ELAN
28- René Préval / ESCAMP/COREGA/PLB (Lespwa)
29- Edouard Francisque / Unité
30- Reynold Georges / ALAH
31- Arnold Principal / Indépendant
32- Bonivert Claude / PSR
33- Evans Nicolas / URN
34- Himmler Rebu / GREH
35- Marc Bazin / L'union pour Haïti
36- Jean Hénold Buteau / MRN
37- Tuneb Delpe / PNDPH
38- Jean-Marie Chérestal / PONT
39- Frantz Perpillant / PDCH (Branche Marie-France Claude)
40- Luc Fleurinor / MIRN
41- Judie C. Roy / REPAREN
42- Raoul Liberus / MNPH
43- Jean Michel Boisrond / EPPH
44- Dupuy Elie / Indépendant
45- Clotaire St Natus / Indépendant
46- St Louis Yves Marais / Indépendant
47- Denis Arioste Martin / Indépendant
48- Lafortune Joseph / Indépendant
49- Nicolas Pierre Philippe Gabriel / Indépendant
50- Guillaume Jean Gilbert / Indépendant
51- Paul Arcelin / Indépendant
52- Armand Pierre / Indépendant
53- Justima Emmanuel / Action démocratique
54- Louis Gérard Gilles / Lavalas

Annexe 3

République d'Haïti
Le Conseil Électoral Provisoire

Liste des 32 candidats agréés à l'élection présidentielle haïtienne de 2005-2006

1- Baker, Charles Henry (PAIN/KOMBA - Groupe des 184)
2- Justima, Emmanuel (Aksyon Demokratik)
3- Bazin, Marc Louis (MID-Lavalas)
4- Manigat, Leslie François(RDNP)
5- Bélizaire, Casimir J-B Déjean (MNP-28)
6- Mésadieu, Luc (MOCHRENAH)
7- Borgella, Joel (OLAH)
8- Mourra, Samir Georges (MPH)
9- Claude, Bonivert (PSR)
10- Paul, Evans (Alyans Demokratik)
11- Denis, Paul (OPL)
12- Perpignan, Frantz (PDCH),
13- Deronceray, Hubert (GFCD)
14- Phillipe, Guy (FRN)
15- Destin, Marc Antoine (MADIHD)
16- Préval, René Garcia (Lespwa)
17- Duplan, Joseph Rigaud (JPDN)
18- Rébu, Himmler (GREH)
19- Francisque, Edouard (UNITE)
20- Romain, Franck François (PACCAPALA)
21- Georges, Reynold (ALLAH)

22- Romain, Charles Poisset (FRONCIPH)
23- Gilles, Serge (Fusion)
24- Roy, Judie Joe C. Marie (REPAREN)
25- Gourgue, Gérard (MUP)
26- Saint Louis, Yves Maret (PENNH)
27- Jeune, Jean Chavannes (Union)
28- Sylvain, Jean Jacques (PITACH)
29- Julien, René (ADEBAH)
30- Toussaint, Dany (MODEREH)
31- Buteau, Jean Hénold (MRN)
32- Nicolas, Evans (URN)

Port-au-Prince, le 23 septembre 2005

Max **MATHURIN** : Président
Rosemond **PRADEL** : Secrétaire Général

Annexe 4

Le texte de l'entente politique signé par neuf des acteurs de la scène politique haïtienne et dévoilé le lundi 28 novembre 2005 à Port-au-Prince en perspective de l'élection présidentielle de 2006.

Entente politique pour la démocratie et la modernité

Préambule :

Considérant la nécessité de travailler à l'institutionnalisation et à la modernisation de la vie politique en Haïti ;

Considérant que les prochaines élections devraient mettre un terme à la crise qui secoue le pays depuis la contestation des élections de mai 2000, et qu'il est souhaitable qu'une masse critique incluant des partis politiques parmi les plus significatifs, des groupements de partis et des candidats indépendants puissent trouver un terrain d'entente en vue de définir les conditions d'acceptation des résultats des élections ;

Considérant la nécessité de garantir la stabilité du prochain gouvernement, et qu'il est impérieux que des partis politiques, groupements et candidats indépendants puissent se mettre d'accord en vue de la formation d'un gouvernement d'entente nationale et sur un agenda touchant les grandes questions de la vie nationale ;

Considérant la nécessité d'une stratégie unitaire de lutte pour la modernisation du pays et plus particulièrement contre toute menace à la démocratie ;

Nous, Formations politiques et Candidats indépendants soussignés, avons conclu l'***Entente*** qui suit :

1. Soucieux de promouvoir la démocratisation et la modernisation du pays, les signataires de cette ***Entente*** s'engagent à reconnaître les résultats des élections proclamés par le CEP, confirmés par l'Observation Nationale et Internationale et acceptés par la majorité absolue des signataires de cette Entente.

2. Au cas où le candidat à la Présidence de l'une des formations politiques, faisant partie de l'***Entente***, accède à la Présidence dès le premier tour, il accepte

de former un gouvernement d'entente nationale et d'ouverture tout en respectant le principe de la majorité parlementaire, conformément à la constitution. Le nouveau pouvoir offrira aux signataires de l'***Entente*** la possibilité de participer à la gestion des affaires de l'État, au sein du Gouvernement et/ou à d'autres postes. La participation des partis ou groupements concernés peut aussi se faire sous la forme d'autres rôles importants à remplir dans la gestion des affaires de l'État.

3. Dans le cas où un deuxième tour est nécessaire pour les élections présidentielles et que le candidat de l'une des formations de l'***Entente*** accède au second tour, les autres formations feront bloc avec lui pour le second tour.

4. Au cas où les candidats à la Présidence de deux signataires de l'***Entente*** accèdent au second tour, les autres signataires de l'***Entente*** choisiront librement le candidat qu'ils voudront soutenir. Le vainqueur formera un Gouvernement tel que stipulé à l'article 2 du présent document.

5. Les formations membres de l'***Entente*** s'entendront, au niveau des élections législatives du premier (1er) ou du deuxième (2e) tour, pour favoriser une coalition de blocs parlementaires disposant d'une majorité confortable au Parlement.

6. Les signataires de l'***Entente*** s'engagent à définir et à mettre en œuvre un Agenda Minimum Consensuel, dont les objectifs auront été fixés de façon conjointe. Ce texte consensuel, relatif à cet Agenda, complètera, au plus tard le 15 décembre, le document relatif à cette ***Entente***.

7. Pour exécuter cet Agenda minimum consensuel, les signataires de l'***Entente*** s'engagent à faire appel à des personnalités et cadres honnêtes et compétents, dont certains seraient issus de différentes composantes de la société civile.

8. Tous les partis ou groupements ayant obtenu au moins 5% des votes aux élections présidentielles ou un minimum de 10% des sièges au Parlement, qu'ils soient ou non signataires de l'***Entente***, devraient bénéficier d'un appui budgétaire étatique significatif pour leur développement institutionnel. Les parties signataires de l'**Entente** s'engagent à promouvoir une Loi devant établir les modalités d'exécution de cette clause.

9. Les signataires de l'***Entente*** s'engagent au respect des partis de l'Opposition et des règles du jeu démocratique. L'Opposition sera formellement consultée par le Pouvoir Exécutif sur tous les grands dossiers nationaux de modernisation.

10. Le leader du Parti ou du Regroupement de Partis ayant participé en tant que tel aux élections, ne faisant pas partie du Gouvernement et disposant du plus grand nombre de sièges au Parlement, conformément à la Constitution sera considéré et traité comme Chef de l'Opposition. En ce sens, il bénéficiera d'un certain nombre de facilités et d'appuis pour son fonctionnement institutionnel.

11. Face à toute menace contre la démocratie, les signataires de cette ***Entente,*** tout en étant compétiteurs, s'engagent à appliquer une stratégie unitaire pour la conjurer.

12. Cette ***Entente*** est conclue pour 2 ans, c'est-à-dire jusqu'aux prochaines élections sénatoriales. Elle pourra être reconduite ou amendée au besoin.

13. Cette ***Entente*** reste ouverte à toutes autres formations politiques acceptées comme démocratiques et modernisantes, par consensus des signataires de l'**Entente**.

14. Un Comité paritaire ne dépassant pas 12 membres composé de la Société civile et des membres de la classe politique, assurera l'accompagnement et le suivi de cette ***Entente***.

Port-au-Prince, le 28 novembre 2005

Les Partis signataires

FUSION :Serge GILLES
RDNP :Leslie MANIGAT
UNION :Chavannes JEUNE
MOCHRENA :Luc MESADIEU
GFCD :Hubert de RONCERAY
OPL :Paul DENIS
PLH :Jean André VICTOR
ALYANS :Evans PAUL
PAIN/KOMBA :Charles H. BAKER/Chavannes JEAN-BAPTISTE

Annexe 5

Texte du pourvoi en cassation présenté par les avocats de Dumarsais Mécène Siméus

Port-au-Prince, le 6 octobre 2005

À Messieurs les Président, Vice-président
et Juges de la Cour de Cassation de la République
Palais de Justice

Honorables Magistrats,

Le Sieur Dumarsais Mécène SIMEUS, propriétaire, demeurant et domicilié à Saint-Marc, avec élection de domicile au cabinet de ses avocats..., a l'honneur de vous exposer ce qui suit :

À la date du 15 septembre 2005, il a fait sa déclaration de candidature au BED de l'Ouest à Port-au-Prince, conformément à la Section A du Chapitre VIII du décret électoral. Il a déposé toutes les pièces requises par l'article 118 dudit décret. Un reçu constatant le dépôt de la déclaration de candidature avec lesdites pièces lui a d'abord été délivré, puis lui a été remis le certificat, prévu par l'article 125 du décret, d'acceptation conditionnelle de sa candidature.

N'ayant pas retrouvé son nom sur la liste des candidatures agréées publiée par le Conseil Électoral Provisoire (CEP), l'exposant s'est empressé d'adresser au Bureau Électoral Départemental (BED) de l'Ouest une requête par laquelle il lui enjoignait de : 1) tenir pour définitif le certificat d'acceptation conditionnelle puisque aucune contestation n'a été enregistrée contre sa candidature ; 2) insérer son nom sur la liste du CEP.

Pour toute réponse, le BED de l'Ouest siégeant en ses attributions de Contentieux Électoral Départemental « s'est déclaré incompétent pour accepter et insérer sur la liste des candidats agréés pour la Présidence de la République le nom du Sieur Dumarsais SIMÉUS, prérogatives, dit-il, réservées au CEP, selon l'article 126 du Décret Électoral 2005 »

Contre cette décision du BED, l'exposant a exercé un recours, comme le lui permet l'article 15 du décret électoral, par devant le Bureau du Contentieux Électoral Central (BCEC), mais contre toute attente, cette instance a maintenu la décision du Bureau Électoral Départemental en décidant comme suit : « Par ces motifs, le Bureau du Contentieux Électoral Central déclare recevable le recours formulé par le sieur Dumarsais Mécène SIMÉUS. Au fond accepte ledit recours ; infirme la décision du BED se déclarant incompétent pour accepter et insérer sur la liste des candidats agréés pour la Présidence d'une part, d'autre part rejette la demande formulée par le sieur Dumarsais M. SIMÉUS à l'audience du lundi 3 octobre 2005, pour fausse déclaration, ce conformément aux dispositions des articles 86, 123, du décret électoral, 15 et 135 de la Constitution de 1987 sous réserve de l'application des législations pénales haïtiennes. »

Conformément aux articles 16, 20 et 21 du décret électoral du 3 février 2005, le sieur Dumarsais Mécène SIMEUS déclare formellement, par les présentes, se pourvoir en Cassation de la décision rendue contre lui par le BCEC à la date du mercredi 5 octobre 2005 et affichée le même jour, et fournit à l'appui de son pourvoi les moyens suivants :

Premier Moyen.- Mauvaise interprétation et fausse application de l'article 118 du décret électoral du 3 février 2005.

L'article 118 pose comme condition de recevabilité de la déclaration de candidature à la Présidence la production d'un certain nombre de pièces devant accompagner ladite déclaration. Or, toutes les pièces requises ont été déposées par le pourvoyant au BED de l'Ouest I comme l'atteste le reçu délivré par ladite Institution conformément à l'article 123 dudit décret. Dès lors, la déclaration de candidature du sieur Dumarsais Mécène SIMÉUS était recevable et ne devait pas être rejetée par le BED, et ce rejet ne devrait pas être maintenu par le BCEC ; pour l'avoir fait, la décision de ce tribunal électoral a mal interprété et faussement appliqué l'article 118 du décret électoral, elle sera donc cassée et annulée par la Cour.

Deuxième Moyen.- Violation de l'Article 125 du décret électoral. Excès de pouvoir.

A) L'article 125, en son premier alinéa, prescrit la remise d'un certificat d'acceptation conditionnelle de candidature au candidat si la déclaration de candidature est conforme à toutes les exigences prévues à la section A du Chapitre VIII. Ce certificat a été délivré au pourvoyant, ce qui signifie que sa déclaration de candidature était conforme aux dispositions de cette section A, à savoir que :

1. Le candidat SIMÉUS s'est présenté personnellement au BED de l'Ouest après avoir préalablement rempli le formulaire de renseignements prévu au 2e alinéa de l'article 115 du décret électoral ;
2. Il a déposé sa déclaration de candidature ensemble toutes les pièces requises par l'article 118 ;
3. il a acquitté les frais d'inscription exigés par l'article 119 ;
4. le parti politique qui a présenté sa candidature s'est conformé aux prescriptions de l'article 120.

Cette remise de certificat signifie également que toutes les vérifications ont été faites en ce qui concerne l'authenticité tant des renseignements fournis par le candidat que des pièces accompagnant sa déclaration de candidature.

B) Le 2e alinéa de l'article 125 prévoit que, quand il y a contestation de candidature résolue en faveur du candidat, un certificat définitif d'acceptation de candidature est remis à ce dernier. Dans le cas du pourvoyant, il n'y a pas eu de contestation de sa candidature produite dans le délai prescrit à peine d'irrecevabilité par l'article 131 du décret, c'est-à-dire 72 heures après la date de clôture de la période de déclaration de candidature. Par conséquent, l'acceptation conditionnelle de sa candidature s'est transformée automatiquement en acceptation définitive dès l'expiration de ce délai. À partir de ce moment, l'acceptation de la candidature de monsieur SIMÉUS ne peut plus être remise en question, il s'agit d'un droit acquis qui ne peut plus lui être ravi. Son nom devrait figurer sur la liste des candidats agréés publiée par le Conseil Électoral Provisoire. Lorsque le BCEC, à la suite de la section contentieuse du BED, refuse d'ordonner au CEP d'insérer le nom du candidat SIMÉUS dans la liste, il viole l'article 125 du décret électoral, commettant ainsi un violent excès de pouvoir, sa décision mérite d'être cassée et annulée par la Cour.

Troisième Moyen.- Mauvaise interprétation et fausse application de l'article 56, 5e alinéa du décret électoral. Motif erroné.

La décision attaquée reproche au pourvoyant d'avoir soumis une attestation de résidence qui ne répond pas aux exigences de l'alinéa 5 de l'article 86 du décret électoral et pour appuyer ce motif, elle explique que « l'intéressé affirme avoir résidé dans le pays pendant soixante-six années d'une part, et d'autre part avoir fait toutes ses études supérieures à l'étranger ».

L'article 86, 5e alinéa fait obligation au candidat à la Présidence de résider dans le pays depuis cinq années consécutives avant la date des élections. Donc en déclarant avoir résidé pendant 66 ans en Haïti, monsieur SIMÉUS a largement dépassé les 5 années requises par le décret électoral, au point que les quelques années passées à étudier à l'étranger peuvent être aisément soustraites et il lui restera encore suffisamment d'années pour répondre aux exigences du décret.

La résidence dans un lieu donné n'implique pas que l'individu doive demeurer dans ce lieu de façon immuable sans pouvoir se déplacer. Il suffit qu'il ait un logement dans la commune où il réside (propriété privée, maison de location ou domicile de parents) et qu'il ne reste pas longtemps absent de ce lieu de résidence. Dumarsais SIMÉUS effectue de fréquents séjours à l'étranger, mais revient toujours au pays, il n'a jamais passé plus d'une année en dehors d'Haïti. On comprend donc difficilement que le BCEC puisse déclarer que l'attestation de résidence du candidat SIMÉUS ne répond pas au prescrit de l'alinéa 5 de l'article 86 du décret. Il y a là une mauvaise interprétation et une fausse application de cette disposition légale ; c'est aussi un motif erroné qui a exercé une influence décisive sur le dispositif de la décision, laquelle sera cassée et annulée par la Cour.

Quatrième Moyen.- Mauvaise interprétation et fausse application des articles 86, 1er alinéa du décret électoral et 135, 1er alinéa de la Constitution. Absence de motifs de la décision attaquée

Ces deux dispositions légales exigent, pour être candidat à la présidence ou être élu Président de la République, d'être haïtien d'origine et n'avoir jamais renoncé à sa nationalité. Monsieur Dumarsais SIMÉUS a déclaré être haïtien d'origine et n'avoir jamais renoncé à sa nationalité. Sa déclaration doit être tenue pour conforme à la vérité tant que le Conseil Électoral Provisoire n'établit pas le contraire, preuve à l'appui.

A) La Constitution définit l'Haïtien d'origine comme celui qui est « né d'un père haïtien ou d'une mère haïtienne qui eux-mêmes sont nés haïtiens et n'avaient jamais renoncé à leur nationalité au moment de la naissance ». Dumarsais Mécène SIMÉUS est né à Pont-Sondé d'un père et d'une mère tous deux haïtiens qui y résident encore et qui n'avaient jamais quitté Haïti avant la naissance de leur fils, donc ne pouvaient pas renoncer à leur nationalité ; monsieur SIMÉUS est donc haïtien d'origine.

B) La renonciation à la nationalité est un acte volontaire de l'intéressé qui se fait par déclaration devant les autorités de l'État dont on abandonne la nationalité. C'est le cas récemment de madame Michaëlle Jean qui a volontairement renoncé à la nationalité française devant les autorités françaises qui ont agréé sa demande par un décret pris le 23 septembre 2005. Dans le cas de Dumarsais SIMÉUS, le CEP ne peut soumettre aucun document légal émanant des autorités haïtiennes constatant la renonciation expresse à la nationalité haïtienne. La disposition constitutionnelle que l'article 86 du décret électoral a reproduite textuellement dit bien « renoncé à sa nationalité ». C'est la lettre de la Constitution qui prévaut, elle ne souffre aucune interprétation.

Monsieur SIMÉUS, n'ayant jamais renoncé à sa nationalité, est en règle avec les articles 86 du décret électoral et 135 de la Constitution. Faut-il ajouter que l'article 30 du décret du 6 novembre 1984 sur la nationalité haïtienne, qui n'est pas abrogé par la Constitution de 1987, précise que « la perte de la nationalité haïtienne est établie par arrêté du président de la République, publié au Journal Officiel » ? Or un tel arrêté n'existe pas et n'a jamais existé.

Il résulte de tout ce que dessus que l'affirmation faite par le candidat SIMEUS dans le formulaire de déclaration de candidature est conforme à la vérité, et on ne peut pas lui reprocher une quelconque fausse déclaration.

Il est important de souligner que les membres composant le Bureau de Contentieux Électoral Central (BCEC) sont des juges et, en tant que tels, ne doivent former leur conviction que sur des éléments de preuve admis par la loi. Ils ne doivent donc pas fonder leur décision sur des déclarations recueillies sur les ondes de stations de radio, car, pour citer un arrêt de cette Cour rendu le 15 décembre 1921, « une décision n'est pas motivée quand le juge ne fait qu'énoncer la connaissance personnelle qu'il a pu avoir des faits en dehors d'une voie d'instruction autorisée par la loi » (Code Civil Léger, page 485, note #28).

Il résulte de ce que dessus que d'une part les juges du BCEC ont mal interprété et faussement appliqué les articles 86 du décret électoral et 135 de la Constitution ; d'autre part leur décision n'est pas motivée, donc dénuée de tout fondement légal, elle sera donc cassée et annulée par la Cour. Jugeant à nouveau et au fond conformément à l'article 16 *in fine* du décret électoral, la Cour tiendra compte du fait qu'un certificat d'acceptation conditionnelle de la candidature à la présidence de monsieur Dumarsais Mécène SIMÉUS lui avait été remis, attestant ainsi, selon les termes de l'article 125 du décret, que sa déclaration de candidature était conforme à toutes les exigences prévues à la Section A du Chapitre VIII du décret électoral ; que la condition attachée à l'acceptation, qui n'est autre que l'éventualité d'une contestation de sa candidature par un tiers, n'étant pas réalisée, l'acceptation était devenue définitive à l'expiration des 72 heures prévues par le 2e alinéa de l'article 131, après la date de clôture de la période de déclaration de candidature ; il avait droit à un certificat définitif d'acceptation et son nom devait figurer sur la liste des candidats agréés à la présidence.

Par ces causes et motifs et tous autres à suppléer de droit, d'office et d'équité, la Cour cassera et annulera la décision rendue par le Bureau du Contentieux Électoral Central (BCEC) le mercredi 5 octobre 2005 ; jugeant à nouveau au fond elle ordonnera au Conseil Électoral Provisoire de remettre au candidat Dumarsais Mécène SIMÉUS un certificat d'acceptation définitive de sa candidature, et d'insérer son nom dans la liste déjà publiée des candidats agréés à la Présidence de la République. Ce sera Justice.

Salutations respectueuses.

Annexe 6

Décret créant la commission d'état chargée de la vérification de la nationalité

LIBERTÉ ÉGALITÉ FRATERNITÉ
RÉPUBLIQUE D'HAÏTI
DECRET

Me BONIFACE ALEXANDRE
PRÉSIDENT PROVISOIRE DE LA RÉPUBLIQUE

Vu les articles 10, 11, 12, 12-1, 12-2, 13, 14, 15, 65, 70, 91, 96, 135, 136 et 286 de la Constitution ;

Vu l'entente convenue entre la Communauté Internationale, les organisations de la société civile et les partis politiques portant création de la Commission Tripartite et du Conseil des Sages;

Vu le Consensus de Transition Politique adopté le 4 avril 2004;

Vu la Loi du 13 mai 1935 sur les déclarations d'option et les avis de reconnaissance ;

Vu la Loi organique du 26 décembre 1978 du Service de l'Immigration et de l'Emigration;

Vu le Décret du 6 novembre 1984 sur la nationalité haïtienne ;

Vu la Loi du 1er août 2002 portant privilèges accordés aux Haïtiens d'origine jouissant d'une autre nationalité et à leurs descendants ;

Vu le Décret Electoral du 3 février 2005 ;

Vu les Décrets du 26 juillet et du 12 octobre 2005 portant amendement du Décret Electoral du 3 février 2005 ;

Considérant les nombreuses préoccupations exprimées par divers secteurs de la société, relatives à l'éligibilité des candidats sur la base de la nationalité ;

Considérant que la Constitution de 1987 impose à tous les candidats à un poste électif des conditions de nationalité ;

Considérant que « possède la nationalité haïtienne d'origine tout individu né d'un père haïtien ou d'une mère haïtienne qui eux-mêmes sont nés Haïtiens et n'avaient jamais renoncé à leur nationalité au moment de la naissance » ;

Considérant que »la nationalité haïtienne se perd par la naturalisation acquise en pays étranger » et qu'en outre « la double nationalité haïtienne et étrangère n'est admise en aucun cas » ;

Considérant que les exigences constitutionnelles sont d'ordre public ;

Considérant les risques d'instabilité politique encourus par la nation au cas où serait élu un candidat ne remplissant pas les conditions de nationalité prévues par la constitution;

Considérant que la Constitution fait du Président de la République, Chef de l'Etat, le gardien de la Constitution et des Institutions ;

Considérant qu'il y a lieu, pour aider le Conseil Electoral en ce sens, de créer une Commission d'Etat pour vérifier si les divers candidats aux prochaines élections répondent aux conditions de nationalité imposées par la constitution et par la loi ;

Considérant que le pouvoir législatif est pour le moment inopérant et qu'il y a alors lieu pour le pouvoir exécutif de légiférer par décret sur les objets d'intérêt public ;

Su le rapport des Ministres de la Justice et de la Sécurité Publique, des Affaires Etrangères et des Cultes, de l'Intérieur et des Collectivités Territoriales, , des Haïtiens Vivant à l'Etranger ;

Et après délibération en Conseil des Ministres :

DÉCRÈTE

Article 1.- Il est créé une Commission d'Etat chargée de vérifier si les candidats aux divers postes à l'occasion des élections répondent aux exigences de la Constitution relatives à la nationalité.

Article 2.- Dans le cadre de sa mission, la Commission peut :

1) effectuer des recherches au sein de toute institution nationale qui est tenue de lui fournir les informations qu'elle estime pouvoir l'aider à établir si un candidat quelconque répond aux conditions de nationalité fixées par la Constitution ;

2) solliciter et obtenir de toute personne et de toute institution des informations susceptibles de l'aider dans son travail ;

3) auditionner toute personne, y compris les candidats eux-mêmes ;

4) demander aux candidats de lui soumettre tous documents qu'elle estime nécessaires à l'établissement de leur éligibilité sur la base de la nationalité ;

5) entreprendre des démarches sur le plan international ;

6) prendre toutes les mesures qui lui permettent de s'acquitter de sa mission.

Article 3.- La Commission d'État mettre à la disposition de chaque candidat un formulaire de vérification de nationalité assorti d'un serment de nationalité. Le candidat remplira, signera le formulaire au bas de chaque page et annexera les documents exigés avant de retourner le tout dans le délai fixé et à l'adresse indiquée par la Commission d'État.

Article 4.- Le candidat qui ne retourne pas le formulaire dans le délai fixé par la Commission d'Etat est réputé faire le retrait de sa candidature. La Commission en informera le Conseil Electoral qui rayera le nom du candidat de la liste des candidats agréés.

Article 5.- Ne peut pas participer aux élections le candidat qui :

a) ne répond pas aux invitations de la Commission d'Etat;

b) refuse de fournir à la Commission d'Etat des informations ou de lui soumettre des documents qu'il devrait normalement détenir ;

c) fait à la Commission d'Etat de fausses déclarations et ce sans préjudice des poursuites pénales.

La Commission d'Etat communiquera au Conseil Electoral le nom du candidat tombant sous le coup du présent article pour être rayé de la liste des candidats agréés.

Article 6.- Tout électeur qui souhaite aider la Commission d'Etat dans son travail peut avoir, accès aux informations disponibles sur un candidat.

La Commission d'Etat détermine le bien fondé de la demande d'accès au dossier d'un candidat.

Article 7.- La Commission d'Etat fournira au fur et à mesure les résultats de ses investigations au Conseil Electoral et aux autorités judiciaires selon le cas, à telles fins que de droit.

Article 8.- Le mandat de la Commission d'Etat prend fin à l'installation du Président issu des prochaines élections.

Article 9.- Le présent Décret abroge toutes Lois ou dispositions de Lois, tous Décrets-lois ou dispositions de Décrets-lois, tous Décrets ou dispositions de Décrets qui lui sont contraires et sera publié et exécuté à la diligence du Ministre de la Justice et de la Sécurité Publique, de l'Intérieur et des Collectivités Territoriales, des Affaires Étrangères et des Cultes, des Haïtiens Vivant à l'étranger, chacun en ce qui le concerne.

Donné au Palais National, à Port-au-Prince, le 12 octobre 2005, An 202e de l'Indépendance.

Par le Président
Me Boniface **ALEXANDRE**
Le Premier Ministre
Gérard **LATORTUE**

Le Ministre des Affaires Etrangères et des Cultes
Hérard **ABRAHAM**
Le Ministre de la Justice et de la Sécurité Publique
Henri Marge **DORLEANS**
Le Ministre de l'Intérieur et des Collectivités Territoriales
Paul Gustave **MAGLOIRE**
Le Ministre de l'Economie et des Finances
Henri **BAZIN**
Le Ministre du Plan et de la Coopération Externe
Roland **PIERRE**
Le Ministre de l'Agriculture, des Ressources Naturelles et Développement Rural
Philippe **MATHIEU**
Le Ministre du Commerce, de l'Industrie et du Tourisme
Jacques Fritz **KENOL**
Le Ministre des Travaux Publics, Transports et Communications
Fritz **ADRIEN**
Le Ministre de l'Education Nationale, de la Jeunesse, des Sports et de l'Education Civique
Pierre **BUTEAU**
Le Ministre de la Communication et de la Culture
Magali **COMEAU DENIS**
Le Ministre de la Santé Publique et de la Population
Josette **BIJOU**
Le Ministre des Affaires Sociales
Franck **CHARLES**
Le Ministre à la Condition Féminine
Adeline Magloire **CHANCY**
Le Ministre des Haïtiens Vivant à l'Etranger
Alix **BAPTISTE**
Le Ministre de l'Environnement
Yves André **WAINRIGHT**

Annexe 7

Le Conseil des sages réclame le retrait de la décision de mise à la retraite des juges de la Cour de Cassation

Position du Conseil des Sages sur le dossier de la Cour de Cassation

Le Conseil des Sages condamne avec force la décision de l'Exécutif de mettre à la retraite cinq (5) juges de la Cour de Cassation. Certes, le Conseil avait dénoncé le comportement de la Cour dans le traitement du dossier du candidat à la Présidence, M. Dumarsais Siméus. Le Conseil avait en effet jugé que le comportement de la Cour de Cassation était indigne d'une instance qui aurait dû être la référence en matière de respect du Droit. Dans une correspondance en date du 18 octobre 2005, le Conseil s'était adressé en ces termes à la Cour de Cassation *« [...] au nom même de l'autorité dont est investie la Cour de Cassation, il incombe à cette haute instance judiciaire d'éviter d'alimenter un conflit entre le Droit et la Morale Publique ; un conflit qui ne peut qu'être préjudiciable à l'image de la Justice. Le Conseil des Sages considère qu'il est inacceptable qu'au nom du Droit et des artifices juridiques, la Cour de Cassation permette à des individus de bafouer ostensiblement une disposition constitutionnelle. »*

Cependant, rien ne peut justifier que l'Exécutif, sous prétexte de régler un problème institutionnel grave, adopte une mesure à la fois autoritaire et illégale ; une mesure qui ne fait qu'aggraver la déchéance des institutions. La Constitution de 1987 est explicite quant aux conditions permettant le remplacement d'un(e) juge de la Cour de Cassation. Aucune de ces conditions n'a été respectée dans la démarche de l'Exécutif. Le décret du 22 août 1995 évoqué par l'Exécutif pour justifier son intervention ne saurait avoir d'effet qu'en dehors des cas explicitement traités par la Constitution. Or, telle n'est pas la situation. Le Conseil des Sages considère que le comportement de l'Exécutif constitue une dérive, un précédent grave qui est de nature à entraver l'avenir démocratique du pays qui se construit si difficilement. Le pouvoir en place, étant à la fin de son mandat, doit se garder de poser des actes qui constitueront une hypothèque lourde pour le prochain Exécutif. L'attitude actuelle de l'Exécutif illustre son incapacité à respecter les règles du jeu démocratique, et en particulier l'indépendance des institutions et les principes de consultation et de concertation posés comme balise pour la conduite de la période de Transition Politique. Le Conseil des Sages ne saurait en aucun cas cautionner un acte non fondé et inacceptable, et n'entend nullement assumer les dérives de l'Exécutif. Il réclame donc le retrait pur et simple de la décision de mise à la retraite des juges de la Cour de Cassation, tout comme il l'avait fait pour le Décret scélérat sur l'Amnistie.

Le Conseil des Sages estime qu'il est de son devoir d'alerter la Nation sur les risques énormes que représentent les dérives de l'Exécutif pour l'avenir du pays. Il appelle les Secteurs Organisés de la Société civile et les Partis Politiques, qui partagent les principes démocratiques inscrits dans notre Charte nationale, à appuyer cette position, de telle sorte à éviter que le pays se retrouve plongé dans une cascade de crises extrêmement préjudiciables à la société toute entière.

Port-au-Prince, le 16 décembre 2005
Pour le Conseil des Sages
Danièle Magloire, Porte-parole

Annexe 8

Déclaration relative à la démission de deux membres du Conseil des sages

Le secrétaire général, Christian Rousseau
La 2ᵉ secrétaire générale adjointe et porte-parole,
Danièle Magloire

Depuis le mois de décembre 2005, la question de la démission de l'ensemble des conseillers/conseillères est en discussion au sein du Conseil des sages. Les signataires de la présente, Danièle Magloire et Christian Rousseau, s'étaient prononcés pour la démission de l'instance, estimant qu'il était du devoir du Conseil des Sages de mettre fin à l'accompagnement qu'il a toujours tenté de fournir à l'Exécutif dans l'intérêt collectif. Face à la difficulté avérée de dégager une position commune au Conseil des Sages, les signataires ont décidé d'assumer leurs responsabilités individuelles ce, en harmonie avec leurs convictions et leurs engagements. Leur démission sera effective le 31 janvier 2006. Cette décision se base sur les principaux motifs suivants :

1.La position de principe adoptée, le 16 décembre 2005 par le Conseil des Sages, dans le conflit opposant l'Exécutif à la Cour de Cassation

Le Conseil des Sages, tout en condamnant le comportement indigne des juges de la Cour de Cassation, avait déclaré inacceptable la méthode utilisée par l'Exécutif pour violer les principes constitutionnels de l'indépendance et de la séparation des Pouvoirs. Le Conseil avait demandé à l'Exécutif de revenir sur sa décision, tout comme il l'avait fait pour le Décret scélérat de septembre 2005 sur l'Amnistie. Cette demande n'a jamais été suivie d'effet, en dépit des interventions répétées du Conseil des Sages auprès du Président Provisoire de la République, M. Boniface Alexandre.

Les signataires de la présente, issus d'institutions qui se sont battues pour inscrire les Organismes Indépendants dans la Constitution de 1987, à côté des trois (3) Pouvoirs classiques de l'État, ne sauraient assumer les dérives de l'Exécutif, ni se résigner à rentrer dans une dynamique de l'acceptation du fait accompli, qui non seulement remet en cause les fondements mêmes de l'Accord Politique du 4 avril 2004 servant de cadre à la présente période de Transition Politique, mais représente également une dangereuse dérive autoritaire.

2.Dans le contexte actuel, où l'attention se focalise sur la tenue des élections générales devant mettre un terme à l'actuelle période de Transition Politique, le Conseil des Sages ne peut plus jouer son rôle de vigilance institutionnelle par rapport à l'Exécutif

Durant cette fin de Transition, les violations de l'Accord Politique du 4 avril 2004 se sont considérablement aggravées. Cela se manifeste notamment par le refus de l'Exécutif de respecter les règles du jeu démocratique et spécifiquement les principes de consultation et de concertation posés comme balise pour la conduite de la Transition. Compte tenu par ailleurs des limites du mandat, qui ne permettent pas au Conseil des Sages de sanctionner dûment les échecs et dérives du Gouvernement de Transition, ce dernier profite de la conjoncture pour agir comme bon lui semble - sans transparence, sans consultation/concertation et sans obligation de rendre compte -, pendant que le Premier Ministre, M. Gérard Latortue, clame haut et fort qu'à partir du 7 février 2006 son Gouvernement démissionnaire expédiera uniquement les affaires courantes. Il reste et demeure que le Gouvernement, bien qu'en fin de mandat, adopte unilatéralement divers Décrets et Accords qui engagent à long terme le pays. Citons des modifications importantes du paysage institutionnel aux niveaux suivants : Système de taxation, Système Judiciaire, décentralisation/fonctionnement/organisation des Collectivités territoriales, Identification Nationale, Secteur des Télécommunications.

3.L'irresponsabilité de l'Exécutif et du Conseil Électoral Provisoire (CEP), encouragée par les partenaires internationaux impliqués dans le processus électoral

Ces différents acteurs continuent obstinément de conduire le processus sans accorder l'importance nécessaire au respect des standards électoraux, à la transparence et l'exigence du rapport à la vérité par-devant les populations qui devraient pourtant être au centre des préoccupations. Cette attitude se traduit notamment par :

3.1. ***La mise effective à l'écart du Collège Électoral***

Le Collège Électoral reste et demeure cependant l'autorité légale et suprême en matière électorale ; Autorité redevable par devant la Nation.

Ce refus délibéré de la logique institutionnelle, crée un risque d'élections aléatoires et surtout de contestation des résultats, en particulier au sein même de l'institution électorale.

3.2. ***Des réponses superficielles aux problèmes techniques***

À l'absence de véritables Tableau de bord et Calendrier électoral, s'ajoutent des réponses qui ne présentent ni l'ampleur chiffrée des constats, ni le niveau acceptable des corrections attendues dans le délai fixé, ni les possibilités de vérification des solutions proposées. Ainsi par exemple, aucune évaluation n'est présentée quant au nombre d'électeurs/électrices qui seront pénalisés par les difficultés d'accès aux Bureaux de vote. Or, ce décompte représente d'une part, un élément majeur d'acceptabilité du résultat des élections par les acteurs politiques et, d'autre part, un indice précis du respect du droit des citoyens/citoyennes.

3.3. ***Une approche très contestable de la sécurité électorale***

Cette approche s'inscrit dans une logique reposant essentiellement sur la protection des Centres de Vote, qui sont donc réduits en fonction des forces de sécurité disponibles. Cette approche néglige les risques qui pèsent sur les déplacements des électeurs/électrices, alors même qu'elle induit des mouvements importants de population sur des distances parfois très grandes. De l'avis de spécialistes locaux, une approche privilégiant la proximité des électeurs/électrices au le lieu de vote aurait permis de réduire considérablement les risques et les forces à mobiliser, ce en exploitant de manière optimale la maîtrise sécuritaire de l'environnement immédiat par les populations elles-mêmes dans beaucoup de régions du pays.

3.4. ***Une absence de réponse claire et univoque sur les critères ayant présidé au choix des responsables des Bureaux de Vote***

Ceci accroît le sentiment de méfiance vis-à-vis du processus électoral ; Méfiance qui s'était déjà fortement exprimée lors du choix des responsables de Bureaux Électoraux Départementaux (BED) et de Bureaux Électoraux Communaux (BEC) ; Bureaux qui n'ont pas été rendus opérationnels en vue d'accomplir leur mission, telle que prévue dans le Décret Électoral.

3.5. Une absence criante de campagne d'Éducation Civique

L'électorat n'est pas informé des modalités du vote (existence du vote blanc et sa signification ; comment voter), ni des méthodes de décompte des résultats du scrutin.

En dépit des difficultés rencontrées, les signataires restent et demeurent convaincus de la nécessité absolue des espaces de contre-pouvoir, en particulier dans un contexte de transition vers la démocratie. Ils osent espérer que les futurs parlementaires sauront travailler à la construction de mécanismes aptes à rendre efficientes les interventions des structures de contre-pouvoir.

Port-au-Prince, le 27 janvier 2006

Christian Rousseau et Danièle Magloire

Annexe 9

Déclaration du Conseil de Sécurité de l'ONU sur la tenue des élections en Haïti

LE CONSEIL DE SÉCURITE INVITE LES AUTORITÉS HAÏTIENNES À TENIR LA PREMIÈRE PARTIE DES ÉLECTIONS LE 7 FÉVRIER 2006 AU PLUS TARD

Il prend note avec préoccupation de leur nouveau report et réitère que leur tenue constitue une étape fondamentale vers la démocratie et la stabilité dans le pays.

Au terme de consultations, le Président du Conseil de sécurité pour le mois de janvier, Augustine Mahiga, de la République-Unie de Tanzanie, a fait la déclaration suivante au nom de ses membres :

Le Conseil de sécurité exprime son soutien sans réserve aux activités de la Mission des Nations Unies pour la stabilisation en Haïti (MINUSTAH) et à celles du Représentant spécial du Secrétaire général, M. Juan Gabriel Valdés.

Le Conseil de sécurité réitère que la tenue des prochaines élections constitue une étape fondamentale vers la restauration de la démocratie et de la stabilité en Haïti. Le Conseil prend note avec préoccupation du nouveau report des élections en Haïti et, à cet égard, exprime l'espoir que le retard enregistré dans le calendrier électoral permettra de trouver une solution aux problèmes logistiques et techniques, de manière à assurer la tenue d'élections transparentes, sans exclusive, libres et équitables.

Le Conseil de sécurité invite instamment le Gouvernement de transition d'Haïti et le Conseil électoral provisoire à annoncer rapidement de nouvelles dates définitives pour les élections, dont la première partie devra se tenir dans un délai de quelques semaines, au plus tard le 7 février 2006, et à veiller à ce que les élections se tiennent conformément aux normes démocratiques internationales et dans des conditions qui favorisent au maximum la participation. Le Conseil invite les parties prenantes intéressées à l'échelon international à continuer de collaborer étroitement avec le Gouvernement de transition d'Haïti et les autres autorités nationales dans cette entreprise. Le calendrier électoral révisé et le budget correspondant devraient être réalistes et exhaustifs et concerner les élections nationales, municipales et locales.

Le Conseil de sécurité réaffirme que la sécurité demeure un élément essentiel de la tenue d'élections libres et équitables. Le Conseil se déclare préoccupé par la détérioration de la situation en matière de sécurité à Port-au-Prince et invite instamment la Police nationale haïtienne et la MINUSTAH à poursuivre leurs efforts en vue de renforcer leur coopération, dans le souci d'améliorer la situation en matière de sécurité et de restaurer et maintenir l'état de droit. À cet égard, le Conseil rend hommage aux soldats de la paix de la MINUSTAH qui ont perdu la vie ou ont été blessés dans l'exercice de leurs fonctions.

Le Conseil de sécurité estime que les élections seront suivies par une période cruciale pour la stabilité à long terme. Il conviendra de continuer à promouvoir la réconciliation et le dialogue politique à l'échelon national afin d'assurer la stabilité et la bonne gouvernance à long terme.

Le Conseil de sécurité réaffirme que des élections ouvertes et crédibles, fondées sur l'appropriation du processus par le peuple haïtien, revêtent une importance fondamentale pour la consolidation des institutions et des procédures démocratiques. Il reconnaît aussi, cependant, que ces élections ne constituent pas le seul moyen de résoudre les problèmes à plus long terme auxquels Haïti doit faire face dans les domaines de la sécurité et de la restauration de l'état de droit, qui sont tous les deux essentiels à la stabilité et à un développement durable. Le Conseil se félicite, par conséquent, de la décision prise par la communauté des donateurs d'étendre le cadre de coopération intérimaire jusqu'en décembre 2007 afin d'aider le nouveau gouvernement élu à poursuivre les efforts de reconstruction. Le Conseil réaffirme qu'il faut mettre en œuvre des stratégies à court, moyen et long terme, dans un cadre unifié, en vue d'assurer la coordination et la continuité de l'aide internationale à Haïti.

Annexe 10

Déclaration de la mission d'observation des électorales haïtiennes de l'Union européenne

Élections présidentielle et législatives
Premier tour de scrutin du 7 février 2006
DÉCLARATION PRÉLIMINAIRE
Port-au-Prince, le 9 février 2006

La motivation et la patience des électeurs haïtiens ont permis de dépasser les problèmes logistiques et techniques qui demandent à être améliorés en vue du second tour. La Mission d'Observation Électorale de l'Union Européenne est présente en Haïti depuis le 12 novembre 2005 suite à l'invitation du Conseil Électoral Provisoire. Elle est conduite par monsieur Johan Van Hecke, Député au Parlement européen, et compte une équipe cadre de six personnes ainsi que vingt observateurs à long terme répartis dans tous les départements. Les observateurs de la Mission d'Observation Électorale (MOE) observent toutes les phases du processus électoral. Trente-quatre observateurs à court terme ont été déployés dans tout le pays le 4 février afin de suivre le scrutin, le dépouillement et l'agrégation des résultats. Une délégation de trois Députés du Parlement européen, conduite par monsieur Glyn Ford et comprenant madame Fiona Hall ainsi que monsieur Rainer Wieland, a rejoint la Mission d'Observation Électorale en vue du premier tour de scrutin du 7 février. La délégation des Députés européens s'associe à cette déclaration. Le jour des élections, les observateurs de la MOE ont visité plus de 10% des centres de vote dans tout le pays. La MOE poursuivra sa mission en vue de l'observation du second tour.

Conclusions Préliminaires

• Le premier tour de scrutin des élections présidentielle et législatives s'est, jusqu'à présent, généralement déroulé dans le calme et avec la participation d'un nombre important de candidats et de partis politiques. Le jour des élections, les Haïtiens se sont déplacés en grand nombre et ont démontré leur attachement à la démocratie. Après plusieurs reports et malgré les problèmes logistiques et techniques significatifs survenus le jour du scrutin, si les opérations en cours du processus électoral se déroulent correctement, les élections auront marqué un avancement important du processus de transition.

• Les élections ont été organisées dans un environnement difficile. Les électeurs, les représentants de partis politiques ainsi que les membres des bureaux de vote ont démontré sens des responsabilités et détermination afin de surmonter les problèmes. Cependant, l'administration globale du processus aurait pu être d'un niveau supérieur et mérite d'être revue et améliorée en vue d'un second tour de scrutin.

• Le décret électoral constitue un cadre approprié pour l'organisation d'élections mais de nombreuses entorses ont été imposées par les circonstances et des mesures *ad hoc* ont été introduites tardivement et de façon sélective.

• Le Conseil Électoral Provisoire (CEP) n'a pas su se doter de la capacité administrative et organisationnelle nécessaire à la bonne conduite des opérations électorales. La nomination d'un Directeur Général en octobre 2005 a contribué à redynamiser l'institution mais n'a pas permis de résoudre l'ensemble des dysfonctionnements constatés. Le déficit de coopération entre les divers acteurs du processus électoral a affecté les préparatifs électoraux. Au plan départemental et local, les organes décentralisés du CEP ont été laissés dans le dénuement.

• L'enregistrement des électeurs a atteint un niveau très satisfaisant d'électeurs inscrits. Une grande partie des Haïtiens a réussi à obtenir des cartes d'identification nationale malgré les nombreuses insuffisances dans les procédures de distribution.

• La campagne électorale s'est déroulée dans le calme et elle a été de faible intensité dans l'ensemble. La liberté de mener campagne et de se rassembler a été en général respectée ainsi que la liberté de parole des candidats.

• Malgré leurs moyens limités, les médias ont largement traité des élections et ont, dans l'ensemble, assuré un traitement équitable aux candidats. Les problèmes de sécurité ont été instrumentalisés par certains médias pour tenter de faire reporter le scrutin.

• Dans tout le pays, le début du scrutin a été retardé suite à des problèmes techniques. La capacité d'accueil des centres de vote était insuffisante dans un nombre important de cas. Des irrégularités de procédure ont été observées et doivent être corrigées avant le second tour. Les isoloirs utilisés n'ont pas permis de garantir le secret du vote et l'assistance aux analphabètes devrait être régulée. Le processus de dépouillement observé par les observateurs de la MOE s'est déroulé dans un climat positif sans que des problèmes majeurs fussent notés dans les bureaux de vote visités.

• Au vu des difficultés observées le jour du scrutin, des améliorations en vue du second tour sont attendues, notamment en ce qui concerne le choix des centres de vote, les procédures d'ouverture, les listes électorales provisoires, la livraison de matériel et le respect du secret du vote.

• La MOE souhaite que ces élections ouvrent un nouveau chapitre dans l'histoire de ce pays. Un chapitre sans violence mais avec un État de droit. Un chapitre dans lequel toutes les institutions légitimées par la population jouent un rôle beaucoup plus important. La Mission invite tous les partenaires politiques ainsi que les représentants de la Société civile à respecter le résultat du scrutin et à s'investir dans le dialogue et la réconciliation en vue de créer une Haïti sans exclusion. L'évaluation finale de ces élections dépendra, en partie, de la finalisation du processus de dépouillement et d'agrégation des résultats, de la publication des résultats par le CEP ainsi que du traitement du contentieux du premier tour. La MOE restera dans le pays afin d'observer le second tour des élections et publiera un rapport final, incluant des recommandations détaillées en vue de l'amélioration du processus, dans les deux mois qui suivront l'achèvement de tout le processus électoral. La MOE voudrait remercier les autorités électorales et gouvernementales, les candidats, les partis politiques, les médias, la société civile, la MINUSTAH, l'OEA, et plus particulièrement le peuple d'Haïti, pour la bonne coopération tout au long du déploiement de la mission.

Observations préliminaires, contexte politique

Suite aux affrontements ayant conduit au départ du Président Aristide le 29 février 2004, le président de la Cour Suprême, monsieur Boniface Alexandre, a été nommé président par intérim et un gouvernement provisoire, dirigé par monsieur Gérard Latortue, a prêté serment le 17 mars 2004. Un Conseil Électoral Provisoire (CEP) a été mandaté pour l'organisation des élections de la transition. La résolution 1542 du Conseil de Sécurité des Nations Unies, adoptée le 30 avril 2004, a établi la Mission des Nations Unies pour la Stabilisation en Haïti (MINUSTAH) qui a deux composantes, militaire et civile. Elle a pour objectif, entre autres, de contribuer à la stabilisation sécuritaire et de soutenir le gouvernement provisoire dans le processus de démocratisation. Une section d'assistance électorale a la charge d'assister le Conseil Électoral Provisoire (CEP) dans la préparation des élections. En outre, l'Organisation des états américains (OEA) s'est engagée à conduire le processus d'enregistrement des électeurs. L'organisation des élections présidentielle et législatives en Haïti était une nécessité impérieuse, indispensable à la sortie du processus de transition enclenché par le « Consensus de Transition Politique » du 4 avril 2004, lequel avait fixé une obligation de tenir des élections générales au plus tard le 31 décembre 2005. Les retards enregistrés dans les préparatifs techniques ont conduit à plusieurs reports au-delà de cette date butoir.

Cadre légal et sa mise en œuvre

Le décret électoral du 3 février 2005 et ses amendements ultérieurs constituent un cadre approprié pour l'organisation d'élections. Il est par conséquent regrettable, même si peu de partis ou candidats ont introduit des plaintes formelles, qu'il ait souffert de multiples entorses. Ces entorses ont généralement été imposées par les circonstances mais, fréquemment, ces circonstances elles-mêmes ont résulté d'un manque de planification, de retards accumulés, d'une gestion administrative insuffisante. La gestion de l'enregistrement des candidatures a été déficiente. Il en a résulté un chaos administratif, des inconsistances dans le traitement des dossiers individuels, une multiplication des plaintes. En conséquence, le CEP a décidé de repêcher la plus grande partie des candidats initialement refusés et de ne pas appliquer les dispositions légales concernant l'accès à la candidature au Sénat. En outre, la MOE a constaté des mouvements de candidatures entre différentes circonscriptions, lesquelles suscitent des questions quant au traitement des dispositions relatives au lieu de résidence des candidats. Une même tendance aux accommodements a pu être observée dans le cadre du financement des partis politiques et des candidats. Le CEP ayant constaté qu'aucun parti politique n'avait satisfait aux conditions légales pour l'accès au financement public, une proposition de mode d'attribution alternatif a été transmise par le Conseil au gouvernement se basant sur le nombre de candidatures enregistrées au nom de chaque parti.

Cette proposition s'accompagnait d'une clé de répartition favorisant clairement des partis dont des membres siègent au sein du CEP. Cette proposition a été rejetée par le gouvernement, lequel a opté pour une solution proche quant à la méthode, mais assurant une distribution plus équilibrée des fonds. L'instabilité juridique a notamment été mise en exergue avec la publication d'un décret Présidentiel, le 12 octobre, éliminant la possibilité d'un recours auprès de la Cour de Cassation en appel des décisions du Bureau de Contentieux Électoral National (BCEN). Cet amendement fait suite à un premier arrêt rendu par la Cour de Cassation sur un recours introduit par M. Dumarsais Siméus suite au rejet de sa candidature à la Présidence pour détention d'un passeport étranger. Ce lien apparaît encore plus manifestement avec la mise à la retraite ultérieure de 5 juges de la Cour au lendemain d'un second arrêt portant sur le même dossier, le 8 décembre 2005, en violation avec les termes de la Constitution. La création d'une Commission d'État sur la Nationalité des Candidats (CENC) parallèlement à la mise à l'écart de la Cour de Cassation, s'inscrit dans le même ordre de mesure de circonstances. Dans le cas de cette commission, la MOE relève que, compte tenu de ses règles de fonctionnement, de son mandat illimité et de l'absence de recours face à ses décisions, la mise en place de la CENC s'inscrit mal dans un contexte de transparence tel qu'il devrait Prévaloir lorsque sont abordées des questions d'intérêt électoral.

Enregistrement des électeurs

Le processus d'enregistrement a débuté sans que tous les éléments nécessaires à sa réussite soient réunis. L'absence de définition claire et communément admise des limites de circonscriptions, l'échec du CEP à fournir en temps voulu – avant le début de l'enregistrement – une liste des centres de vote ont compliqué la tâche des responsables et entraîné des problèmes en aval qu'il s'est avéré difficile d'expliquer à l'électorat. L'enregistrement proprement dit a été marqué par des difficultés opérationnelles. Il a néanmoins atteint un niveau très satisfaisant de plus de 3500000 entrées dans la base de données. La distribution des Cartes d'Identification Nationale (CIN) a pris beaucoup plus de temps que prévu, mais les Haïtiens, dans une grande partie des cas, ont obtenu leur carte. Les contraintes matérielles et de temps ont conduit à répéter certaines des erreurs de l'enregistrement, notamment en ce qui concerne la délivrance des CIN aux électeurs des sections rurales difficiles d'accès, entre autres en raison de l'incapacité de la société contractée à produire les cartes dans le temps imparti et des problèmes rencontrés dans la finalisation de la liste des centres de vote. La MOE a, en outre, relevé de nombreuses inconsistances dans les procédures de distribution des cartes. Les impératifs de calendrier ont contribué à l'effritement des procédures et, dans de nombreux cas, les cartes ont été remises à des personnes se présentant en nom et place des titulaires.

Administration électorale

Le CEP a été handicapé par l'absence de mémoire institutionnelle. Néanmoins, sa capacité à conduire le processus électoral a surtout été affectée par son mode de fonctionnement. Le Conseil n'est pas apparu en mesure d'opérer comme un collège. Il n'a pas non plus su se doter de la capacité administrative et organisationnelle nécessaire à la bonne conduite des opérations électorales. Au contraire, les pratiques de micro-management et l'absence d'organe de coordination approprié ont contribué à aggraver, voire à produire les retards rencontrés dans la mise en œuvre du calendrier électoral. La nomination tardive d'un nouveau Directeur Général, disposant de fonctions étendues, a contribué à redynamiser l'institution. Elle n'a cependant pas permis de résoudre l'ensemble des dysfonctionnements constatés. Au plan départemental et local, les organes décentralisés du CEP ont été laissés dans un dénuement total et tous les moyens en principe alloués aux Bureaux Électoraux Départementaux (BED) et aux Bureaux Électoraux Communaux (BEC) ne leur ont pas été fournis dans les temps. Il ne parait pas que des efforts sérieux aient été entrepris pour améliorer leur situation. Le niveau de motivation des membres des BED et des BEC est apparu variable, de même que leur niveau de formation. Les partis et les candidats rencontrés ont fréquemment mis en cause l'impartialité tant du CEP que des structures régionales. Il est clair que le CEP, en tant qu'institution, n'est pas parvenu à établir sa crédibilité en tant qu'instance neutre de gestion du processus électoral. Ces carences de l'administration électorale ont conduit la MINUSTAH et l'OEA à jouer un rôle plus important et plus visible qu'initialement prévu, notamment en prenant en charge des pans entiers de la planification et de la logistique, sans que les moyens humains et matériels nécessaires à l'accomplissement de ces tâches n'aient été toujours disponibles.

Préparation des élections

Le processus a été marqué par un déficit manifeste de coopération entre les divers acteurs impliqués, particulièrement au niveau départemental. Il en a résulté une multiplication de retards dans la mise en œuvre du scrutin, le premier obstacle étant l'absence, jusqu'à un stade avancé, d'un calendrier intégré et consistant des opérations électorales. Des tensions en ont résulté qui ont trouvé un écho au niveau national. L'impact des décisions inutilement tardives, parfois accompagnées d'instructions peu claires, voire contradictoires, de la part du CEP est manifeste. Ces manquements dépassent le cadre de l'imprévoyance et ont indubitablement joué contre le processus. La décision de principe de recourir à une nouvelle approche en matière de lieux de vote, en établissant des centres de vote et non plus seulement des bureaux de vote éparpillés, est avant tout un choix mal assumé du CEP. Par conséquent, le CEP n'a pas été capable de la mettre en œuvre, contraignant la MINUSTAH à s'impliquer dans sa mise en œuvre pratique. Le choix des centres de vote a également répondu à des impératifs non électoraux dont celui des capacités de la MINUSTAH à assurer l'appui logistique et sécuritaire indispensable. Ces circonstances ont imposé un arbitrage entre ces considérations et le souci d'assurer l'accès égal des électeurs aux urnes. Le résultat n'est pas toujours satisfaisant, par exemple dans les départements du Sud, de l'Artibonite ou du Centre. Certaines parties de l'électorat – qu'il s'agisse des personnes à mobilité réduite ou des habitants de zones reculées et/ou faiblement peuplées – sont inévitablement discriminées dans une telle situation. De manière générale, la MOE reconnaît néanmoins le caractère inévitable d'un tel arbitrage entre priorités contradictoires. En ce qui concerne le choix des bâtiments sélectionnés et du nombre de bureaux de vote alloués à ceux-ci, la MOE n'a pu que constater que de nombreux lieux ne se prêtaient pas à l'usage envisagé, ce qui n'a pas manqué d'avoir des répercussions le jour du scrutin. Des corrections ont été apportées, mais tous les problèmes n'ont pu être résolus. Toutefois, si une meilleure identification initiale aurait pu éviter les pertes de temps ou produire un meilleur résultat, la MOE reconnaît qu'il n'existe pas toujours d'alternatives, certaines propositions de remplacement qui avaient été avancées se sont quelquefois avérées après vérification tout aussi voire plus inadéquates encore, et c'est alors légitimement qu'il n'y a pas été donné suite. En ce qui concerne l'élaboration des listes électorales, aux erreurs de saisie individuelles se sont ajoutés des problèmes d'assignation collective dont la raison est fréquemment identifiable (délimitation territoriale imprécise, homonymie, etc.).

L'émergence de tels problèmes est commune dans le cadre de tout enregistrement réalisé dans des circonstances similaires. Malheureusement, certains dispositifs correctifs habituels n'ont pu être mis en place soit en raison de l'absence de collaboration efficace entre les acteurs, soit d'un manque d'anticipation, soit des contraintes de temps. Il est à cet égard tout à fait regrettable que les listes électorales n'aient pu être publiées en temps utile pour être apurées et corrigées. Le processus de sélection et de désignation du personnel des centres et bureaux de vote s'est déroulé de manière chaotique. En multipliant les niveaux auxquels les listes de candidats étaient introduites, en ne définissant pas une procédure claire et publique, le CEP a favorisé une confusion dommageable au principe de transparence et de publicité induit par les dispositions de la loi. Les vérifications et les efforts entrepris par la direction générale ont néanmoins permis de redresser une part non négligeable des anomalies constatées. Enfin, la MOE note que le CEP a choisi, pour l'accréditation des mandataires de partis et des candidats, un système de quotas qui – même s'il n'a pas fait l'objet de critiques publiques – n'apparaît pas moins arbitraire.

Campagne électorale

La campagne électorale a officiellement débuté le 8 octobre. L'incertitude due aux reports successifs des dates des élections est à cet égard certainement dommageable aux candidats et aux partis ne disposant pas de moyens importants et qui ont par conséquent été confrontés à des problèmes de planification de campagne. La campagne s'est déroulée dans le calme. Il faut souligner à cet égard les discours positifs de certains candidats qui ont encouragé leurs partisans à faire preuve de retenue et à respecter les principes de base d'une campagne démocratique. Quelques dérapages ont été constatés mais les quelques incidents reportés et vérifiés peuvent être considérés comme mineurs. Dans l'ensemble, la liberté de circulation, de parole et de rassemblement a été respectée. Certains candidats se sont plaints toutefois de ne pas avoir accès à Cité Soleil, une commune populaire de la zone métropolitaine de Port-au-Prince, à cause des problèmes de sécurité. Sans être atone, l'activité électorale est demeurée de relativement basse intensité. En outre, les lenteurs du processus comme les incertitudes sur les dates ont orienté le débat public dans un sens portant souvent davantage sur la faisabilité des élections que sur l'enjeu de celles-ci. Les meetings électoraux des principaux candidats ont rarement réunis des foules importantes, même si ceux de certains candidats réunissaient généralement une plus grande assistance que celle des autres compétiteurs. La MOE note avec satisfaction le caractère pacifique de l'ensemble des manifestations observées et l'absence de toute forme d'incitation à la violence dans les discours des candidats dans ces occasions.

Médias

En dépit de moyens limités et de l'absence d'une stratégie commune de communication entre les différents acteurs impliqués dans l'organisation des élections, notamment au sein du CEP, les médias ont fait preuve de grande volonté et d'engagement en informant la population sur les différents aspects du processus électoral. Un nombre conséquent d'émissions étaient diffusées quotidiennement et tout au long de la campagne, principalement à la radio, pour commenter le processus et donner l'opportunité aux candidats de se présenter aux électeurs. Les médias d'État ont généralement assuré un traitement équitable aux candidats pendant toute la période de campagne électorale dans le respect des principes cités par la loi, mettant à leur disposition des espaces gratuits. Les médias privés ont assuré un certain pluralisme de voix, toutefois la MOE a observé un manque de neutralité de la part de certaines radios privées dont la couverture de la campagne a été souvent marquée par des reportages biaisés, visant à discréditer certains candidats. De plus, plusieurs cas de manipulation de l'information ont été observés, de la part de médias proches de certains secteurs privés et politiques qui ont instrumentalisé le problème de la sécurité afin de remettre en question la tenue des élections. Cette attitude a nourri dans l'opinion publique un sentiment de peur déjà latent ainsi que de méfiance envers les troupes de stabilisation de la MINUSTAH.

Société civile

L'intérêt des organisations non gouvernementales pour l'élection semble s'être particulièrement concentré sur l'observation électorale. La MOE a eu connaissance de peu d'initiatives allant dans le sens de l'éducation civique et électorale. Elle renouvelle à cet égard le constat fait précédemment, que les efforts consentis en cette matière n'ont pas été à la hauteur des enjeux du scrutin et qu'à cet égard, la société civile n'est pas apparue aussi dynamique qu'il était possible de l'espérer.

La MOE a entretenu des rapports réguliers avec les autres organisations et missions, nationales et internationales, impliquées dans l'observation électorale. Elle salue les efforts particuliers de ces contreparties haïtiennes pour assurer une présence importante dans les bureaux de vote. Elle note que, parmi les organisations nationales, le Conseil national d'Observation des Élections (CNO) a semblé bénéficier d'un statut particulier, mis en évidence par sa participation comme membre délibérant au sein de la Commission de Garantie Électorale, et dans certaines déclarations officielles.

Déroulement du scrutin

Les retards à l'ouverture ont été généralisés et importants. Dans la plupart des centres visités, ceux-ci ont été d'une à deux heures en moyenne. Plusieurs éléments sont à l'origine de ces retards, notamment des procédures d'ouverture trop longues, l'absence de mise en place préalable – qui aurait pu et aurait dû être réalisée la veille – laquelle a été compliquée par l'exiguïté et l'obscurité des locaux, et enfin, dans un nombre limité de cas, des retards ou des erreurs dans la livraison de matériel sensible. Il faut noter que le nombre de superviseurs de centres n'ayant pas été doublé dans les centres avec annexes, ceux-ci sont passés d'un centre à l'autre pour résoudre les problèmes, ce qui a encore ralenti la mise en place. Cependant, il convient de souligner le dévouement des membres des bureaux de vote qui ont fait preuve de flexibilité et de courage pour s'adapter aux conditions. Enfin, les mandataires des partis politiques ont été très présents dans les bureaux de vote, ce qui montre encore une fois l'intérêt de la population haïtienne pour ces élections. De longues files d'attente ont été constatées à l'ouverture dans l'ensemble des départements, pouvant compter, selon les centres et nos évaluations, de 25 à 50% de l'électorat potentiel. L'exiguïté de certains locaux ou leur caractère inapproprié au regard du nombre d'électeurs inscrits – un constat qui s'applique à un tiers des centres visités – ainsi qu'une gestion mal contrôlée de la foule ont provoqué des tensions sporadiques. Très peu d'incidents sérieux sont cependant à déplorer. La population a généralement supporté cette attente avec stoïcisme et un sens aigu de l'importance de la journée. Dans la plupart des cas, les queues s'étaient résorbées à la mi-journée.

Les Listes Électorales Provisoires (LEP) ont posé problème dans plusieurs centres de vote. Le CEP, en réaction, a décidé d'ouvrir des listes d'émargement complémentaires pour permettre le vote d'électeurs qui, bien qu'apparemment régulièrement inscrits dans un centre, n'apparaissaient sur aucune des LEP. Cette mesure semble avoir été appliquée au cas par cas. Dans les bureaux observés, il n'y a pas d'indication que les bénéficiaires de la mesure aient excédé un volume normal en ces circonstances. Il faut également noter que l'usage de la souche d'inscription a été observé dans quatre bureaux sur dix. Des aspects sensibles des procédures de vote ont malheureusement été appliqués de manière trop approximative, en particulier en ce qui concerne la vérification de l'encre indélébile et l'inscription des électeurs à la LEP. Ces problèmes devraient être corrigés dans la perspective du second tour. L'assistance aux électeurs analphabètes laisse à désirer, le CEP devrait mieux encadrer cet aspect du processus afin d'éviter les abus, notamment de la part de mandataires de partis.

Il est à noter que l'exigüité des locaux ainsi que l'utilisation d'isoloirs peu appropriés ont posé un réel problème en matière de garantie du secret du vote. De même, l'absence de numérotation en série des bulletins de vote, de sceau sur les urnes ainsi que le manque de méticulosité dans l'application de l'encre indélébile méritent d'être revus pour le second tour des élections. Quelques cas de destructions de matériel électoral sensible ont été signalés, notamment dans le département du Nord-Ouest et dans l'Artibonite. À ce stade, il ne paraît pas que ces cas soient d'une ampleur propre à influer sur les résultats nationaux. S'ils se confirment, de tels incidents n'en demeurent pas moins regrettables. Dans les bureaux de vote observés à la fermeture, le dépouillement s'est déroulé sans incidents ni problèmes majeurs et dans une atmosphère de coopération entre les membres des bureaux de vote et les mandataires présents. Quelques erreurs techniques ont été notées lors de la rédaction des procès-verbaux ou lors de la procédure d'empaquetage du matériel qui n'affectaient pourtant pas les résultats du bureau.

Annexe 11

Déclaration de Mirlande et de Leslie F. Manigat du RDNP après la proclamation de la victoire de René Garcia Préval

Déclaration de principe
Rassemblement des Démocrates Nationaux Progressistes (RDNP)
234 route de Delmas, Delmas, Port-au-Prince, Haïti, W.I
Tél : (509) 246 3313 213 0923

À l'issue de trois longues séances successives de délibérations, le RDNP annonce d'une part la décision personnelle de principe de madame Mirlande Hippolyte Manigat et d'autre part la recommandation générale du parti au sujet des résultats des élections législatives du 7 février 2006.

1.- Décision personnelle de principe de non-acceptation

Du fond du cœur, je remercie tous ceux qui, d'une manière ou d'une autre, m'ont aidée pendant ces longs mois de campagne électorale, en me faisant parvenir une assistance financière, des suggestions et recommandations, des dossiers et aussi des critiques dont j'ai tiré profit. Qu'ils acceptent publiquement ma sincère gratitude.

Je remercie, avec une égale émotion patriotique, tous ceux, nombreux, qui ont voté pour moi au cours de cette mémorable journée du 7 février 2006. Qu'ils acceptent publiquement ma sincère reconnaissance.

Mais je suis au regret d'informer tous mes compatriotes que, par la présente et par avance, je récuse formellement et de manière irrévocable tout résultat qu'il plaira au Conseil Électoral Provisoire d'associer à mon nom. Cette décision réfléchie et lucide, je la prends en mon âme et conscience. Elle est motivée par une naturelle solidarité avec la position adoptée par mon époux Leslie F. Manigat, secrétaire général et leader politique de notre parti, dans son refus d'accepter la violation flagrante de la Constitution et du décret électoral dans la manipulation du mode de calcul des résultats des élections présidentielles. Constitutionnaliste de formation, légaliste par conviction démocratique, je ne saurais cautionner de telles pratiques ni permettre qu'on associe, de quelque manière que ce soit, mon nom, mon honneur, ma crédibilité à cette utilisation contraire aux normes, ces normes que j'ai toujours patiemment enseignées à mes étudiants, aux jeunes de mon parti et aussi à ceux appartenant à d'autres formations politiques, souvent malheureusement incrédules et déjà désabusés, en faisant l'apologie du droit et de ses exigences et en mettant en garde contre le recours dangereux à la raison d'État qui est le contraire de l'État de droit, cette construction fragile mais nécessaire, car il sert de socle et de bouclier pour la démocratie.

Je continuerai à servir mon pays, à travailler dans le cadre de mon parti et ailleurs pour l'instauration de la démocratie et de la justice sociale.

Marin-en-Plaine, ce lundi 20 février 2006

Mirlande Manigat
Secrétaire Générale adjointe du RDNP
Candidate au Sénat de la République pour le département de l'Ouest.

2.- Recommandation générale de non-approbation

Le RDNP recommande à tous les candidats inscrits sous la bannière du parti qui estiment devoir et pouvoir le faire, au cas par cas, l'adoption de la même décision de retrait de principe de participation, et conséquemment de non- approbation des résultats des élections législatives du 7 février 2006. Nous réaffirmons en même temps, en tant que parti, notre décision parallèle de laisser la nouvelle expérience se faire sous la seule responsabilité de ses résultats, c'est-à-dire sans notre participation, mais aussi sans rien de notre part pour y faire obstruction, tout en préservant notre droit à la libre expression d'une action et d'une critique démocratique, donc nécessairement non violentes.

Port-au-Prince, le mardi 21 février 2006
Au nom et pour le Conseil exécutif national élargi

Leslie F. Manigat
Secrétaire Général et Leader politique du RDNP
Ancien président constitutionnel de la République.

Annexe 12

Le moniteur : proclamation officielle de la victoire de René Garcia Préval

Le Moniteur

Paraissant
Le Lundi et le Jeudi

JOURNAL OFFICIEL DE LA REPUBLIQUE D'HAITI

DIRECTEUR GENERAL
Willems Edouard

161ème Année No. 29	PORT-AU-PRINCE	*Vendredi 24 Mars 2006*

SOMMAIRE

PROCÈS-VERBAL PROCLAMANT
LE CITOYEN RENÉ PRÉVAL PRÉSIDENT DE LA RÉPUBLIQUE D'HAÏTI,
POUR UNE DURÉE DE CINQ ANNÉES, DE SA PRESTATION DE SERMENT
AU 7 FÉVRIER 2011.

NUMÉRO EXTRAORDINAIRE

CONSEIL ELECTORAL PROVISOIRE

PROCÈS-VERBAL

PROCLAMATION DU CITOYEN
RENÉ PRÉVAL
PRÉSIDENT DE LA RÉPUBLIQUE D'HAITI

L'an deux mille six et le mardi vingt-et-un mars, an 203ème de l'Indépendance;

Les Soussignés, membres du Conseil Électoral Provisoire, se sont réunis sur convocation spéciale du Président dudit Conseil aux fins de statuer et de délibérer sur la validité des résultats du scrutin du 7 février tenu sur tout le territoire national.

Vu les Articles 134-1, 134-3, 135, 135-1, 136, 144 et 191 de la Constitution;

Vu le Décret Electoral du 3 février 2005 amendé par les Décrets du 26 juillet et du 12 octobre 2005;

Vu l'Arrêté du 7 janvier 2006 convoquant, sur demande du Conseil Électoral Provisoire, le Peuple en ses Comices, en vue d'élire notamment le Président de la République;

Vu les originaux en bonne et due forme des procès-verbaux du Scrutin de l'Élection Présidentielle du 7 février 2006, organisée et réalisée sur toute l'étendue du territoire national, originaux transmis au Conseil Électoral Provisoire à la diligence des différents Bureaux Électoraux Départementaux de la République (BED);

Vu les opérations de contrôle et de vérification des susdits procès-verbaux réalisées par le Conseil Électoral Provisoire (CEP), jugés réguliers et valides;

Considérant que de tout ce qui précède, il ressort que le citoyen René PRÉVAL est élu Président de la République d'Haïti au suffrage universel direct à la majorité absolue des votants et la dépassant jusqu'à atteindre 51.21 pour cent;

En conséquence, le Conseil Électoral Provisoire:

PROCLAME:

Le citoyen René PRÉVAL Président de la République d'Haïti, pour une durée de cinq années, de sa prestation de serment au 7 février 2011.

Cette proclamation sera publiée au Journal Officiel «LE MONITEUR», et une copie sera remise au Président élu aux fins de droit.

En foi de quoi, le présent procès-verbal est fait, dressé et signé par les membres du Conseil Électoral Provisoire en son local sis à Delmas, les jour, mois et an que dessus.

Max **MATHURIN**
Président

Freud **JEAN**
Vice-Président

Rosemond **PRADEL**
Secrétaire Général

François **BENOIT**
Trésorier

Pierre Richard **DUCHEMIN**
Membre

Josepha R. **GAUTHIER**
Membre

Patrick **FEQUIERE**
Membre

Louis Gerson **RICHEME**
Membre

Pauris **JEAN-BAPTISTE**
Membre

Presses Nationales d'Haïti - Rue Hammerton Killick No. 231 • Tél.: (509) 222-1744 / 222-1745 • E-mail : pndh-moniteur@hainet.net
Boîte Postale 1746, Port-au-Prince, Haïti, Grandes Antilles.
*Dépôt Légal: 85-01-027 Bibliothèque Nationale d'Haïti • **ISSN 1683-2930***

Annexe 13

Discours d'investiture du président René Garcia Preval le 14 mai 2006

Pèp Ayisyen, respè pou wou !

Nan non w, m ap di tout etranje ki vin pataje moman espesyal sa a avek nou mèsi. Mèsi, byenvini :

Onorab Michaëlle Jean, Gouvènè Jeneral Kanada ;

Trèzonorab Son Ekselans Kerry Chrisit, Premye minis Bahamas ;

Son Ekselans Richard Tounhari, Gouvènè Turcs and Caïcos ;

Son Ekselans Jose Alencar, Vis Prezidan Bresil ;

Son Ekselans Esteban Lazo, Vis Prezidan Konsèy Deta Cuba ;

Son Ekselans Dr Michael Eugène Misick, Premye minis Turcs and Caïcos ;

M. Philippe Douste Blazy, minis Afè Etranjè peyi Lafrans ;

M. Carlos Morales Troncoso, minis Afè Etranjè Repiblik Dominiken ;

M. Bernandino Leon, minis Afè Etranjè l'Espagne ;

M. Jeb Bush, Gouvènè Eta La Florid ;

Son Ekselans Jose Miguel Insulza, Sekretè Jeneral OEA ;

Tout lot Reprezantan Prezidan ak chèf gouvènman yo ;

Reprezantan palman etranje yo, Reprezantan oganizasyon entènasyonal yo.

Nan non w, pèp ayisyen, m ap salye pèp tout lot peyi yo, espesyalman sè ak frè dominiken vwazen nou.

Lapè pou tout pèp k ap viv sou tè a !

Lapè ant 2 pèp k ap viv sou zile a : Dominiken ak Ayisyen !

Lapè ant nou menm pitit tè Dayiti, kit n ap viv Ayiti, kit n ap viv nan lot peyi !

Prezidan Bonifas Alexandre, Premye minis Gérard Latortue, manb kabinè ministeryèl la, nou fè sa nou te kapab pou Ayiti rive nan kafou sa a.

Li pat fasil, men nou rive. Manb Konsèy Elektoral la, travay nou pat fasil non plis.

Depi 1987, eleksyon an Ayiti se traka : Premye a fini nan san, Pifo lot yo fini nan kontestasyon,

Eleksyon sa yo tou te gen pwoblèm pa yo. Men, tout moun rekonèt pat gen vyolans,

Pep la patisipe an mas et tout moun rekonèt rezilta yo.

Men, travay la poko fini.rete kolektivite teritoryal yo ki se baz oganizasyon eknomik,

Sosyal, politik peyi a. Peyizan yo ap tann eleksyon sa yo tankou tè sek k ap tann lapli, pou desantralizasyon an komanse kaba ak eksklizyon.

Juan Gabriel Valdés, misyon w fini. Travay ou pat fasil non plis,

Men ou mèt ale kè kontan : Rezilta a la devan nou jodi a. Juan Gabriel Valdés, misyon w fini.

Sekretè Jeneral Nasyon Zini a ap gen pou ranplase w touswit, paske travay MINUSTAH a poko fini. MINUSTAH pwal kontinye akonpaye pèp ayisyen an,

Men, fwa sa a, n ap mande l ede avèk plis traktè, bouldozè, lodè, kamyon, pou fè wout, kanalizasyon. Se materyèl sa yo ki nesesè pou stabilize peyi a kounye a, se pas cha.

MINUSTAH a ap gen pou l bay kout men patikilyèman nan refom la polis la.

Pèp Ayisyen ! Ann pale je nan je, M ap gade w je nan je, Gade m nan je.

Prezidan an sot prete sèman, Palman an enstale, yon lot nan gouvènman pwal nonmen !

Sa k ap fèt ? Sa nou pwal fè ? M byen di, sa nou, nou menm Ayisyen, sa nou pwal fè ?

Pati politik, oganizasyon patronal, sendikal, oganizasyon relijièz, oganizasyon fanm, sosyopwofesynèl, etidyan, inivèsitè, peyizan, elatriye, sa n ap fè ?

Sak gen pou fèt ? Repons la klè pou mwen : Lapè ! Lapè a travè yon dyalog pèmanan. Fok nou pale youn ak lot Pou nou deside ansanm ki kote nou vle ale ansanm.

A ki vitès, ak ki mwayen (moun, kob). Si nou pa pale ant nou, Nou pwal batay youn ak lot.

Pa paske youn pa renmen lot, men senpleman paske nou pa konn sa lot la vle.

Pale a deja komanse. Lapè a deja komanse. Fok nou ranfose pale a pou nou ranfose lapè a.

Lapè a se kle ki pou louvri tout pot : Pot envestisman pou kreye travay k ap konbat chomaj,

Pot pou plis touris antre nan peyi a.

Pot pou plis wout, plis lekol, plis lopital, plis pwodiksyon nasyonal.

Se lapè ki pou pèmeè machann monte desann. Pale a deja komanse. Ann laji, ann ranfose l.

Ann pale avek pasyans, entelijans, san pèsonn pa gonfle lestomak yo.

Pèp Ayisyen ! Nan 4 jou se 18 me.

Nou pwal Lakayè onore zansèt nous yo, Pétion, Dessalines ki te ba nou lekzanp chita pale ant yo pou fè lapè ant yo. Lapè ki debouche sou kreyasyon Ayiti.

Jodi a, ann pran ekzanp sou yo.

Ann chita pale pou n fè lapè k ap debouche sou yon Ayiti san twoup etranjè.

Pèp Ayisyen ! Solisyon pwoblèm peyi a se nan men nou Ayisyen li ye.

Se chita pale pou fè lapè ! Pèsonn pa ka fè l nan plas nou,

Ni nou pa bezwen èd pèsonn pou nou fè l.

Ni MINUSTAH, ni FMI, ni Bank Mondyal, ni Inyon Ewopyèn, ni kooperasyon bilateral pas ka fè l pou nou, pandan n ap di yo mèsi davans pou bourad yo pwal kontinye bay.

M sèten si nou konnye pale, si nous kontinue fè lapè, nou ka antann nou sou kisa nou pwal fè pou 7 fevriye 2011, lè m prale, n ap ka admire yon lot Ayiti.

Yon Ayiti ak plis wout, plis travay, plis lekol, plis lopital.

Yon Ayiti pi bel !

Tanpri souple, Ede m, Ede peyi a, Ede tèt nou.

Mèsi

Annexe 14

Déclaration de politique générale du Premier ministre Jacques-Édouard Alexis au parlement réuni en Assemblée nationale

Monsieur le président du Sénat,
Distingués membres du bureau,
Honorables sénateurs,

Voilà déjà vingt ans que le pays s'enlise dans une transition sans fin. Le moment est venu de prendre en main notre destin. C'est bien ce qui nous interpelle et nous convoque dans cette enceinte aujourd'hui.

Le peuple haïtien, durant cette trop longue traversée du désert, n'a cependant jamais perdu espoir. Il a lutté avec ardeur et courage pour faire les choix qui lui tiennent à cœur et pour dire clairement dans quelle direction il entend s'engager.

Le peuple haïtien, en accordant sa confiance au Président de la République, Son Excellence René Préval,

Le peuple haïtien, en faisant choix de vous comme sénateurs,

Le peuple haïtien, en marquant sa préférence pour les députés de l'actuelle législature,

A voulu exprimer sa détermination à lutter contre toutes formes d'exclusion, sa claire volonté de vivre dans une société où les droits de tous et de chacun sont reconnus et respectés.

La nécessité de la participation de tous à la vie en société dans toutes ses dimensions, le caractère indispensable d'une concertation permanente et structurée entre tous les acteurs, voilà, honorables sénateurs, la leçon que nous devons retenir des récentes mobilisations populaires.

C'est en gardant en mémoire la pertinence de ces enseignements que je m'adresse à vous et, à travers vous, aux différents secteurs de la vie nationale qui espèrent cette fois une sortie de crise définitive. Je suis ici à titre de Premier ministre pour partager avec vous les objectifs du gouvernement, ses préoccupations et ses motifs d'espoir et pour vous présenter ma déclaration de politique générale qui, je l'espère, aura votre confiance et votre soutien.

Ce message tient compte des orientations données par le président de la République et reflète les multiples préoccupations des forces vives de la nation. La mise en œuvre de cette déclaration de politique générale dépendra de certaines conditions qui se présentent comme un ensemble de préalables.

I.- Préalables à un nouveau départ

Quatre conditions me paraissent indispensables pour ce nouveau départ. La première se rapporte à la stabilité et à la paix que réclament les Haïtiennes et les Haïtiens. À cet effet, le premier engagement du gouvernement est de mettre en application une politique d'inclusion, de dialogue et de réconciliation avec tous les secteurs de la vie nationale. Cette politique d'ouverture est dictée par la volonté du gouvernement de prendre l'intérêt national comme boussole. Cette approche participative à laquelle nous ferons appel dans les étapes d'élaboration et d'exécution de nos politiques publiques est déjà manifeste dans la composition même de mon gouvernement.

La deuxième condition consiste à rendre les services de base progressivement disponibles sur la totalité du territoire. Le gouvernement développera une politique qui cible toutes les communes de nos départements. La mise en place d'un paquet minimum de services dans chacune d'elles en matière d'éducation, de santé, de loisirs, d'eau potable et d'assainissement, d'opportunités économiques sera le tremplin pour l'absorption de programmes à long terme d'un développement socio-économique et culturel durable.

La troisième condition reste le grand défi que pose l'adéquation du rythme de croissance annuelle de notre population à celui de notre production nationale, de nos investissements et de l'offre de services sociaux. Aussi, le gouvernement s'engage-t-il à sensibiliser tous les secteurs à participer à des programmes de planification familiale, à tenir compte dans leur planification stratégique de ce facteur important afin d'éviter que les efforts que nous allons ensemble consentir pour améliorer le niveau de vie de nos concitoyens ne soient annulés par les effets de cette croissance.

La quatrième condition, et non la moindre, est celle que les Haïtiens et les Haïtiennes réclament aujourd'hui encore avec le plus d'insistance. Ils veulent que l'État prenne ses responsabilités pour assurer le maintien de l'ordre et de la sécurité ainsi que la protection des personnes et des biens : en un mot, ils veulent que l'autorité de l'État soit restaurée. Le gouvernement mènera une lutte de tous les instants contre toutes formes de criminalité, et il s'engage à réduire significativement l'insécurité dans nos villes et dans nos campagnes en améliorant la présence de nos forces policières sur le territoire national et en facilitant la mise en œuvre d'un réel programme de désarmement, de démobilisation et de réinsertion. Il demeure entendu, par ailleurs, que la sécurité ne peut être ni effective, ni durable sans une réelle élévation du niveau de vie et un meilleur accès à une justice équitable.

Si la levée des préalables ouvre grandes les portes à l'action, la connaissance approfondie du terrain, dans la double perspective de ses forces et faiblesses, permet de formuler un énoncé de politique qui colle à la réalité.

II.- Des constats

Nous avons pris la mauvaise habitude de nous apitoyer sur nos problèmes, ignorant de ce fait les forces motrices et les énormes potentialités de notre pays. Commençons par les mettre en exergue et nos faiblesses deviendront des défis à relever.

Haïti puise ses forces et potentialités dans sa **jeunesse** – un pays dont 52% de la population a moins de 20 ans, selon les données du dernier recensement, fait l'envie de bien des nations riches -, dans la **solidarité** qui lie les Haïtiens de l'extérieur au pays natal, dans le **rôle des femmes** dans la société en général et dans les activités productives en particulier, dans la **capacité des Haïtiennes et des Haïtiens de se mobiliser** pour les causes justes, dans la **diversité de ses écosystèmes naturels**, dans l'énorme **capacité créatrice** de nos compatriotes et – enfin !- dans la grande richesse et l'originalité de notre **culture** que nous devons protéger afin de la transmettre à nos descendants vivant au pays ou à l'étranger.

Par ailleurs, nous reconnaissons que nous faisons face à un réel déficit d'accès aux services de base, particulièrement dans les communes et les sections communales.

À titre d'exemples, mentionnons nos 500 000 jeunes qui n'ont pas accès à l'école, les 70% de la population qui n'ont pas accès à l'eau potable, le faible accès aux services de santé primaires qui sont surtout accessibles en milieu urbain et pas à certaines catégories sociales et le fait que seulement 8% des ménages ont des services d'évacuation des déchets solides.

Nous sommes conscients que notre pays fait face à un processus de dégradation accélérée de son environnement (la couverture forestière de notre pays est à un niveau critique), que les infrastructures et équipements collectifs pour le développement – électricité, ports, aéroports, routes et logements - font cruellement défaut sur l'étendue du territoire. Il en est de même de la présence de l'État, du peu d'opportunités qui s'offrent à nos jeunes et de la faible pénétration des nouvelles technologies de l'information et de la communication (NTIC).

À cette croisée des chemins où nous nous trouvons, nous devons, en prenant appui sur nos forces et potentialités, nous engager dans la bonne direction et prendre avec courage les grandes décisions qui s'imposent. Pour faire face aux nombreux défis qui sont devant nous, pour jeter enfin les bases de cette société inclusive que nous appelons de tous nos vœux, il nous revient d'identifier nos grandes orientations et de cibler les grandes priorités qui serviront de balises à nos actions.

III.- Les grandes orientations du quinquennat

À maintes occasions, le président de la République a identifié les deux grandes orientations sur lesquelles son quinquennat voudrait être apprécié. Il s'agit, d'une part, de la construction d'un État moderne et, d'autre part, de la mise en place des conditions favorables à l'investissement privé en vue de la création de richesses et d'emplois durables au bénéfice de l'ensemble de la population, notamment des groupes les plus vulnérables.

3.1 Modernisation de l'État

La modernisation de l'État, l'une des pièces maîtresses de l'action du gouvernement, comporte trois dimensions : la refondation de l'État, l'appui à la consolidation des institutions démocratiques, le déploiement de l'État sur l'ensemble du territoire national. Elles contribueront à la normalisation politico-institutionnelle et à l'instauration du nouvel État.

3.1.1 La refondation de l'État

La construction d'un pays moderne suppose la modernisation de l'État lui-même. Cette transformation fera de notre État :

- **Un État stratège**, c'est-à-dire un État capable de jouer efficacement son rôle normatif d'orientation et d'impulsion du développement économique et social de la nation et de fournir les services essentiels aux citoyens ;
- **Un État décentralisé** au sein duquel les collectivités territoriales seront en mesure de jouer un rôle actif dans le développement de leurs régions respectives ;
- **Un État de droit** qui assure en tout temps et en toutes circonstances le respect de la règle de droit et la protection des citoyens et citoyennes, sans discrimination, contre toutes les formes d'arbitraire;
- **Un État bon gestionnaire** qui appliquera les politiques publiques avec rigueur, efficacité et efficience.

Les propositions pour parvenir à ce nouvel État sont déjà formulées pour l'essentiel. Il nous faut, dans la concertation, les actualiser si nécessaire, et leur donner force de loi.

Le gouvernement accorde une attention particulière à la mise en œuvre de la réforme de la justice sans laquelle un État de droit ne verra jamais le jour en Haïti. Il insistera également sur la mise en œuvre de la réforme de la Fonction publique, garante d'un État bon gestionnaire.

De façon plus spécifique et dès la reprise de la prochaine session ordinaire de l'Assemblée nationale, le gouvernement entend revenir sur certaines initiatives déjà prises et ayant abouti à des décrets. Nous proposerons que ces décrets accèdent au statut supérieur de lois.

Particulièrement sensible au bon fonctionnement des rapports entre l'exécutif et le législatif, un membre de mon cabinet sera chargé des relations avec le Parlement. Il assurera, sous ma responsabilité et dans la concertation, le suivi de l'agenda législatif qui sera défini de façon consensuelle, en encourageant la plus large participation à son élaboration.

Quant aux relations entre instances supérieures de l'Exécutif – présidence et bureau du Premier ministre - le président de la République et moi-même avons convenu de mettre en place les structures et mécanismes adéquats pour garantir la permanence de l'État et pour assurer la coordination et la continuité de l'action gouvernementale.

Notre Constitution ayant placé les collectivités territoriales au cœur du nouveau régime politique et de l'action étatique, le processus de décentralisation fera l'objet d'un intérêt majeur. Nous mettrons en place un partenariat décentralisé et participatif en vue de faciliter l'accès des collectivités territoriales à des ressources d'investissement tout en renforçant les capacités institutionnelles et managériales au niveau local, notamment par l'apport des institutions administratives déconcentrées, tel que la Constitution nous l'impose. Ainsi, dès la prochaine année, nous voulons initier le processus de départementalisation du budget national pour une plus grande visibilité de l'action territoriale du gouvernement.

La bonne gestion de la gouvernance externe sera aussi recherchée. Il nous paraît indiqué d'adopter des orientations claires dans le domaine de notre politique étrangère qui privilégient la cohabitation et le développement harmonieux des deux axes de coopération structurant les relations d'échange et de partage entre les nations : l'axe Nord-Sud qui nous est indispensable et l'axe Sud-Sud qui ne cesse de nous étonner par son originalité et sa capacité d'innovation. Le gouvernement tiendra compte de ces deux axes tant dans les relations multilatérales et régionales que dans les relations bilatérales.

À très court terme, nous devons soumettre les postes d'ambassadeurs à l'approbation du Sénat, tel que le prescrit la Constitution, et nous procèderons à une revue de nos ambassades et de nos consulats en vue d'avoir des retombées plus immédiatement visibles pour le pays en terme de respect des droits des Haïtiens, de promotion culturelle et touristique, de recherche d'investissements, d'ouverture de marchés pour nos produits et de canalisation des efforts de la diaspora vers la mère patrie.

Dans ce contexte, le sort de chaque Haïtien et de chaque Haïtienne vivant à l'étranger nous tient particulièrement à cœur et cette préoccupation implique, au préalable, que le gouvernement assure un meilleur contrôle des frontières du territoire national et ne laisse pas nos compatriotes prendre le chemin du départ dans n'importe quelle condition.

Certains prescrits de notre Charte fondamentale de 1987, enfin, font l'objet de débats et parfois de controverses. Il nous faut construire un réel consensus social sur les initiatives à prendre en vue de mettre notre Constitution à la hauteur des aspirations et des défis qui attendent les prochaines générations, ceci sans aucune intention de dégager des dividendes politiques.

3.1.2 L'appui à la consolidation des institutions démocratiques

Le processus électoral a permis à ce jour d'élire le président de la République et la quasi-totalité du Parlement. Il nous faut parachever dans les meilleurs délais la mise en place des institutions démocratiques jusqu'au niveau des collectivités territoriales.

Le gouvernement travaillera, de concert avec le Conseil Électoral Provisoire et les partenaires internationaux, pour que les élections sénatoriales et législatives partielles soient tenues dans les meilleurs délais, en même temps que les élections au niveau des collectivités territoriales ; ceci, de manière à susciter une participation accrue et à économiser des ressources rares.

Cependant, durant ce quinquennat, l'exécutif et le législatif devront s'atteler à la révision et à la promulgation d'un cadre légal et réglementaire cohérent régissant les institutions locales.

Une fois l'ensemble du dispositif institutionnel en place, le Conseil Électoral Permanent, institution nationale essentielle à la pérennisation des droits démocratiques de chaque citoyen et de chaque citoyenne, sera institué.

Par ailleurs, il y a lieu de reconnaître que les parlementaires travaillent dans des conditions extrêmement difficiles. Dans les limites des ressources disponibles, ce pouvoir mérite d'être doté des moyens requis pour l'exécution de son mandat. Nous saluons la mise sur pied rapide de la Commission bicamérale chargée de traiter ces aspects.

C'est dans ce contexte que, tout en respectant scrupuleusement le leadership et l'autonomie du Parlement en cette matière, nous renouvelons l'appel lancé par le président de la République aux autorités législatives de se pencher sur les dossiers d'organisation d'une structure d'assistance technique aux parlementaires et de construction d'un nouveau Palais législatif, comme symbole qui affirme haut et fort la dignité de la fonction et l'irréversibilité de la gouvernance démocratique en Haïti.

Le gouvernement s'engage à promouvoir et à garantir le pluralisme politique et le libre fonctionnement des partis politiques, pré requis essentiels pour le plein épanouissement d'une vie démocratique saine. À cet effet, il sollicite votre collaboration pour activer le vote d'un cadre légal régissant le fonctionnement et le financement des partis politiques. Sur la base des critères qui y seront définis et selon les disponibilités budgétaires, il veillera à mobiliser et à allouer les ressources nécessaires à l'atteinte de cet objectif.

3.1.3 Le déploiement de l'État sur l'ensemble du territoire national

Construire une société fondée sur la participation de tous suppose la présence de l'État sur l'ensemble du territoire national de manière à pouvoir exercer ses fonctions régaliennes et à dispenser les services aux citoyens et citoyennes qui sont de sa responsabilité.

Assurer la présence de l'État, c'est doter chaque section communale, chaque commune, chaque chef-lieu de département d'équipements collectifs adéquats. À ce chapitre, les besoins sont énormes. Les données du dernier recensement nous fournissent un premier inventaire des facilités physiques. Pour chaque commune et chef-lieu départemental, le gouvernement s'engage à accompagner les élus locaux, selon une démarche participative, dans l'élaboration d'un devis et d'un plan d'exécution à réaliser à l'intérieur du quinquennat.

Il reviendra, bien sûr, aux assemblées départementales de construire la cohérence régionale entre ces différents devis et plans d'activités. Les élus du Nord se souviennent peut-être de l'expérience de définition participative d'un programme de développement conduite, lors de son premier mandat, par le président René Préval et son équipe gouvernementale dans la région du Borgne et de Port-Margot.

Cette problématique du développement local participatif figure à l'agenda de la conférence réunissant le gouvernement de la République ainsi que les partenaires techniques et financiers de la Communauté internationale prévue pour la fin du mois de juillet à Port-au-Prince.

Rendre les services disponibles sur l'ensemble du territoire, c'est également mettre en place un réseau adéquat de communication moderne. Le gouvernement entend faire un usage judicieux des nouvelles technologies de l'information et de la communication pour améliorer la disponibilité des services et des informations sur l'ensemble du territoire.

Honorables sénateurs, la modernisation de l'État, à elle seule, ne pourrait déboucher sur cette société de l'inclusion : il nous faut aussi créer de la richesse.

3.2- La création de richesses par l'investissement privé

Sans négliger le rôle éminemment économique de l'investissement public comme moyen d'accroissement de la demande interne, le gouvernement n'oubliera pas que l'investissement privé reste le moteur de la croissance. Ce type d'investissement sera recherché non seulement à cause des flux nouveaux de capitaux qu'il amène dans l'économie, mais aussi et surtout en raison des emplois productifs rémunérateurs qu'il crée et des innovations qu'il véhicule avec lui dans la technologie et le savoir-faire managérial.

De nombreux secteurs de notre économie offrent un terrain d'accueil favorable à l'investissement privé. Permettez-moi de citer, à titre d'illustration, les quatre principaux dans lesquels l'action du gouvernement aura à se manifester sans délai. Il n'est un secret pour personne que le potentiel touristique du pays est très largement inexploité. Sa virginité, si je peux dire, et les nombreux atouts distinctifs qu'il offre par comparaison avec d'autres pays de la région en font un secteur de choix tant pour les investisseurs haïtiens qu'étrangers.

Voulant faciliter le retour progressif d'Haïti sur la carte des destinations touristiques, le gouvernement mettra tout en œuvre pour assurer le développement d'un tourisme basé sur les critères du développement durable en assurant la mise en valeur du patrimoine touristique et en contribuant à la valorisation et à la protection de l'environnement. Ce développement touristique durable devra se faire au profit des communautés locales comme outil pour améliorer les opportunités d'emploi et la qualité de la vie. À terme, elles devront se l'approprier.

Dans ce contexte, seront revus les récents dossiers d'actualisation du Plan directeur du tourisme de 1996 en vue d'adopter un plan d'action dont la priorité sera à court terme de capitaliser sur une demande existante, notamment au sein de la diaspora haïtienne.

Dans ce même ordre d'idées, des efforts seront entrepris pour identifier très rapidement, en concertation avec les élus locaux et les acteurs du secteur touristique, les produits touristiques à promouvoir, les pôles et les niches pouvant être développés et les mesures d'accompagnement à envisager par les pouvoirs publics.

Le deuxième secteur prioritaire pour l'investissement privé est celui des télécommunications et des nouvelles technologies de l'information. Encore une fois, il s'agit là d'un domaine où un effort colossal combinant l'action publique et l'intervention privée sera nécessaire pour établir un cadre légal et réglementaire approprié, pour augmenter l'offre de services et en élargir l'accès aux usagers. Cette politique de renforcement du partenariat public - privé favorisera la mise en place de l'infrastructure technologique nécessaire pour que les entreprises haïtiennes deviennent plus compétitives et que de nouveaux emplois et de nouveaux métiers puissent être créés pour nos jeunes diplômés des centres de formation technique, des universités et des écoles supérieures.

Le troisième secteur de priorité sera bien sûr celui de l'industrie manufacturière. Nous soutiendrons en particulier les nouvelles initiatives et les projets de renforcement des capacités dans des programmes de construction de parcs industriels et de zones franches. Ce secteur est priorisé non seulement parce qu'il est générateur, à très court terme, d'opportunités d'emplois pour les jeunes, mais surtout parce qu'il contribue à l'établissement de la plate-forme nécessaire pour favoriser, par diverses formes successives d'intégration verticale, la création d'une véritable industrie haïtienne.

Enfin, en parlant d'investissement privé, nous avons aussi à l'esprit ces innombrables petits producteurs, tant du secteur agricole que des centres urbains, qui ont appris à survivre sans aide de l'État, sans crédit bancaire, sans institution d'encadrement et au sein d'un cadre réglementaire qui ignore leur contribution à l'économie nationale et à l'équilibre de la société. Ces entrepreneurs - je vous le souligne - doivent être considérés comme membres à part entière du secteur privé. Ils recevront une attention privilégiée de notre part, même si l'appareil d'État doit pour cela consentir à une véritable réingénierie de son organisation et de ses manières de faire.

Pour atteindre ces objectifs, la stratégie adoptée misera sur la concertation avec les acteurs, à la fois au moment de la planification afin de nous assurer que nous faisons les meilleurs choix pour le pays, mais également pendant tout le processus pour nous assurer que nous avons adopté les mesures correctrices appropriées.

Une autre composante importante de notre stratégie pour accroître l'investissement privé consistera à transformer radicalement notre bureaucratie et nos politiques pour qu'elles cessent de se comporter en ennemis de l'investisseur. Pour cela, de nombreuses actions seront nécessaires :

- Au niveau de la formation, pour changer la mentalité de nos fonctionnaires afin de les transformer en promoteurs de l'investissement ;
- Au niveau du cadre institutionnel, pour moderniser nos lois et nos règlements et surtout pour simplifier et rendre plus transparentes nos procédures.

Ces deux conditions, Honorables Sénateurs, contribueront à combattre et à éliminer à terme la corruption et l'arbitraire et permettront à l'investisseur de trouver auprès de nos administrations le facilitateur et l'accompagnateur qui l'assisteront dans la réalisation de ses projets.

Une autre initiative qu'il convient d'inscrire explicitement au titre des investissements est le programme de formalisation des actifs du secteur informel. L'économie de notre pays recèle une masse impressionnante de capitaux dormants sous forme d'actifs immobiliers et d'entreprises qui ne peuvent circuler dans nos marchés financiers, faute de titres de propriété valides. Le programme de capitalisation des actifs des pauvres, dont la conception avait été élaborée entre 1997 et 2000, détient un potentiel énorme pour permettre de vivifier l'économie en stimulant les capitaux dont les pauvres sont déjà détenteurs. Le gouvernement travaillera à la relance de ce projet et demandera en temps voulu au Parlement de se prononcer sur les réformes institutionnelles qui sont nécessaires pour nous permettre de relever ce défi.

IV.- Les actions prioritaires du Gouvernement Honorables Sénateurs,

C'est dans le cadre de ces deux grandes orientations que le gouvernement entend développer ses actions qui devront s'inscrire dans la recherche d'un équilibre spatial, dans le respect du principe de l'équité des genres et qui seront complétées par un ensemble d'autres mesures de redressement et d'effets immédiats dans la vie du peuple haïtien. Au titre de ces dernières, l'une d'entre elles retiendra en tout premier lieu notre attention. Il s'agit du Programme d'Apaisement Social.

4.1.- Lancement du Programme d'Apaisement Social, PAS

L'apaisement social, c'est un objectif, mais c'est aussi un résultat devant découler d'une série d'initiatives prises par le gouvernement, avec l'appui de la Communauté internationale et c'est finalement un programme qui touche chacune des communes du pays.

Ce programme vise à répondre à très court terme à diverses demandes sociales, à apaiser la misère des plus démunis et à constituer des amorces aux initiatives plus structurantes de la programmation à moyen terme. Il mettra à contribution les collectivités territoriales et utilisera les ressources disponibles dans chaque commune.

Les activités envisagées dans ce Programme d'apaisement social contribueront à :

Tout d'abord, lever les obstacles les plus évidents à l'inclusion sociale :

Lever ces obstacles signifie répondre aux besoins des populations les plus vulnérables qui se retrouvent principalement dans les zones urbaines marginalisées et dans les zones rurales où sévit la famine.

On retrouve dans ce volet les projets de restaurants communautaires, les activités de loisirs aptes à favoriser l'intégration des enfants de rue, l'aménagement de lieux publics pour les jeunes, la gestion de l'aide humanitaire et des interventions associées aux projets de relance du cycle de production.

En second lieu, rétablir l'accès aux services de base demande des interventions dans les domaines de l'eau potable, de l'assainissement, de l'électricité, des infrastructures, de la santé et de l'éducation :

- Les projets en eau potable et assainissement visent plusieurs régions du pays, avec une priorité sur les zones fortement peuplées en milieu urbain.
- En ce qui concerne l'électricité, les mesures touchent l'ensemble des régions et ciblent une desserte minimale capable de supporter les services

publics comme la petite adduction d'eau potable et l'approvisionnement des centres de santé.

- Les besoins en infrastructures sont considérables. La priorité sera donnée aux travaux nécessaires pour réduire les risques de catastrophes naturelles pendant la saison cyclonique. Les autres projets seront ciblés en fonction du potentiel de création d'emplois.
- Dans le domaine de la santé, on retrouve les mesures de réhabilitation des systèmes d'eau potable ainsi que les projets visant à doter d'un centre de santé les communes du pays qui n'en disposent pas encore.
- Dans le domaine de l'éducation, c'est la rentrée scolaire qui est l'élément clé du programme. Les initiatives comprennent la réhabilitation de certaines écoles, les apports en manuels scolaires, en uniformes ainsi que le fonctionnement de cantines scolaires.

Troisièmement, relancer le cycle de production.

C'est un objectif qui va nettement au-delà de la portée du programme. Cependant, des actions immédiates s'imposent pour mobiliser, dans la mesure du possible, les ressources locales, pour produire les biens et services nécessaires.

Ainsi, les uniformes pour l'école devraient être fabriqués par les tailleurs locaux. Il en va de même pour les travaux de maçonnerie dans la réhabilitation des centres de santé, des écoles, des infrastructures d'assainissement et autres.

Dans le domaine agricole et celui des petits artisans, il y a un fort besoin de recapitalisation et d'approvisionnement en intrants pour relancer la production. Une action énergique sera entreprise rapidement dans ce domaine, notamment en favorisant la mobilisation de programmes de crédit à l'intention de ces groupes de producteurs.

Enfin, créer des emplois pour les travailleurs non spécialisés demeure un défi important. C'est au niveau des choix de stratégie d'interventions, des modalités d'exécution des projets identifiés que les objectifs de création d'emplois seront remplis.

Les emplois doivent permettre de produire des biens et des services utiles à la population. C'est pourquoi ce volet doit être une conséquence, un résultat des autres activités.

Le financement du programme sera assuré en partie par les fonds propres de l'État et en partie par des fonds provenant de la Communauté internationale. À cet effet, le Cadre de coopération intérimaire, CCI, sera revu pour tenir compte de toutes ces priorités.

Honorables sénateurs,

Pour prendre le relais de ce programme dont la fin est prévue pour décembre 2007, toujours dans le respect de la démarche de concertation que nous avons fait nôtre, nous aurons à travailler sur un programme à moyen terme dans le cadre de la stratégie de lutte contre la pauvreté. Cependant, déjà, le gouvernement a l'intention d'intervenir dans des champs prioritaires que je prends plaisir à partager avec vous.

4.2.- Sécurité et justice

L'objectif dans le domaine de la sécurité et de la justice est clair. Il nous faut reconquérir notre pleine souveraineté. Pour atteindre ce résultat, nous devrons faire la paix entre nous. Le gouvernement y consacrera tous les efforts voulus pour finalement conquérir cette culture de paix qui est à la fois la source et le garant des droits et devoirs du citoyen, et qui est au cœur du nouveau système de valeurs et de comportements qu'exige notre décision d'un nouveau départ vers une démocratie durable et soutenue. Cependant, il ne pourra pas y arriver seul ; il fera appel à toutes les composantes de la société et persévèrera dans la pratique du dialogue et de la concertation qui a marqué nos approches depuis les élections du 7 février dernier. Ainsi, la participation de la population contribuera à l'instauration de cette culture de paix.

Il nous faudra pendant un temps encore utiliser l'appui des pays amis pour garantir la stabilité de l'État et la sécurité des personnes. Cet appui devra nous permettre de professionnaliser la police nationale d'Haïti, d'atteindre un niveau d'effectifs qualifiés suffisants et de la doter des moyens nécessaires à l'exercice de ses fonctions.

Une police n'est efficace que si l'organisation de la justice est en mesure de répondre adéquatement aux besoins. En fait, **c'est toute la problématique de la chaîne pénale qui est en jeu**. Le gouvernement préconise une approche intégrée justice - police pour doter le pays d'un système judiciaire responsable, professionnel, capable de redonner confiance et de garantir la sécurité des citoyens, de lutter efficacement contre la contrebande, les narcotrafiquants et les bandes criminalisées. La police doit aussi assurer le contrôle des frontières et l'immigration, défis considérables avec un littoral aussi grand que le nôtre et une frontière terrestre si difficilement accessible en raison de son relief accidenté.

Le Conseil supérieur de la police nationale dont je suis le président statutaire sera responsable de l'ensemble du programme Sécurité et Justice, y inclus la gestion de l'appui provenant de la MINUSTAH.

4.3.- Gestion du cadre macroéconomique et du processus budgétaire

L'État doit assumer son rôle, jouer sa partition dans la gestion du cadre macroéconomique et du processus budgétaire. Le gouvernement prendra toutes les mesures pour la mise en place des conditions favorables à la relance des investissements privés, notamment en pratiquant une discipline fiscale appropriée et en assurant une gestion rigoureuse du cadre macro-économique pour limiter l'inflation, assurer un taux de change compétitif et dégager les allocations nécessaires pour répondre aux exigences d'investissements sociaux.

Sur ce plan, la collaboration avec les institutions financières internationales sera essentielle pour assurer le pilotage de l'ensemble des mesures et la crédibilité auprès des investisseurs potentiels.

Le gouvernement sortant a fait des efforts pour créer un environnement macroéconomique et financier acceptable. Mon gouvernement cherchera à capitaliser sur ces efforts pour sauvegarder les acquis dans le domaine de la stabilisation macroéconomique et financière, préalable indispensable à la réussite des objectifs stratégiques de dynamisation des investissements publics et surtout privés, du soutien et de la croissance de l'emploi productif rémunérateur.

Pour l'exercice fiscal 2005-2006, le taux de croissance du PIB réel pourrait dépasser 2%. Pour réaliser nos objectifs de croissance de l'ordre de 4% pour le prochain exercice fiscal, il faudra l'apport des investissements tant publics que privés dans les secteurs porteurs de l'économie tels que l'agriculture, les industries manufacturières, la construction et les infrastructures, les transports et communications et le tourisme.

Le défi majeur du gouvernement sera de dégager les ressources suffisantes pour pouvoir satisfaire les besoins urgents de la population, améliorer ses conditions de vie et réaliser les conditions nécessaires à la création de richesse sur une base stable et susceptible de réduire le taux de pauvreté.

À cet effet, l'objectif du gouvernement est de faire passer la pression fiscale de son niveau actuel de 9% à 12-13% à moyen terme. Pour y arriver, des mesures tant fiscales qu'administratives seront adoptées pour élargir l'assiette fiscale. L'augmentation de la pression fiscale doit résulter tout d'abord de l'élargissement de l'assiette fiscale par le dépistage de nouveaux contribuables et par la lutte contre la fraude et l'évasion fiscale.

Sur le plan budgétaire, le gouvernement procèdera à la rationalisation des ressources publiques, évitera tout gaspillage, éliminera les dépenses non essentielles afin de libérer des ressources qui seront allouées dans les secteurs prioritaires et dans tous ceux susceptibles de contribuer à la réduction de la pauvreté et de combattre ainsi l'exclusion des pauvres du processus de développement.

Parallèlement, la gestion des dépenses publiques sera effectuée de façon à avoir une bonne maîtrise du déficit budgétaire.

4.4.- Production nationale,
Honorables Sénateurs,

Le président de la République a déjà déclaré que la solution pour combattre la misère et la vie chère qui l'alimente ne se trouve pas dans la charité, ni dans les programmes d'aide humanitaire, mais bien dans l'investissement pour que plus de biens soient disponibles sur les marchés à des prix compétitifs et pour que plus d'emplois soient créés. C'est, a-t-il dit, « en fournissant des revenus en contrepartie du travail et en relançant la production nationale que les conditions de vie de la grande majorité de nos compatriotes changeront ».

La production agricole étant le fer de lance de la production nationale, le gouvernement mettra en œuvre un programme de modernisation institutionnelle et productive de ce secteur. L'agriculteur se transformera de plus en plus en un entrepreneur capable de s'insérer stratégiquement à l'intérieur du tissu national des entreprises privées de production et de transformation pour en extraire des flux de valeurs ajoutées en plus de celles qui sont propres au secteur primaire. L'agriculture deviendra alors une meilleure source de revenus par le développement de filières de production bien organisées et de centres où se pratique la recherche appliquée sur l'ensemble des problèmes et défis du monde paysan.

Par ailleurs, l'animation du monde rural ne se limitera pas à la relance de la production agricole. Nous comptons inscrire notre démarche dans une perspective plus globale de développement du milieu rural visant un regroupement des populations y résidant pour un meilleur accès aux services de base indispensables, en particulier la santé et l'éducation.

Cette nouvelle ingénierie que le gouvernement envisage pour tous les secteurs de l'économie, du primaire au tertiaire - l'agriculture, l'artisanat, l'agroalimentaire, l'industrie manufacturière, le tourisme, pour ne citer que ceux-là - est inconcevable sans des programmes de formation, d'innovation technique et de financement qui rendront le nouvel entrepreneur plus compétitif sur les marchés national et régionaux. Par exemple, dans l'agriculture, cette ingénierie doit déboucher sur la mise en valeur des atouts naturels que représente la diversité des microclimats du pays.

Toutefois, les flux des capitaux humain et financier couplés à l'apport des innovations techniques viendront irriguer et réactiver l'agriculture nationale soutenue aussi par un réaménagement du capital foncier. Alors, la réforme agraire s'assimile à une réforme de l'économie agricole d'Haïti, dans une perspective de développement durable, inclusive et s'appuyant sur la conservation et la régénération des ressources naturelles.

Il faudra aussi que le nouvel entrepreneur agricole puisse avoir accès à l'information nationale, régionale et internationale, à celle sur les marchés ethniques et sur les possibilités de commercer sa production en tissant des alliances avec les autres secteurs de l'économie plus à même d'exploiter les technologies modernes de la communication.

Grâce à la recherche de synergies et de complémentarités, le gouvernement s'assurera que des liens se tissent entre les divers secteurs de l'économie nationale. N'est-il pas vrai que la valorisation de la production culturelle et artisanale est liée à l'épanouissement du tourisme ? N'est-il pas aussi vrai que le plein essor de cette branche d'activités devrait avoir des conséquences heureuses pour le développement agricole et industriel ?

La relance de la production nationale sera la clé de voûte du programme socioéconomique du gouvernement et la plupart des mesures de cette déclaration de politique générale y concourent à des degrés divers. C'est pourquoi nous avons l'intention de poursuivre le dialogue avec les détenteurs de l'épargne nationale et les épargnants de la diaspora en vue de les convaincre d'investir pour assurer cette relance. Des démarches seront entreprises, à cet effet, pour la création d'un Fonds d'investissement de la diaspora haïtienne en vue de transformer progressivement les transferts de consommation en transferts d'investissement.

4.5.- Infrastructures productives

Honorables Sénateurs,

Sans une remise à niveau de nos infrastructures, nous ne serons pas en mesure de répondre à l'espoir que la population entretient. Car :

Faire recommencer à tourner les pompes d'irrigation et remettre en marche les usines qui sont aujourd'hui fermées exige de nouvelles approches dans la fourniture d'électricité ;

Écouler la production agricole de la campagne vers les marchés régionaux et celle des « factories » vers l'étranger n'est pas réalisable sans des routes, des ports et des aéroports ;

Envoyer des enfants à l'école, faciliter l'accès aux services de soins primaires, fournir une justice et une sécurité efficaces de proximité, tout cela dépend d'un réseau routier et de systèmes de communication bien entretenus.

Aussi, à cause de cet effet d'entraînement, le gouvernement accordera une attention spéciale aux infrastructures nécessaires pour la relance de la production nationale et l'amélioration de l'accès aux services de base, à la sécurité et à la justice. Il adoptera les actions appropriées pour développer notre réseau routier et le maintenir en bon état, pour réhabiliter nos infrastructures portuaires et aéroportuaires, pour réorganiser le système de transports en commun de la capitale et entre les différentes villes du pays, pour réguler l'action des opérateurs téléphoniques en vue de protéger convenablement le consommateur et mettre à sa disposition des systèmes de communication fiables combien essentiels aux activités économiques et sociales. Dans bien de ces domaines, la décentralisation nous permettra d'atteindre ces objectifs.

Par-dessus tout cela, le gouvernement recherchera assez rapidement une solution durable à nos problèmes d'énergie. Un premier pas a été franchi avec la récente signature de l'accord de Petrocaribe et le renouvellement des dispositions de l'accord de San Jose pour améliorer la disponibilité des ressources pétrolières. Il nous reste à présent à aborder ce dossier dans sa globalité dans le cadre d'une politique nationale axée sur la diversification des sources d'énergie. En attendant, dans le court terme, le gouvernement réglementera la pratique d'achat d'énergie électrique en exigeant la passation de marchés compétitifs et transparents, l'élimination progressive des avances du Trésor public et le rétablissement de l'autonomie financière de l'EDH.

4.6.- Environnement, eau potable et assainissement

Le plus grand défi de notre pays en ce début de XXIe siècle est celui de la protection de notre environnement. Si nous ne faisons rien à ce chapitre, la catastrophe écologique qui nous guette mettra en péril « notre avenir à tous ».

Le gouvernement accordera une attention toute spéciale à la poursuite de la mise en œuvre du Plan d'action pour l'environnement (PNE) adopté en 1999. Nous avons l'intention de renforcer les dispositions et l'application du cadre juridique et réglementaire environnemental, y compris la préparation de plans régionaux et locaux d'action environnementale, l'établissement de règlements et de systèmes concrets d'incitations et de sanctions visant à promouvoir la préservation de l'environnement.

Parmi les actions prioritaires à entreprendre figurent :

■ Le contrôle du développement des villes en mettant l'accent sur la viabilisation des zones de résidence ;

■ Le renforcement des mesures d'urgence de contrôle des désastres et de protection civile ;

■ L'assainissement des espaces urbains, y compris l'enlèvement régulier des ordures et le recyclage d'un volume important des ordures collectées, l'éradication graduelle du charbon de bois comme combustible et son remplacement par d'autres sources d'énergie ;

■ La création de pépinières dans les villes et dans les sections communales en vue de mettre à la disposition des citoyens des espèces végétales appropriées pour le reboisement et la reforestation ;

■ La protection des sources pour l'alimentation en eau potable contre l'urbanisation sauvage et la poursuite des travaux de réhabilitation des réseaux de distribution ;

■ La mise en place de programmes de sensibilisation et d'éducation de masse sur les questions environnementales.

La participation des communes et des sections communales et leur appropriation des outils de gestion rationnelle de l'environnement permettront aux populations de contribuer à la protection des ressources naturelles, au renforcement de la gestion du risque et des désastres et à la création d'un meilleur environnement.

4.7.- Développement et valorisation des ressources humaines

Honorables Sénateurs

Quelle que soit l'action gouvernementale que nous envisageons, il serait difficile de ne pas rechercher une synergie entre le développement et la valorisation des ressources humaines et l'amélioration de l'accès aux services de base. En effet, c'est un truisme d'affirmer que le développement d'une nation dépend largement de la qualité de ses ressources humaines. C'est grâce à ce facteur que les pays émergents arrivent largement à profiter de la délocalisation des entreprises des économies des pays développés. Notre proximité du géant américain constitue pour nous un avantage comparatif que nous n'arrivons pas encore à exploiter à cause, entre autres, de la faiblesse quantitative et qualitative de nos ressources humaines qualifiées. Notre plan de mise à niveau du pays doit obligatoirement passer par une politique résolue de développement de nos ressources humaines selon une stratégie axée, d'une part, sur la scolarisation universelle, la poursuite de la mise en œuvre de la réforme de l'éducation, la généralisation des soins de santé primaire à travers le pays, la modernisation et la rationalisation de notre système de sécurité nationale et, d'autre part, sur l'apport des ressources humaines qualifiées de notre diaspora.

Dans le domaine de l'éducation, la politique de mon gouvernement s'inscrit dans le cadre du Plan national d'éducation et de formation. Il s'agira, après évaluation des expériences déjà lancées et définition dans la concertation d'une démarche générale, d'étendre, puis de généraliser la mise en œuvre du programme de scolarisation universelle et d'alphabétisation des adultes.

Il nous faut en même temps aider les parents les plus démunis à faire face au fardeau du financement de l'éducation de leurs enfants. L'appui aux parents des élèves prendra, dans bien des cas, la forme non seulement de la subvention, mais aussi celle de la distribution de manuels scolaires, d'uniformes et de petits déjeuners ou de plats chauds dans nos écoles. Ces appuis à la scolarisation de nos enfants viseront aussi à encourager la production nationale dans la mesure où des groupes locaux seront, le plus possible, impliqués dans la confection des uniformes ou la fourniture des services dans le domaine des cantines scolaires.

Mon gouvernement veut aussi s'attaquer aux problèmes des « élèves surâgés » qui engorgent le système scolaire et l'empêchent de répondre adéquatement aux besoins de la population en âge de fréquenter l'école fondamentale. Il nous faut trouver une formule pour leur fournir une formation accélérée qui débouche éventuellement sur une formation professionnelle susceptible de faciliter leur intégration sur le marché de l'emploi.

L'école fondamentale est certes une priorité non discutable. Elle ne sera pas la seule préoccupation du gouvernement. Il faut former les cadres dont la nation a besoin pour assurer son développement. Il faut donc accorder toute l'importance requise à la rénovation du secondaire, à l'amélioration de la compétence de nos maîtres, à l'amélioration de la condition enseignante, à la formation technique et professionnelle, mais également à la formation universitaire. Une attention spéciale sera accordée à la formation professionnelle par la mise en place, durant le quinquennat, d'au moins un centre de formation par département. En ce qui a trait à l'enseignement universitaire, mon gouvernement entend intervenir sans délai pour doter ce secteur d'une politique nationale. De plus, conscient du rôle que doit jouer la production de nouvelles connaissances dans le développement d'une société, mon gouvernement prendra des initiatives susceptibles de favoriser une véritable culture de la recherche scientifique. Notre déficit en ressources humaines qualifiées nous oblige à consacrer une part substantielle de notre budget à l'éducation. Nous devons soutenir cet effort et l'améliorer progressivement durant le quinquennat si nous voulons que notre jeunesse soit le levier de notre développement.

Des ressources humaines bien formées, mais en mauvaise santé, ne pourront pas donner leur pleine capacité dans l'exercice de leurs fonctions et dans l'accomplissement de leurs tâches. Les insuffisances en matière de santé et de nutrition sont des obstacles majeurs aux efforts de développement et de croissance. C'est pourquoi le gouvernement mettra l'accent sur des mesures préventives et sur des soins de santé primaires, sur la lutte contre les maladies infectieuses et sexuellement transmissibles, notamment sur la poursuite des programmes en cours sur le VIH-Sida, sur la réduction de la mortalité materno-infantile et juvénile. En particulier, le gouvernement organisera des campagnes de vaccination de masse pour les nouveau-nés et les enfants d'âge scolaire ; des projets intensifs d'hygiène seront mis en œuvre, notamment dans les sous-secteurs de l'alimentation en eau et de l'assainissement.

Pour accroître l'accès gratuit aux soins de santé pour les couches les plus défavorisées, comme mentionné plus haut, le gouvernement s'activera à la création d'un centre de santé dans chacune des communes non encore couvertes et envisagera une stratégie pour multiplier les centres de santé dans les sections communales. Il engagera des échanges avec des partenaires privés et étrangers en vue d'améliorer la desserte des hôpitaux.

En complémentarité de ces actions, le gouvernement prendra des dispositions pour engager une véritable réflexion sur les voies et les moyens à adopter pour moderniser le système de sécurité sociale afin qu'il devienne un outil de stabilité de la société et l'un des leviers du développement économique. Aussi, il se concentrera sur les mesures à adopter pour donner une nouvelle dynamique aux institutions publiques et privées œuvrant dans ce domaine (fonds de pension, compagnies d'assurance, programmes de micro-assurance, d'assistance aux familles, de logements sociaux...) et travaillera de concert avec les autres partenaires pour définir le nouveau cadre de gestion de la sécurité sociale.

Le quatrième axe du plan de mise à niveau en matière de ressources humaines qualifiées se réfère à l'utilisation de cadres et techniciens haïtiens de la diaspora pour suppléer au manque de cadres et techniciens nationaux tant dans le secteur public que dans le secteur privé. Le gouvernement a l'intention de lancer un programme d'assistance technique à travers l'utilisation de cadres et de techniciens haïtiens de la diaspora. Ce programme aura à réaliser l'inventaire des besoins en ressources humaines, à identifier les sources de financement, à lancer les invitations, à procéder au recrutement et à assurer l'accueil des participants et leur intégration dans nos institutions et entreprises. Le démarrage de ce programme se fera dans les premiers mois de fonctionnement du gouvernement.

4.8 Culture et valorisation du patrimoine
Honorables Sénateurs

Comme vous pouvez le constater, l'action du gouvernement portera sur un ensemble de priorités qui couvrent les conditions de base de la croissance économique et de la création d'emplois. Cependant, pour améliorer réellement les conditions de vie des Haïtiens et des Haïtiennes, il faudrait aussi qu'ils arrivent à affirmer pleinement leur identité culturelle. La diversité de notre culture et l'héritage de notre patrimoine national forment tous deux notre premier avantage comparatif dans la région caraïbéenne. Aussi, le gouvernement entend-il soutenir les productions culturelles et artisanales qui joueront un rôle non négligeable dans le développement du pays dans la perspective d'une reprise solide des activités touristiques. Il se propose aussi d'encourager la création et le développement de réseaux associatifs de production et d'exportation de produits culturels et artisanaux, de soutenir leur présence dans les manifestations et évènements nationaux et à l'étranger, d'en protéger les droits d'auteur et d'en faire la promotion à travers les circuits touristiques. Le gouvernement travaillera de concert avec les institutions locales à la sauvegarde et à la réhabilitation du patrimoine national, à l'établissement de plans de gestion et d'exploitation, ainsi qu'à l'élaboration de mesures pour la promotion de ce patrimoine.

Conclusion

Voilà, Honorables Sénateurs, l'ensemble des mesures que mon gouvernement entend mettre en œuvre pour améliorer le sort de nos concitoyens les plus défavorisés et pour créer les conditions de mise à niveau de notre pays en vue de lui permettre, sinon d'atteindre, du moins de se rapprocher sensiblement des principaux Objectifs du millénaire pour le développement à l'horizon de 2015. Ce programme de gouvernement ne saurait être laissé à sa seule initiative. Ce sont toutes les forces de la nation qui doivent mettre l'épaule à la roue pour assurer sa réalisation. Élus de tous les niveaux, responsables politiques et administratifs, hommes d'affaires et entrepreneurs, représentants de la société civile, tous les groupes et tous les individus de l'intérieur et de la diaspora, nous devons nous sentir concernés et interpellés et nous devons, autant que possible, nous impliquer dans sa mise en œuvre. C'est à une entreprise collective, à une combite nationale que je vous convie dont la stratégie est axée sur le citoyen dans sa section communale, dans son quartier, dans sa commune, dans son département.

Ce programme compte aussi sur la coopération internationale pour sa mise en œuvre, mais une coopération qui doit désormais se faire selon une nouvelle approche axée sur une responsabilisation nationale accrue, la diversification des sources et sur des actions structurantes et non sur du saupoudrage. Le gouvernement entend exercer son leadership dans l'orientation et la gestion de cette coopération et accueille à bras ouverts celle qui se fait dans le respect et la dignité et qui se pratique dans un esprit de solidarité entre les peuples.

Bien sûr, le pilotage de ce programme est l'affaire du gouvernement qui devra à l'occasion vous rendre compte et rendre compte à la nation de son état d'avancement.

Pour que le travail d'évaluation soit aisé, chaque membre du gouvernement disposera d'une feuille de route qui sera son tableau de bord dans l'exécution de ses politiques sectorielles et qui permettra d'en assurer le suivi. De plus, ce programme comportera un agenda législatif fort nourri tout au long des prochains mois et des prochaines années. Ce sera, à côté de vos responsabilités de contrôle de l'action gouvernementale, votre contribution à sa mise en œuvre. Ce programme de gouvernement qui cible le court et le moyen termes doit aussi s'inscrire dans une vision plus large s'étalant sur la longue durée, sur un horizon de 25 ans, en vue de fournir les repères à long terme pour formuler des réponses pertinentes aux déficits structurels d'Haïti. Le document intérimaire de stratégie de réduction de la pauvreté actuellement en consultation et le document de stratégie définitive qui le suivra constituent deux étapes importantes dans la formulation de cette « vision sur 25 ans » qui devra marquer une fois pour toutes notre volonté d'inscrire nos politiques et nos actions dans la continuité, dans le dialogue et la recherche de consensus.

Honorables Sénateurs,

Vous l'avez compris, l'engagement individuel doit être total pour le bien de la collectivité. Nous devons définitivement nous engager dans la voie qui conduira au développement harmonieux de notre pays. Et c'est au relèvement de ce défi que nous sommes tous confrontés, par-delà les clivages traditionnels et les intérêts partisans, avec un sentiment renforcé de solidarité entre Haïtiens et Haïtiennes de l'intérieur et de l'extérieur, sentiment qui restitue son sens historique à notre devise : L'UNION FAIT LA FORCE.

HONORABLES SÉNATEURS,
JE VOUS REMERCIE DE VOTRE ATTENTION.

Annexe 15

L'exécutif haïtien et le gouvernement de consensus national suite à l'élection présidentielle du 7 février 2006

Président de la République :
René Garcia Préval
Premier ministre, chef de gouvernement :
Jacques Edouard Alexis
Ministres :
Jean Raynald Clérismé : ministre des Affaires étrangères et des Cultes.
Jean Généus : ministre des Haïtiens Vivant à l'Étranger.
René Magloire : ministre de la Justice et de la Sécurité publique, Garde des Sceaux.
Paul Antoine Bien-Aimé : ministre de l'Intérieur et des Collectivités territoriales.
Daniel Dorsainville : ministre de l'Économie et des Finances.
Jean-Max Bellerive (Fanmi Lavalas) : ministre de la Planification et de la Coopération externe.
François Sévrin (Lespwa) : ministre de l'Agriculture, des Ressources naturelles et du Développement rural.
Patrick Delatour : ministre du Tourisme.
Maguy Durcé (Alyans Demokratik) : ministre du Commerce et de l'Industrie.
Frantz Verela : ministre des Travaux publics, des Transports et des Communications.
Jean-Marie Claude Germain (Union) : ministre de l'Environnement.
Gabriel Bien-Aimé (OPL) : ministre de l'Éducation nationale et de la Formation professionnelle.
Fritz Bélizaire : ministre de la Jeunesse, des Sports et de l'Action Civique.
Robert Auguste (Fusion) : ministre de la Santé publique et de la Population.
Gérald Germain : ministre des Affaires sociales.
Marie-Laurence Jocelyn Lassègue : ministre à la Condition féminine et aux Droits de la femme.
Daniel Elie : ministre de la Culture et de la Communication.
Joseph Jasmin (Lespwa) : ministre délégué auprès du Premier ministre chargé des relations avec le Parlement.
Secrétaires d'État :
Luc Euchère Joseph: secrétaire d'État à la Sécurité publique.

Joanas Gué : secrétaire d'État à l'Agriculture, des Ressources naturelles et du Développement rural.

Dr Michel Archange Péan : secrétaire d'État à l'Intégration des personnes handicapées.

Daniel Jean : secrétaire d'État à la Justice.

Karol Joseph : secrétaire d'État à l'Alphabétisation.

Bibliographie

Alvarez Dejar Alejandra, *Amérique latine : Démocratie et Exclusion*, Paris, Éditions L'Harmattan, 1994.

Amérique latine : État des lieux et entretiens (ouvrage collectif), Paris, Éditions L'Harmattan, 1994.

Aristide Jean-Bertrand, *Tout homme est un homme*, Paris, Éditions du Seuil, 1992.

Aristide Jean-Bertrand, *Théologie et Politique*, Montréal, Éditions CIDIHCA, 1992.

Audain Julio Jean-Pierre, *Les Ombres d'une politique néfaste*, Mexico, 1976.

Auguste Maurepas, *Genèse d'une République héréditaire*, Paris, Éditions La Pensée universelle, 1972.

Avril Prospère, *LaJjustice face au pouvoir politique en Haïti (2001-2004)*, P-au-P, Imprimeur II, 2005.

Barthélemy Gérard, *Le Pays en dehors*, P-au-P, Éditions Henri Deschamps, 1989.

Bazin Henri, *Le Secteur privé haïtien à l'orée du 3e millénaire*, P-au-P, Imprimeur II, 2000.

Blancpain François, *Haïti et les États-Unis 1915-1934*, Paris, Éditions L'Harmattan, 1999.

Bélanger André J. et Lemiel Vincent, *Introduction à l'analyse politique*, Montréal, Éditions Gaétan Morin, 2002.

Bellegarde Dantes, *L'Histoire du peuple haïtien* 1792-1952, P-au-P, « Collection du Tricinquantenaire », 1953.

Benoît Joachim, *Les Racines du sous-développement en Haïti*, P-au-P, Éditions Henri Deschamps, 1979.

Bergeron Gérard, *Petit Traité de l'État*, Paris, Éditions PUF, 1990.

Biarnès Pierre, *Les Français en Afrique noire*, Paris, Éditions Armand Colin, 1987.

Boy Daniel et Mayer Nonna, *L'Électeur a ses raisons*, Paris, Presse de Sciences-Po, 1997.

Breton Philippe, *L'Incompétence démocratique*, Paris, Éditions La Découverte, 2006.

Brugidou Mathieu, *L'Élection présidentielle : discours et enjeux politiques*, Paris, Éditions L'Harmattan, 1995.

Cervetti Marie et Ott Emmanuelle, *Des Bleus sans casques*, Paris, Éditions Austral, 1994.

Charles Etzer, *Le Pouvoir en Haïti de 1957 à nos jours*, Paris, Éditions Karthala, 1994.

Cherry Frédéric-Gérald, *La Crise permanente*, P-au-P, Éditions des Antilles S.A., 2005.

Chevallier Jean-Jacques, *Histoire des institutions et des régimes politiques de la France (1789-1958)*, Paris, Éditions Armand Colin, 2001.
Chevènement Jean-Pierre, *Une certaine idée de la République m'amène à...*, Paris, Éditions Albin Michel, 1992.
Collignon Stefan, *Vive la République européenne*, Paris, 2004.
Contre Temps : *Société de l'Information, Faut-il avoir peur des Médias, no 18*, Paris, Éditions Textuel, 2007.
Corvington Georges, *Port-au-Prince au cours des ans, Tome I à VII*, P-au-P, 1992.
Cot Jean-Pierre et Pellet Alain, *La Charte des Nations unies*, Paris, Economica, 1985.
Darbel Verly, *Haïti, le prix d'un coup d'État*, P-au-P, 1995.
Dejean Paul, *Alerte on tue*, Montréal, Éditions CIDIHCA, 1993.
Délince Kern, *Armée et Politique en Haïti*, Paris, Éditions L'Harmattan, 1979.
Delince Kern, *Les Forces politiques en Haïti*, Plantation Fl/Paris, Pegasus Books, Karthala, 1993.
Delince Kern, *Quelle armée pour Haïti*, Paris, Éditions Karthala, 1994.
Demesvar Delorme, *Les Théoriciens au pouvoir*, Première Éditions, 1872.
Deshommes Fritz, *La Nation écartelée*, P-au-P, Éditions Cahiers universitaires, 2006.
Désinor Carlo A, *De coup d'État en coup d'État*, P-au-P, Imprimeur II, 1988.
Désinor Carlo A, *Haïti, la tragédie des libertés*, P-au-P, Éditions Le Nouvelliste, 1997.
Diederich Bernard et Burt Al, *Papa Doc et les tontons macoutes*, P-au-P, Éditions Henri Deschamps, 1986.
Dubois Laurent, *Les Vengeurs du Nouveau Monde*, Rennes, Éditions Les Perseides, 2005.
Dumas Pierre-Raymond, *La Transition d'Haïti vers la démocratie*, P-au-P, Imprimeur II, 1995.
Dumorney Jacques, *Les États-Unis : De la doctrine de Monroe à la domination*, P-au-P, Imprimeur II, 1995.
Duvalier François, *Mémoires d'un leader du Tiers Monde*, P-au-P, Éditions Presse nationale, 1969.
Duvalier François, *Œuvres essentielles, Tome I*, P-au-P, Éditions Presse nationales, 1968.
État de la francophonie dans le monde, Paris, 1994.
Duverger Maurice, *Les Partis politiques*, Paris, Éditions Armand Colin, 1976.
État et Société civile dans l'Arc antillais, Revue Recherches haïtiano-antillaises, Paris, Éditions L'Harmattan, 2005.
Fauvelle-Aymar François–Xavier, *Histoire de l'Afrique du Sud*, Paris, Éditions du Seuil, 2006.
Fleurdorge Denis, *Les Rituels et les Représentions du pouvoir*, Paris, Éditions Zagreves, 2005.

Fleurimond Wiener Kerns, *Haïti 1804-2004 : Le Bicentenaire d'une révolution oubliée*, Paris, Éditions L'Harmattan, 2005.
Fleurimond Wiener Kerns, *De la Communauté internationale, Rôle et Influence dans le processus démacratique haïtien*, Paris, Éditions Anibwé, 2008.
Fleurimond Wiener Kerns, *Haïti de la crise à l'occupation, histoire d'un chaos, Tome 2*, Paris, Éditions L'Harmattan, 2011.
Fleurimond Wiener Kerns, *Haïti de la crise à l'occupation, histoire d'un chaos, Tome I*, Paris, Éditions L'Harmattan, 2009.
Fragonard Michel, *La Culture du XXe Siècle*, Paris, Éditions Bordas, 1995.
Gaillard Roger, *Les Blancs débarquent, Tome IV, V et VII*, P-au-P, Éditions Le Natal, 1981.
Gaillard Roger, *La République exterminatrice Tome III*, P-au-P, Éditions Le Natal, 1992.
Gannier Odile, *Les Derniers Indiens des Caraïbes*, Cayenne, Ibis rouge, 2005.
Géopolitique africaine (GA), n° 17, hiver, janvier, Paris, 2005.
Gilbert Myrtha, *Luttes des femmes et Luttes sociales*, P-au-P, 2001.
Grawitz Madeleine et Leco Jean, *Traité de science politique, 4 Tomes*, Paris, Éditions PUF, 1985.
Green Graham, *Les Comédiens*, Paris, Éditions Robert Laffont, 1966.
Howard Dick, *Aux origines de la pensée politique américaine*, Paris, Éditions Buchet - Chatel, 2004.
Hurbon Laënnec, R*eligions et Lien social*, Paris, Éditions Cerf, 2004.
Jaffré Bruno, *Burkina Faso, Les Années Sankara*, Paris, Éditions L'Harmattan, 1989.
Jeanneney Jean-Noël, *Une histoire des médias*, Paris, Éditions du Seuil, 1996.
Joly Ulrich et J.J. Debout, *Notes sur le développement du mouvement syndical en Haïti*, Paris, Éditions Abécé, 1974.
Jouve Edmond, *Le Tiers Monde dans la vie internationale*, Paris, Éditions Berger-Levrault, 1986.
Jouve Edmond, *L'Organisation de l'Unité africaine*, Paris, PUF, 1984.
Karnoouh Claude, *Nouvel Ordre international (Nord-Sud/Est-Ouest)*, Paris, Éditions Arcantère, 1991.
Kaspi André, Harter Hélène, *La Civilisation Américaine*, Paris, PUF, 2004.
La Constitution haïtienne de 1987, P-au-P, Presse nationale d'Haïti, 1987.
Labelle Micheline, *Idéologie de couleur et Classes sociales en Haïti*, Montréal, Éditions PUM, 1978.
Lacoste Yves et Camille, *L'État du Maghreb*, Paris, Éditions La Découverte, 1991.
Lagroye Jacques, *La Politisation*, Paris, Éditions Belin, 2003.
Lamaute-Brisson Nathalie, *L'Économie informelle en Haïti*, Paris, Éditions L'Harmattan, 2002.
Lambert Jacques et Gandolfi Alain, *Le Système politique de l'Amérique latine*, Paris, Éditions PUF, 1987.

Lapierre Jean William, *L'Analyse des systèmes politiques*, Paris, Éditions PUF, 1973.

Lauvaux Philippe, *Les Grandes Démocraties vontemporaines*, Paris, PUF, 1990.

Le Chevalier Arnaud et Beaud Olivier, *L'Europe en voie de constitution*, Bruxelles, Éditions Bruylant, 2004.

Lehmann Gérard, *Haïti 2004, Radiographie d'un coup d'État*, Svendborg, 2005.

Lehmann Gérard, *Babydocratie et Presse écrite en Haïti, vol. 18*, Svendborg, 1982.

Lemoine Maurice, *Sucre amère*, Paris, Éditions Encre, 1981.

Les Nations unies et Haïti (1990-1996), New York, 1999.

« Les Communistes et le Bicentenaire de la Révolution française », Paris, *Cahiers d'Histoire* n° 69, 1997.

Leusse Hubert (de), *Afrique et Occident (heurs et malheurs d'une rencontre)*, Paris, Éditions L'Orante, 1971.

Lionet Christian, *L'Année Aristide*, Paris, Éditions L'Harmattan, 1992.

Locke, *Traité du gouvernement civil*, Paris, Éditions GF-Flammarion, 1984.

Loew Jacques et Meslin Michel, *Histoire de l'Église par elle-même*, Paris, Éditions Fayard, 1978.

Lory Georges, *L'Afrique du Sud*, Paris, Éditions Karthala, 1998.

Madiou Thomas, *Histoire d'Haïti, Tome III et IV*, P-au-P, Éditions Henri Deschamps, 1991.

Malval Robert, *L'Année de toutes les duperies*, P-au-P, Éditions Regain, 1996.

Manasta François, *Le Politique et la Liberté*, Paris, Éditions L'Harmattan, 1990.

Manigat Leslie F., *La Crise haïtienne contemporaine*, P-au-P, Éditions CHUDAC, 1995.

Manigat Leslie F., *Évantail d'histoire vivante d'Haïti, Tome I à V*, P-au-P, Éditions CHUDAC.

Manigat Sabine, *Les Partis politiques*, P-au-P, CRESDIP, 1990.

Manigat Mirlande, *Traité de droit constitutionnel haïtien, 2 Tomes*, P-au-P, Université Quesqueya, 2000.

Mandela Nelson, *Un long chemin vers la liberté*, Paris, Éditions Fayard, 1994.

MC Crocklin James H., *Garde d'Haïti 1915-1934*, Anapolis, The Us Naval Institute, 1956.

Médias Pouvoir : *Les Médias dans la guerre* no 23, Paris, juillet-août, 1991.

Médias Pouvoir : *Presse, Crise ou Mutation* no 31-32, Paris, 4e trimestre, 1993.

Moïse Claude, *Constitution et Lutte de pouvoir en Haïti* Tome II, Montréal, CIDIHCA, 1990.

Moïse Claude, *Une constitution dans la tourmente*, Montréal, Éditions Images, 1994.

Moïse Claude, *La Croix et la Bannière*, Montréal, CIDIHCA, 2002.

Moscivici Pierre, *Les Questions qui fâchent les Européens*, Paris, Éditions Perrin, 2004.
Mouterde Pierre et Wargny Christophe, *Aprè Bal Tambou Lou*, Paris, Éditions Austral, 1996.
Negroni de François, *Le Savoir Vivre intellectuel*, Paris, Éditions Olivier Orban, 1985.
Nérestant Micial M., *Religions et Politique en Haïti*, Paris, Éditions Karthala, 1994.
Nicolas Mireille, *Haïti, d'un coup d'État à l'autre*, Paris, Éditions L'Harmattan, 2006.
Nodinot Jean-François, *21 États pour une nation arabe*, Paris, Maisonneuve & Larose, 1992.
Olivier Emile et Moïse Claude, *Repenser Haïti*, Montréal, CIDIHCA, 1992.
Ostrogorski Moisei, *La Démocratie et les Partis politiques*, Paris, Éditions du Seuil, 1979.
Péan Leslie J.-R., *Haïti, Économie politique de la corruption* tome I à III, Paris, Éditions Maisonneuve et Larose, 2006.
Pierre Webster, *Il faut que les choses changent*, Montréal, Éditions CIDIHCA, 2004.
Politique internationale (PI), Paris, 2004.
Quermonne Jean-Louis, *Les Régimes politiques occidentaux*, Paris, Éditions du Seuil, 1986.
Renaut Alain, *La Fin de l'autorité*, Paris, Éditions Flammarion, 2004.
Ricoeur Paul, *L'Idéologie et l'Utopie*, Paris, Éditions du Seuil, 1997.
Saint-Louis Vertus, *Aux origines du drame d'Haïti, (Droit et Commerce Maritime 1794-1806)* P-au-P, Imprimeur II, 2006.
Sankara Thomas, *Oser inventer l'avenir*, Paris, Éditions L'Harmattan, 1991.
Sauray Eric, *Haïti, une démocratie en perdition*, Paris, Éditions Dauphin Noir, 2006.
Sévillia Jean, *Le Terrorisme intellectuel*, Paris, Éditions Perrin, 2004.
Somé Valère D., *Thomas Sankara, l'espoir assassiné*, Paris, Éditions L'Harmattan, 1990.
Système des Nations unies en Haïti (UNDAF), New York, juin 2001.
Théodat Jean-Marie, *Haïti, République dominicaine, une île pour deux (1804-1916)*, Paris, Éditions Karthala, 2003.
Toinet Marie-France et Lennkh Annie, *L'État des États-Unis*, Paris, La Découverte, 1990.
Toussaint Hérold, *Communication et État de droit*, P-au-P, Éditions Henri Deschamps, 2004.
Tricot B., Hasdas-Lébel R. et Kessler D., *Les Instutions politiques françaises*, Paris, Éditions Presses de Sciences-Po et Dalloz, 1995.
Vilar Pierre, *Une histoire en construction*, Paris, Éditions Gallimard-Seuil, 1982.

Vincent Sténio, *En posant les jalons,* Tome I à V, P-au-P, Imprimerie d'État, 1939-1945.
Voltaire Frantz (direction), *Pouvoir noir en Haïti*, Montréal, Éditions CIDIHCA et V&R, 1988.
William Eric, *L'Histoire des Caraïbes 1492-1966 de Christophe Colomb à Fidel Castro*, Paris, Éditions Présence africaine, 1975.
Zorgbibe Charles, *Histoire des relations internationales,* Tome III et IV, Paris, Hachette, 1995.

Journaux haïtiens consultés

Journal *Haïti en Marche*, Miami, période de janvier 2000 à mai 2006.

Journal *Le Matin*, P-au-P, période de janvier 2003 à mai 2006.

Journal *Le Moniteur*, P-au-P, période de février 2001 à mai 2006.

Journal *Le Nouvelliste*, P-au-P, période de janvier 2000 à mai 2006.

Journal *Haïti Observateur*, New York, période janvier 2000 à mai 2006.

Journal *Haïti Progrès*, New York, période de janvier 2000 à mai 2006.

Journal *Haïti Tribune*, Paris, période de juin 2004 à mai 2006.

Agences de presse haïtiennes

Haïti Press Network

Agence haïtienne de Presse (AHP)

Site RadioKiskeya.com

Site Métropolehaïti.com

Site AlterPresse

Index des noms propres

A

B

M

N

P

W

Table des matières

L'HARMATTAN, ITALIA
Via Degli Artisti 15; 10124 Torino

L'HARMATTAN HONGRIE
Könyvesbolt ; Kossuth L. u. 14-16
1053 Budapest

L'HARMATTAN BURKINA FASO
Rue 15.167 Route du Pô Patte d'oie
12 BP 226 Ouagadougou 12
(00226) 76 59 79 86

ESPACE L'HARMATTAN KINSHASA
Faculté des Sciences sociales,
politiques et administratives
BP243, KIN XI
Université de Kinshasa

L'HARMATTAN CONGO
67, av. E. P. Lumumba
Bât. – Congo Pharmacie (Bib. Nat.)
BP2874 Brazzaville
harmattan.congo@yahoo.fr

L'HARMATTAN GUINÉE
Almamya Rue KA 028, en face du restaurant Le Cèdre
OKB agency BP 3470 Conakry
(00224) 60 20 85 08
harmattanguinee@yahoo.fr

L'HARMATTAN CÔTE D'IVOIRE
M. Etien N'dah Ahmon
Résidence Karl / cité des arts
Abidjan-Cocody 03 BP 1588 Abidjan 03
(00225) 05 77 87 31

L'HARMATTAN MAURITANIE
Espace El Kettab du livre francophone
N° 472 avenue du Palais des Congrès
BP 316 Nouakchott
(00222) 63 25 980

L'HARMATTAN CAMEROUN
BP 11486
Face à la SNI, immeuble Don Bosco
Yaoundé
(00237) 99 76 61 66
harmattancam@yahoo.fr

L'HARMATTAN SÉNÉGAL
« Villa Rose », rue de Diourbel X G, Point E
BP 45034 Dakar FANN
(00221) 33 825 98 58 / 77 242 25 08
senharmattan@gmail.com

www.ingramcontent.com/pod-product-compliance
Lightning Source LLC
LaVergne TN
LVHW010952061026
849535LV00006B/1683